Ruggero Aitoro

I0462027

Pitture e disegni di
Piero Fabro

Copyright

Piero Fabro dedica questo lavoro

alla moglie **Franca**

ai figli **Giuliana, Claudia, Bruno**

ai nipoti   **Silvia, Carola, Yue**
              Giacomo, Francesco

e ai tanti amici

Introduzione

Sono stato per molti anni un collaboratore dell'ing. Piero Fabro e solo negli anni intorno al 1980 ho scoperto la sua grande vocazione per la pittura, vocazione e passione note a pochi.

Alla Grandi Motori Trieste Piero Fabro era responsabile della sistemazione e della costruzione delle grandi centrali diesel-elettriche, della sistemazione dei motori a bordo delle navi e della automazione degli impianti.

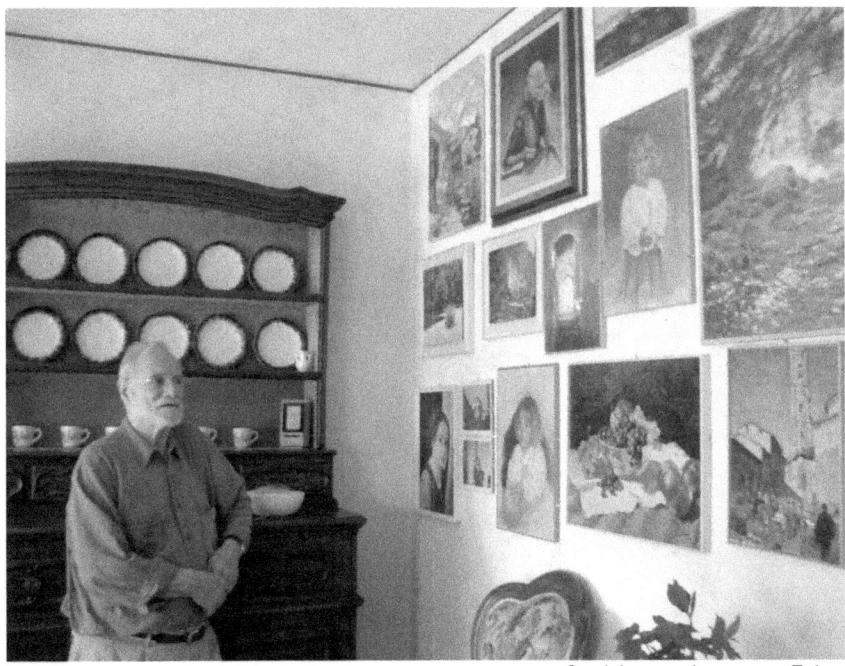

Qualche quadro a casa Fabro

Negli anni 1980 la Grandi Motori presentava sul mercato anche grandi centrali adatte per l'installazione in zone difficili o desertiche.

Ricordo quando Piero Fabro si è avvicinato a un tecnigrafo dove era stata disegnata in prospettiva una di queste centrali che si presentava in maniera asciutta e triste e in meno di mezz'ora ha trasformato un disegno arido in un disegno diventato un quadro, capace di attirare l'attenzione di chi andava ad esaminare una proposta.

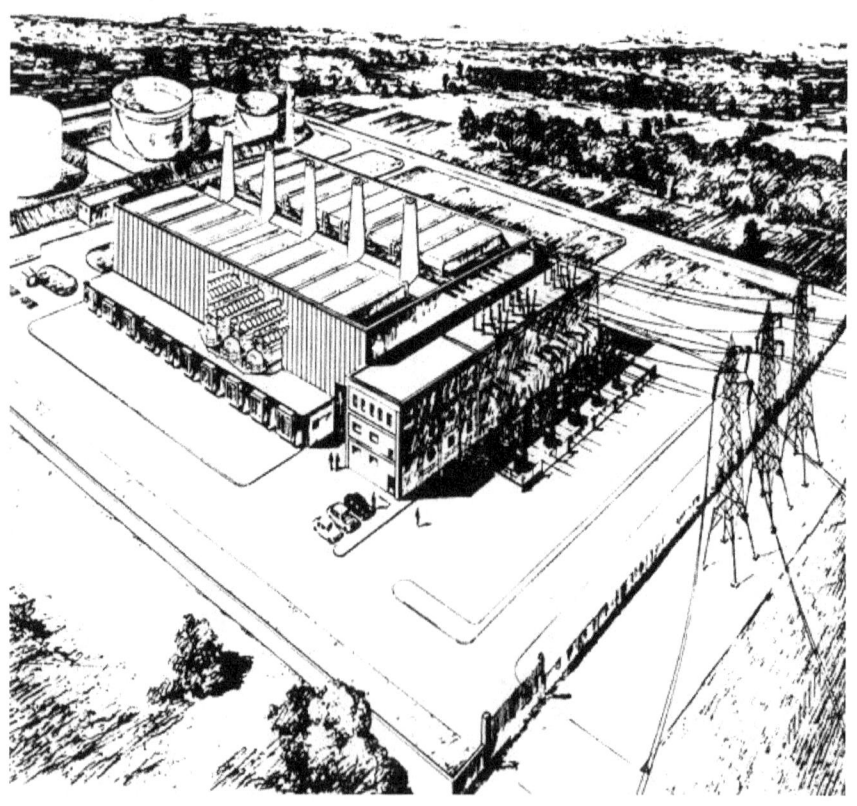

Ho avuto il piacere di vedere la vasta raccolta di fotografie dei suoi lavori e ne ho ordinato una piccola parte secondo i sette titoli del sommario.

Quando ho chiesto a Piero Fabro qualche notizia da scrivere su di lui in questa presentazione mi ha dato il suo curriculum dicendomi che non aveva nulla da raccontare di più. In realtà Piero Fabro è una persona riservata, schiva capace di godere e commuoversi di fronte a un quadro di un altro pittore e di trovare sempre un bello da esprimere, da ammirare e godere per poi essere capace di comunicarlo agli altri. Con queste poche righe è detto tutto di una persona meravigliosa.

Credevo fosse facile parlare a lungo di Fabro avendo vissuto con lui tanti anni di lavoro, ma non è proprio così. Con Fabro ho visto l'Ultima cena di Leonardo a Milano e ho ammirato la Gioconda al Louvre. Certamente non li avrei visti senza una guida come lui.

C'è poco da aggiungere a quanto scritto su di lui sulla rivista "Dirigenti del nordest" del luglio 2013 in occasione di una mostra allestita nella sede di Trieste e che è riportata integralmente seguita dal curriculum del quale ho potuto disporre.

Ruggero Aitoro

Trieste _ Giugno 2018

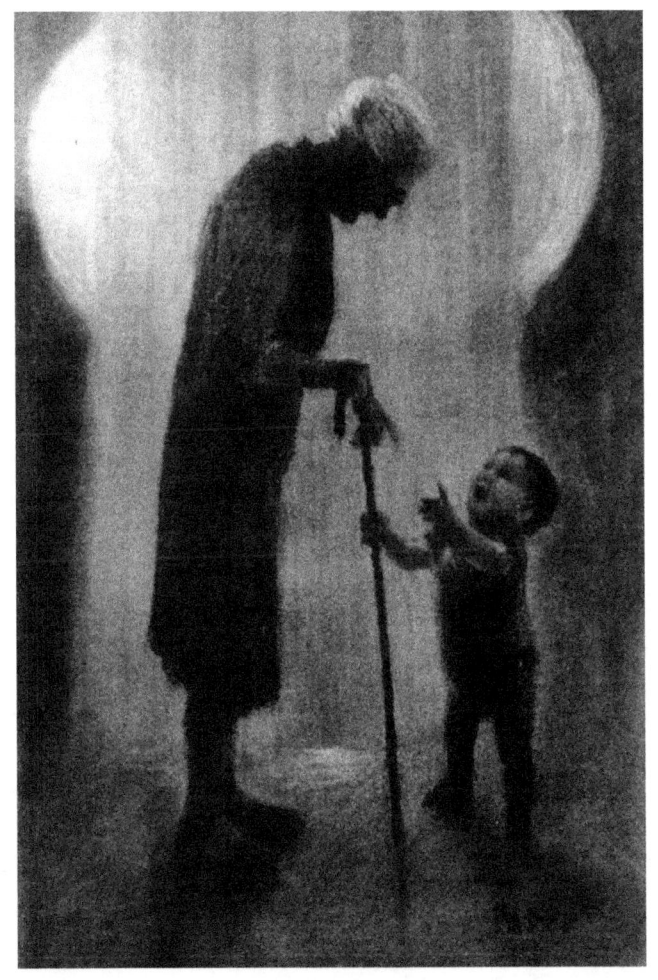

Pierino Fabro
La rivelazione di un sentimento

Da qualche giorno, presso la nostra sede di Trieste, sono esposti i dipinti del nostro collega Pierino Fabro.

Ingegnere e manager di altissimo profilo è stato apprezzato per il suo talento da chiunque abbia lavorato con lui dalla FIAT di Torino alla Grandi Motori di Trieste, ma è anche uomo stimato per la sua attenzione ai sentimenti personali, ai quali dimostra di riservare un attenzione particolare.

Questo lato del suo carattere è tipico di un signore del Friuli collinare, che ha trovato modo di esprimersi nell'arte della pittura ed in particolare nei ritratti.

Fabro ha affinato la sua predisposizione alla pittura con l'esercizio autodidattico e con lo studio presso Nino Perizi. Ciò che si intuisce nei suoi dipinti è la sintonia con la persona che viene ritratta, o meglio reinterpretata sulla tela, a partire da un'immagine fotografica. È anche evidente che l'autore conosce nell'intimo la persona, perché ne evidenzia il carattere psicologico saliente e ne ama l'essenza. Scopriamo infatti che per lo più si tratta di ritratti di persone della sua famiglia, con le quali ha un "feeling" particolare, come quello che si percepisce nell'immagine di un'anziana zia che si china verso il nipotino in un dialogo affettivo che è anche un gesto d'amore. Si coglie dunque in quest'immagine il grande sentimento di Pierino Fabro per la sua famiglia.

L'autore, oltre a questo disvelamento del suo sentire, ci ha regalato un suo bellissimo quadro di genere completamente diverso: è l'immagine di un motore diesel, a ricordo della sua attività presso la Grandi Motori Trieste.

L'opera, sistemata nell'atrio della nostra sede, accoglie chi entra con la forza gioiosa delle sue linee e la brillantezza dei suoi colori. Grazie anche di questo, ing. Fabro!

C.B.

Curriculum di Fabro Pierino

Sono nato in Friuli, a Treppo Grande, nel 1929. Lì h0 vissuto fino a 10 anni con i nonni paterni e una zia che mi ha fatto da mamma in attesa di raggiungere i miei genitori che, per ragioni di lavoro, si erano trasferiti in Piemonte.

In Piemonte ho fatto le mie scuole e nel 1956 mi sono laureato in ingegneria meccanica al Politecnico di Torino.

.La mia dedizione allo studio non è stata delle migliori perché la mia vocazione era un'altra: avrei voluto fare il cartellonista o il disegnatore di fumetti. Mi è sempre piaciuto disegnare ed ero ancora molto piccolo quando , con il gesso, disegnavo sul pavimento il ritratto del Duce e del Papa Pio XI.

In seguito tuttavia la mia produzione artistica deve essere stata deludente perché sono stato dissuaso dal seguire quella strada.

Durante gli anni dell'università però qualche concessione alla mia vocazione l'ho voluta dare lavorando presso alcuni studi pubblicitari anche se questo andava purtroppo a discapito della mia frequenza alle lezioni. -

Ho fatto il militare come sottotenente di complemento (corso AUC) in Artiglieria di Montagna.

Finito il corso, speravo di essere mandato a completare il mio servizio militare al Reggimento, in qualche località di montagna, invece sono stato mandato, in quanto ingegnere, in uno stabilimento militare a Capua.

Dopo il congedo, sono stato assunto dalla FIAT GRANDI MOTORI di Torino e , nel 1972, mi sono trasferito, insieme alla fabbrica, rinominatasi GMT, a Trieste.

In pratica, nonostante i cambiamenti societari dell'Azienda nel corso degli anni, ho prestato servizio nella stessa fabbrica per tutta la mia vita lavorativa.

Il mio era un lavoro di progettazione impiantistica: riguardava il complesso dei sistemi meccanici, elettrici, idraulici e pneumatici che componevano gli impianti destinati a ricevere, come motori primi, i motori diesel costruiti dalla GMT.

Si trattava, prevalentemente, di centrali elettriche e, più limitatamente, di installazioni a bordo delle navi.

Questo lavoro mi piaceva e mi ha portato a viaggiare in molti paesi, dandomi tra l'altro anche l'opportunità di visitare molti dei principali musei d'arte del mondo.

A un certo punto mi è stato chiesto di occuparmi di meno della progettazione tecnica e di dedicarmi alla gestione delle commesse.

Non è stato un bel cambiamento.

Sono andato in pensione con gioia nel 1989, convinto di potermi finalmente concedere la soddisfazione di dedicarmi con libertà al mio hobby. Infatti mi sono subito iscritto ad un corso di pittura del professor Perizi, noto artista triestino, per acquisire maggior pratica nelle tecniche pittoriche.

Ho dovuto però rendermi conto che nel frattempo i gusti e le tecniche erano molto cambiati e che i miei erano vecchi e superati. Ma per me questo non ha molta importanza. Per quanto mi riguarda quello che conta in questo lavoro non è tanto il risultato o l'apprezzamento che esso incontra ma il piacere che si prova mentre si fa.

PAESAGGI

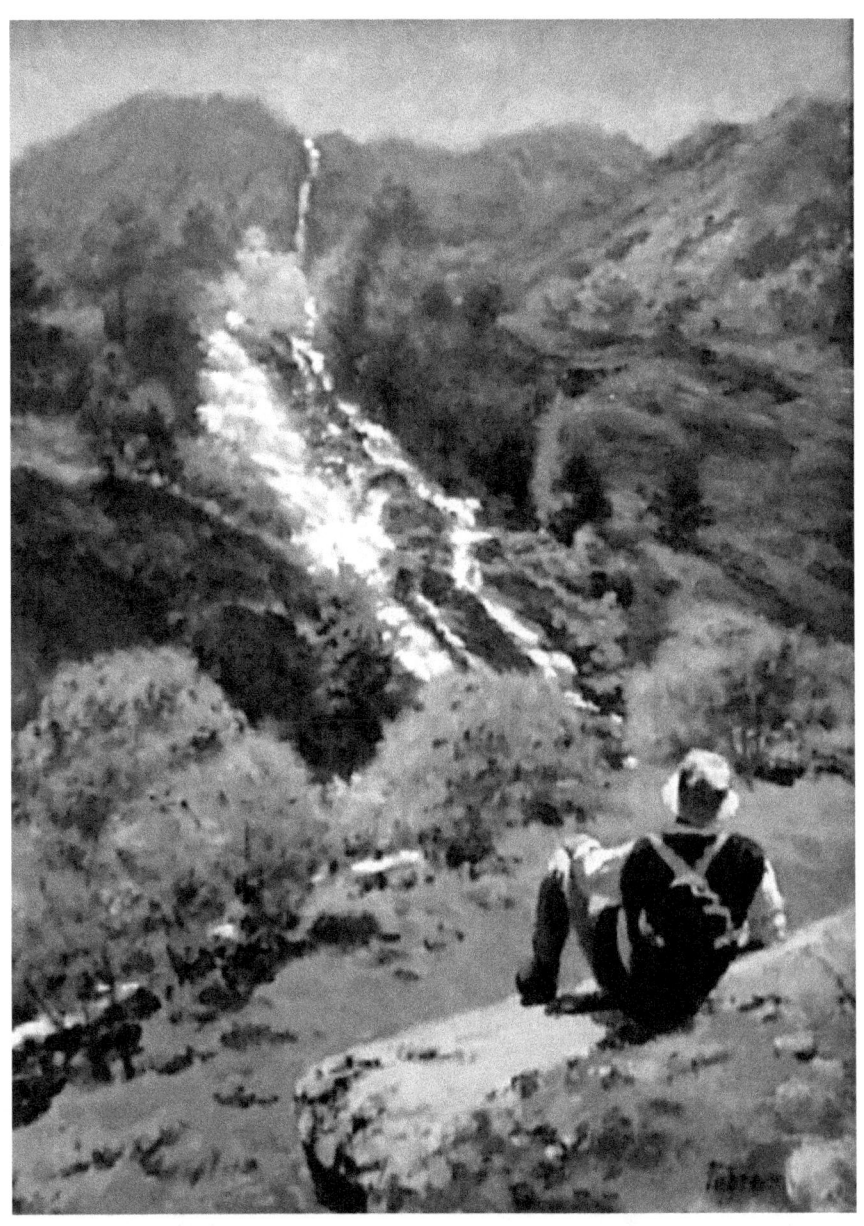

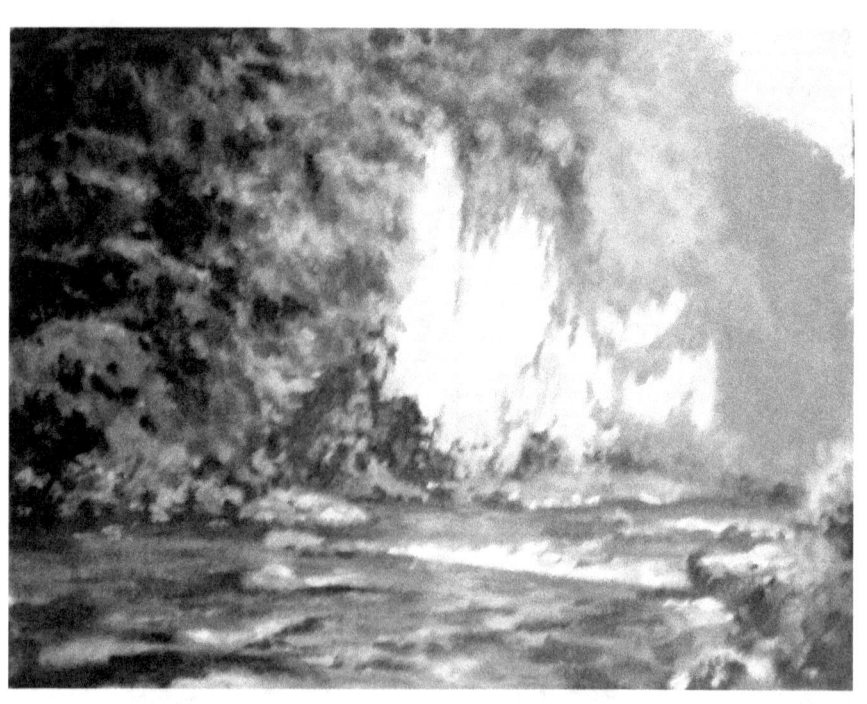

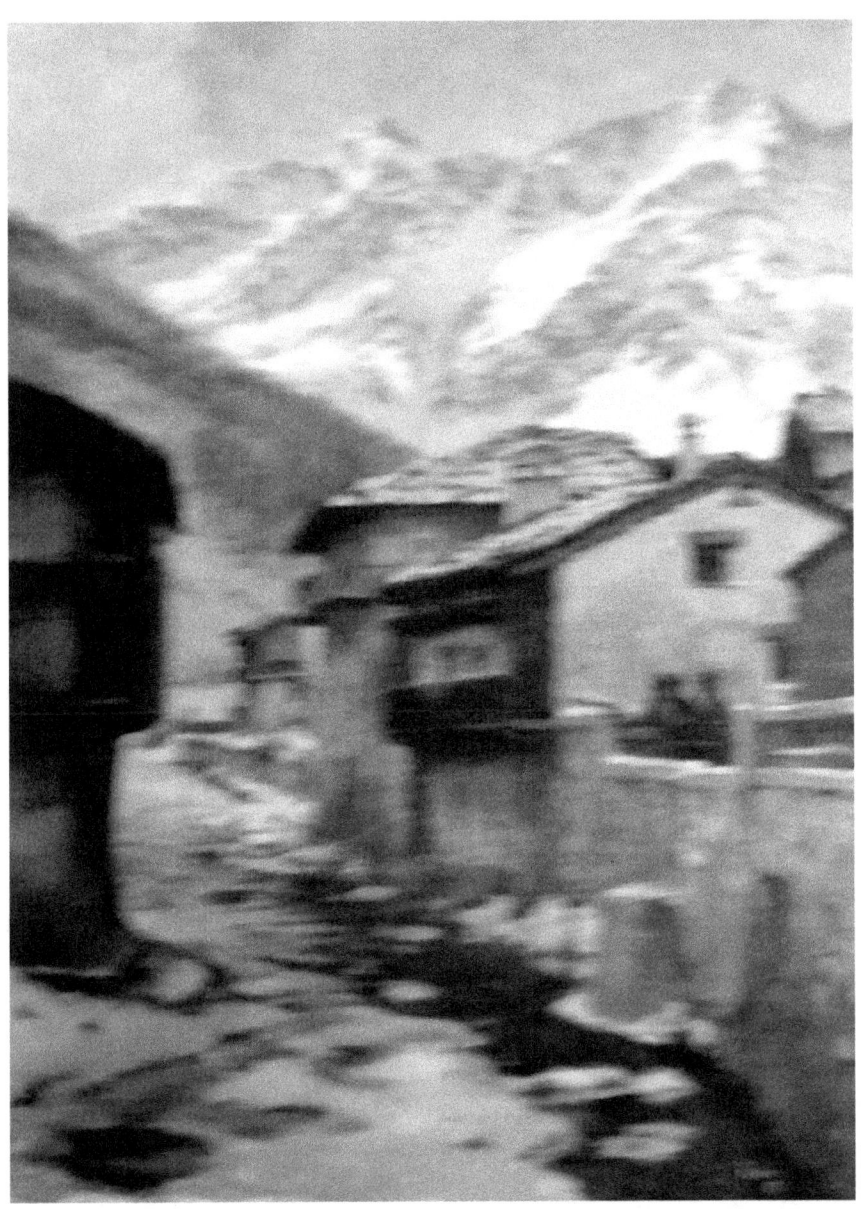

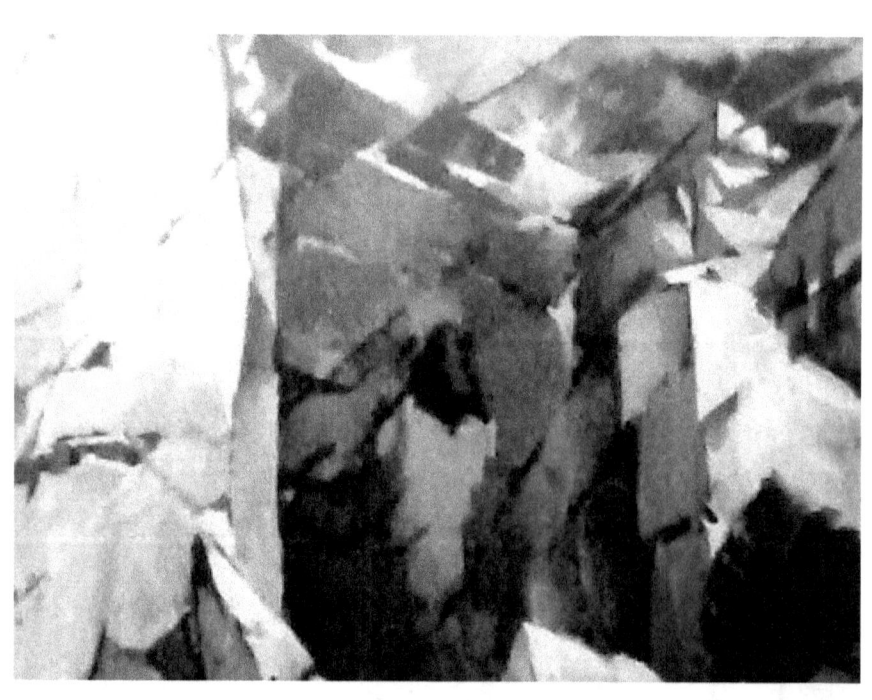

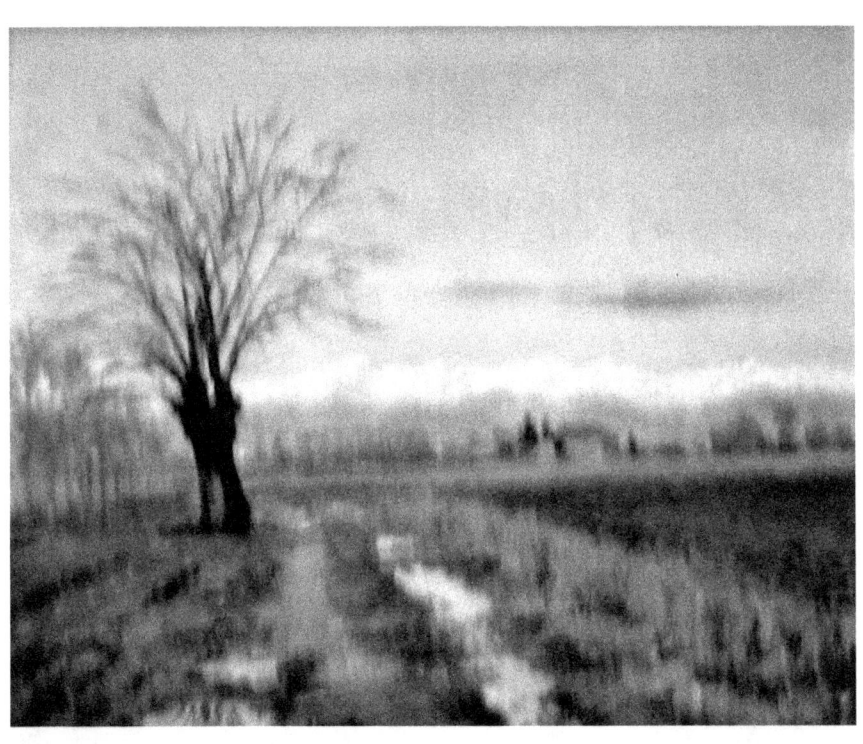

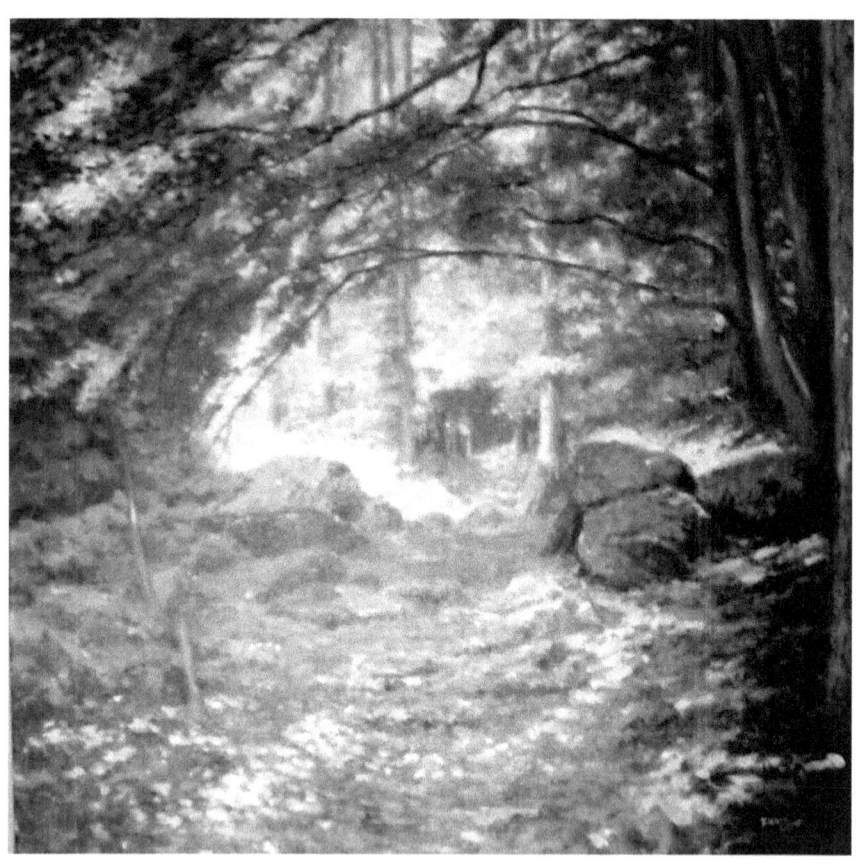

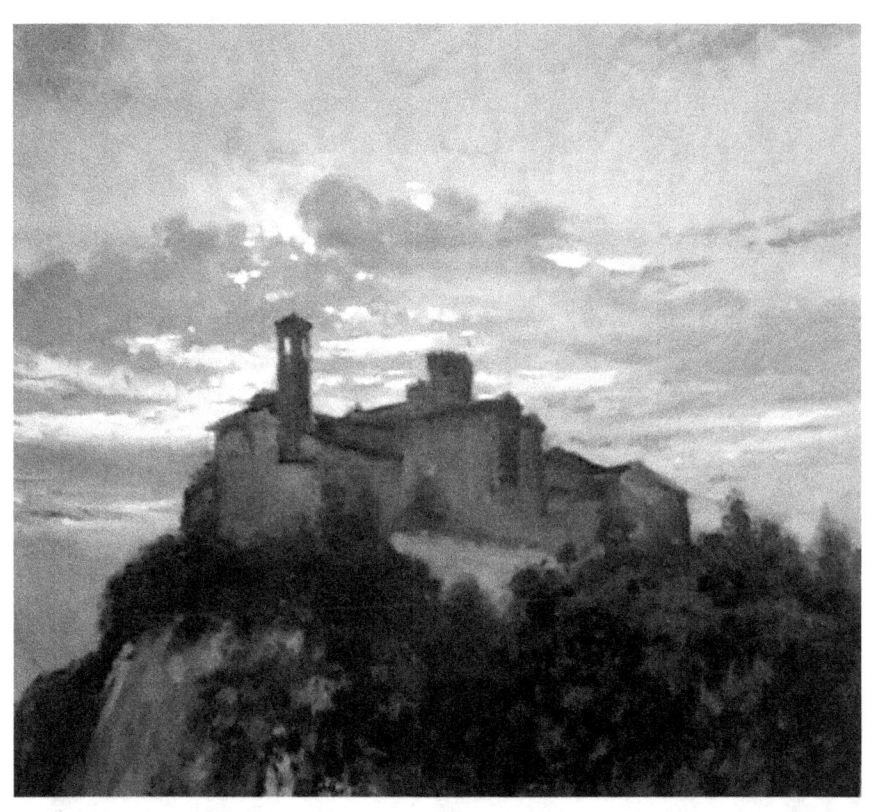

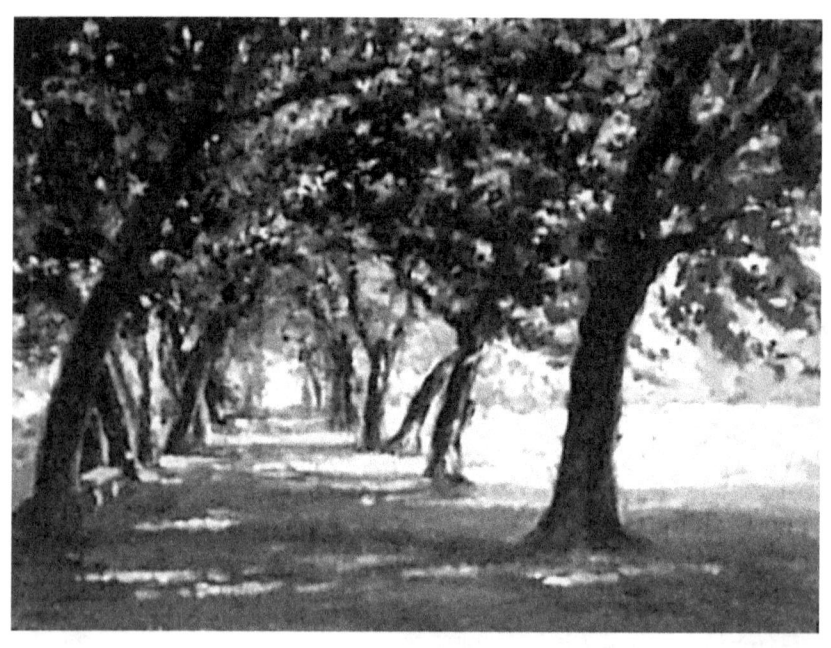

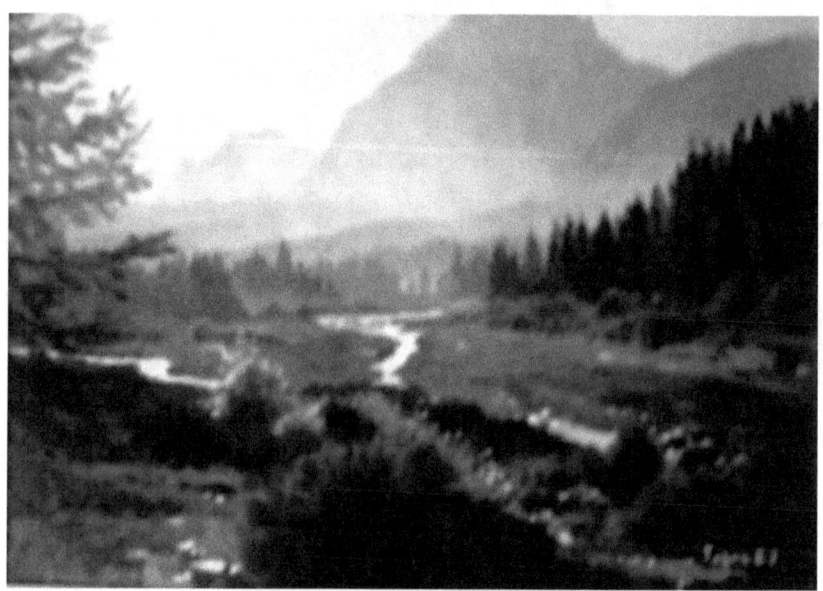

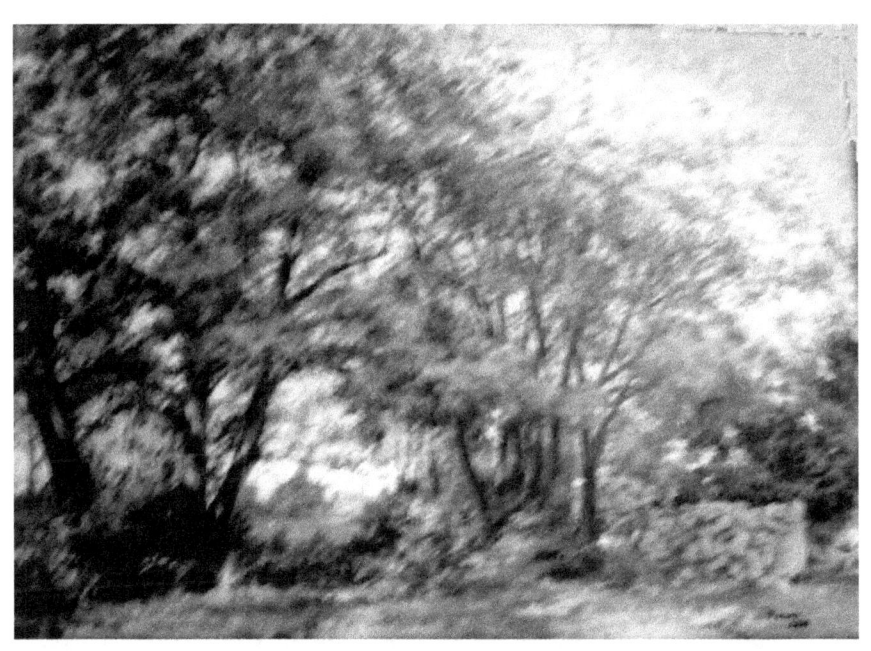

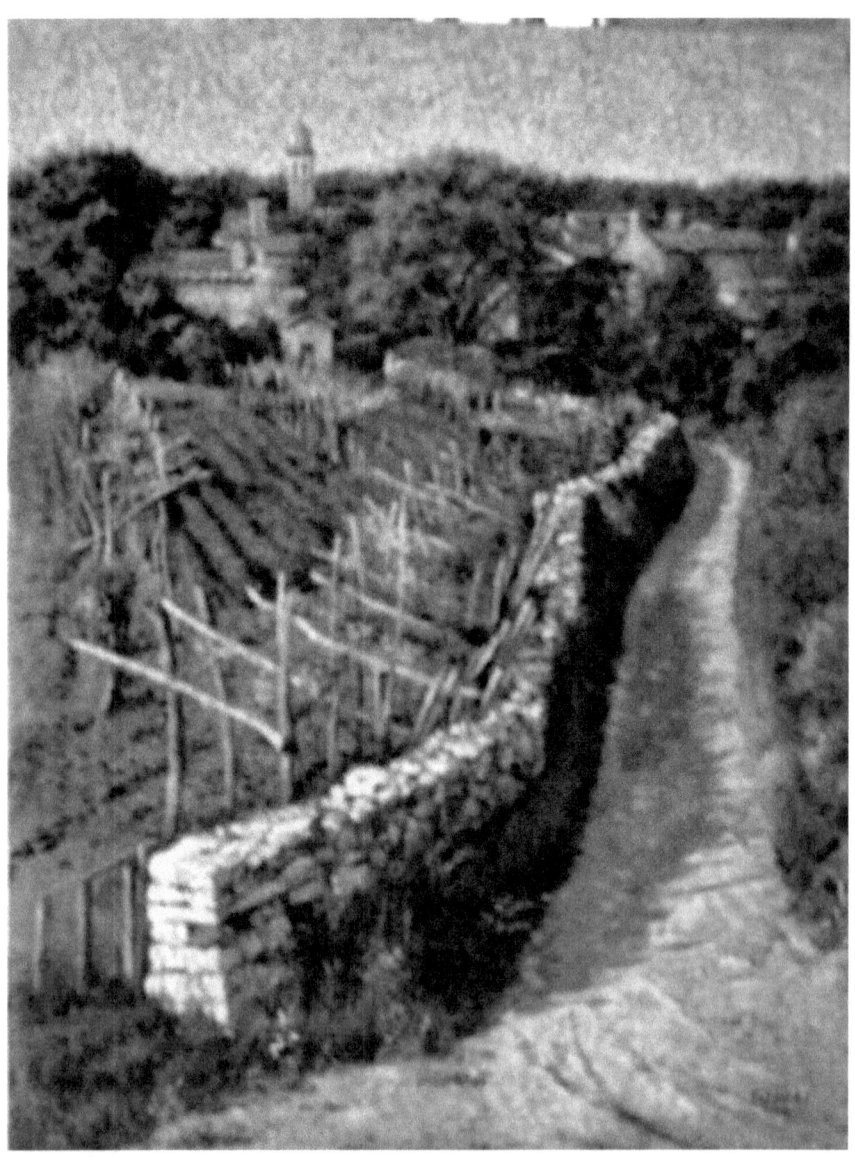

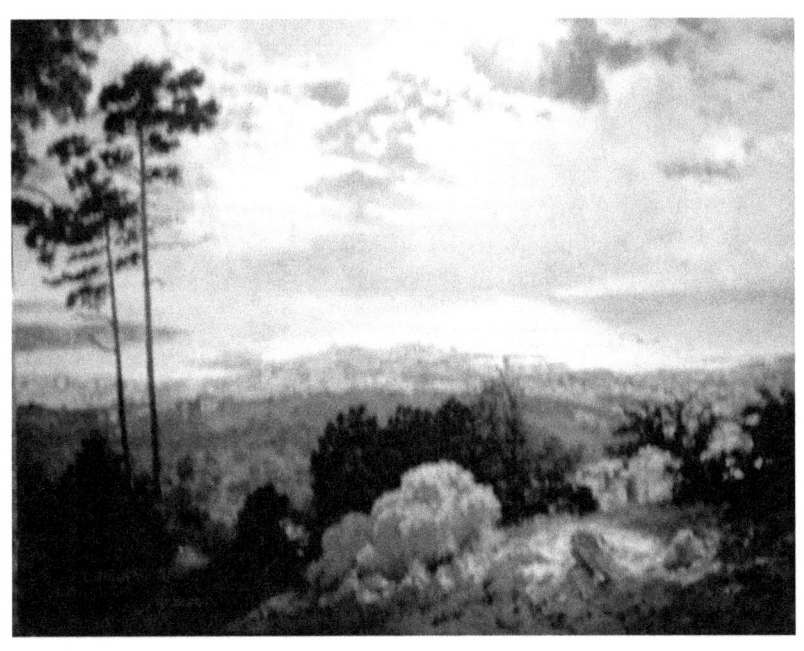

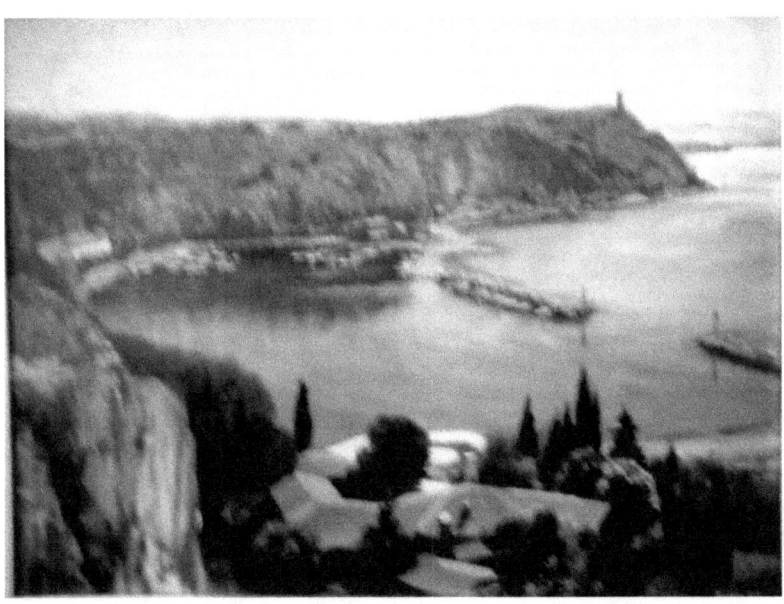

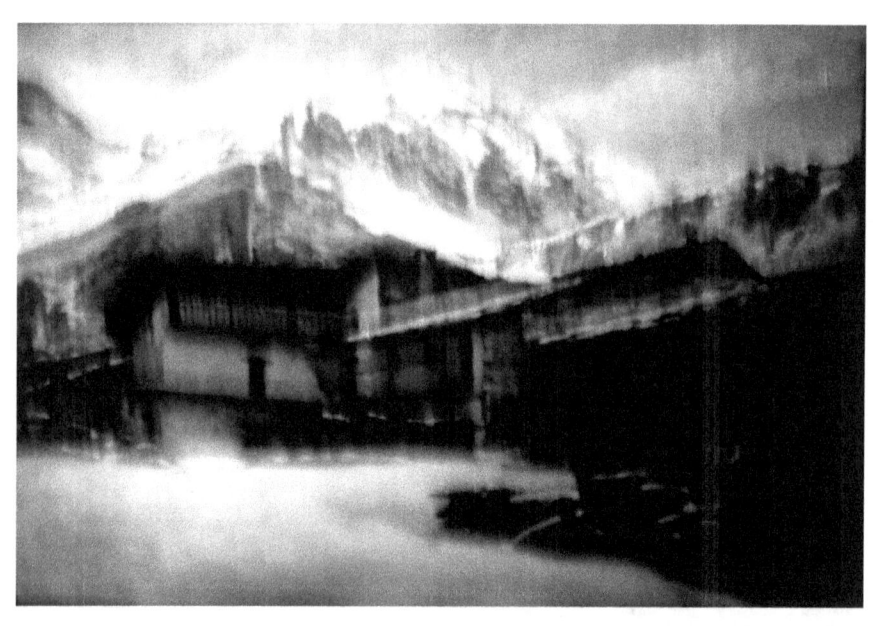

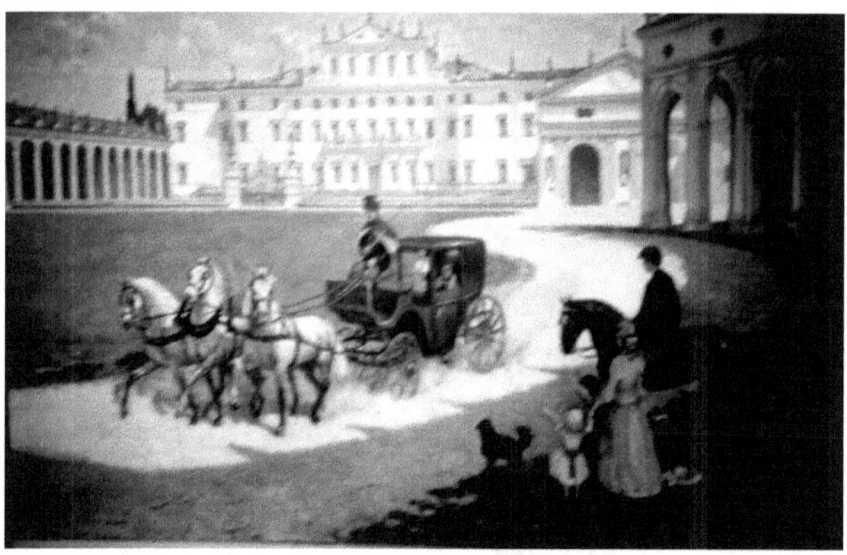

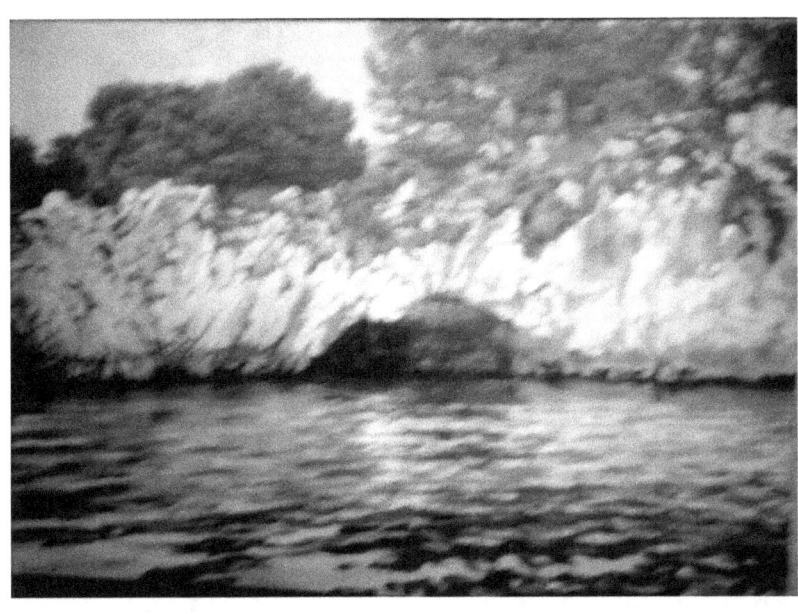

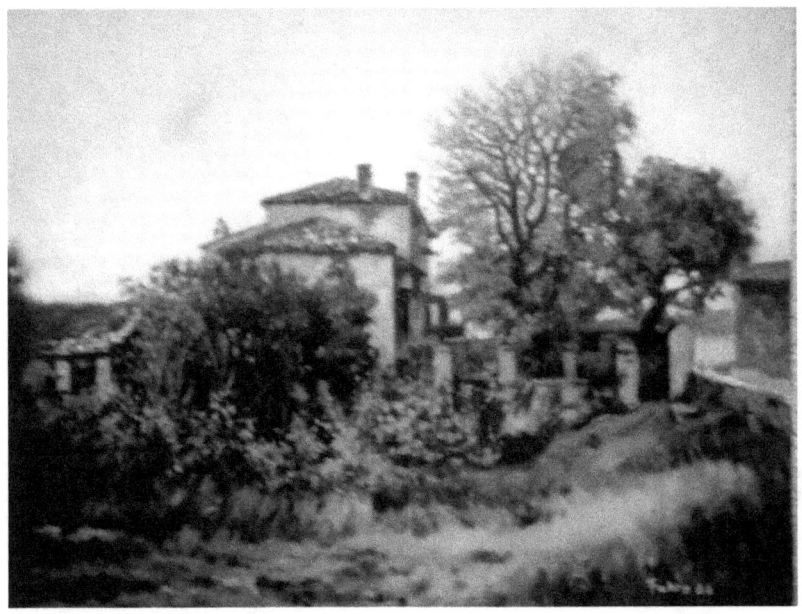

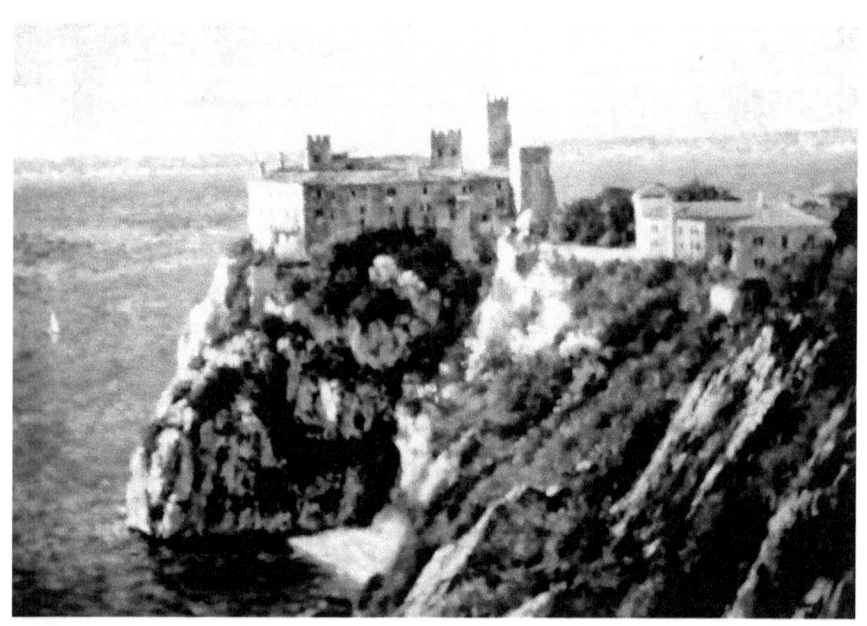

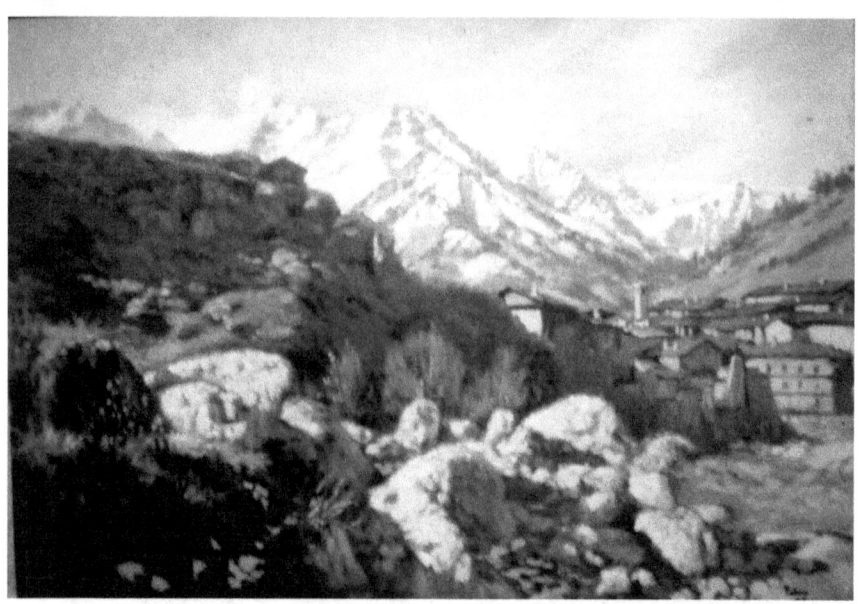

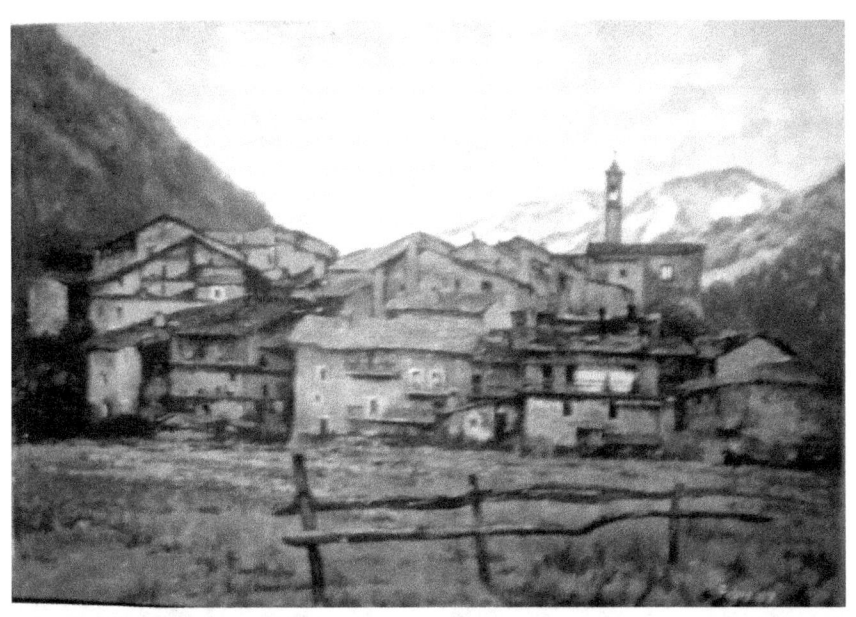

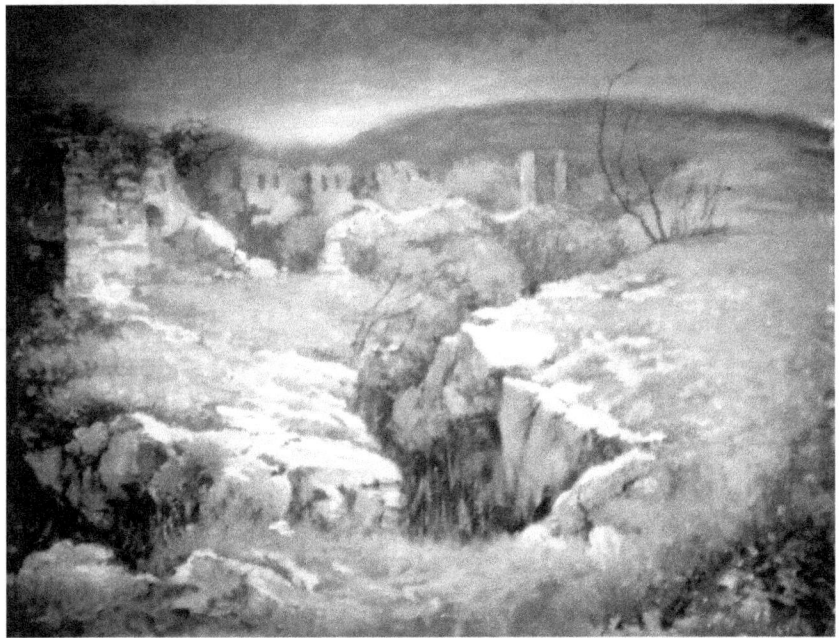

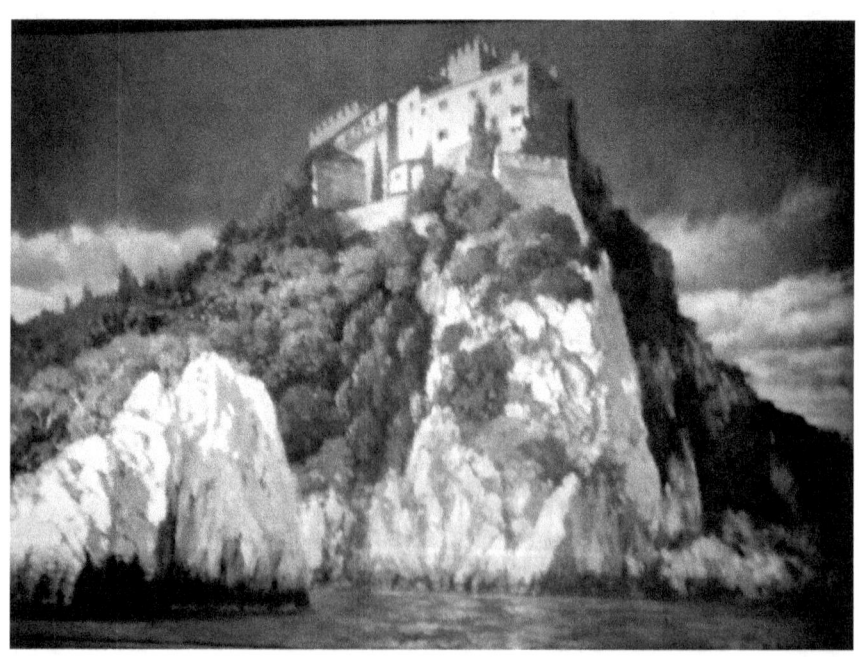

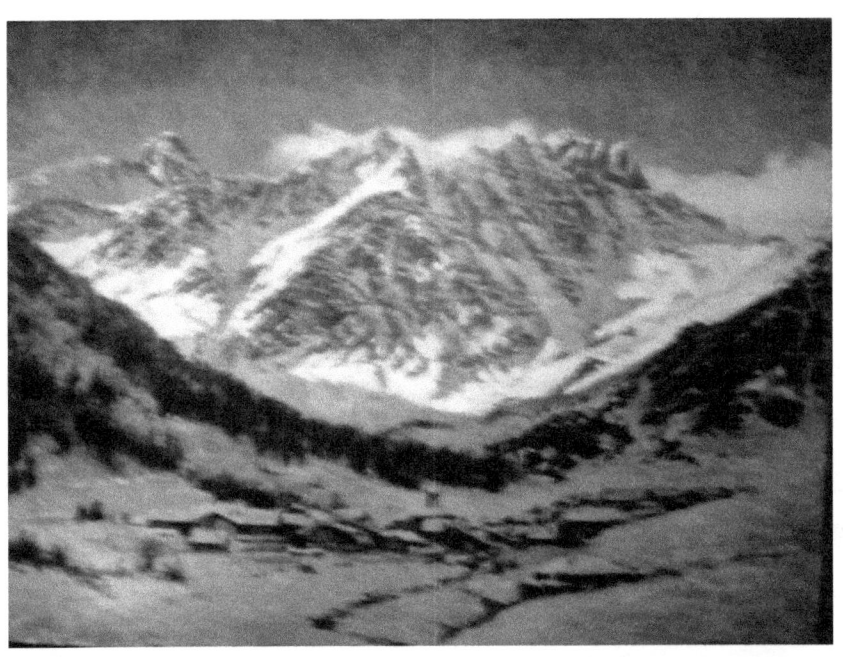

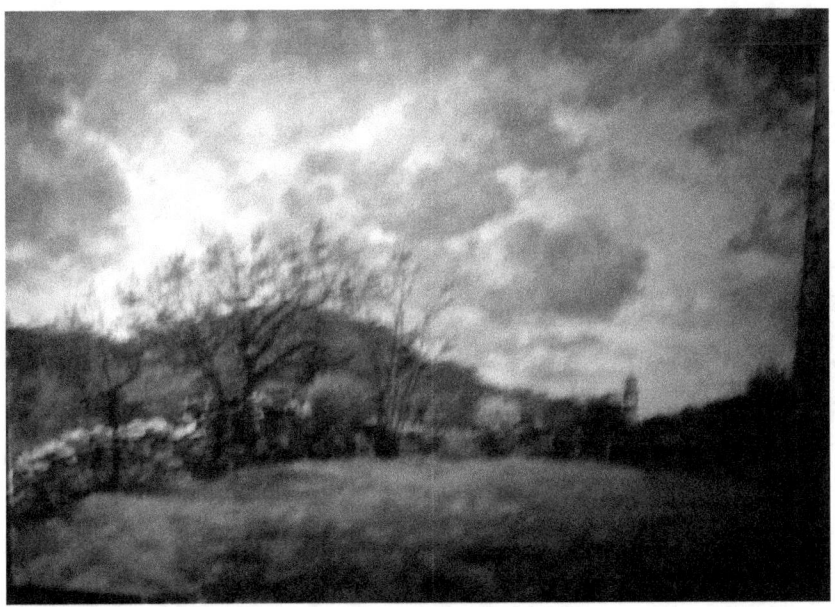

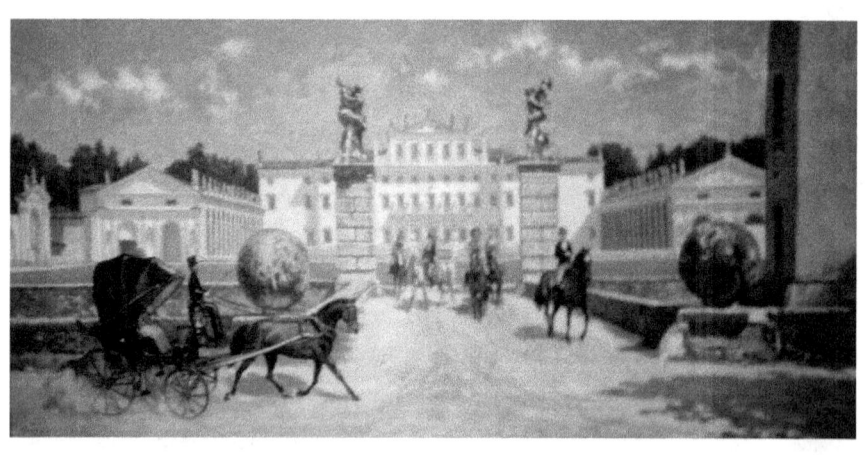

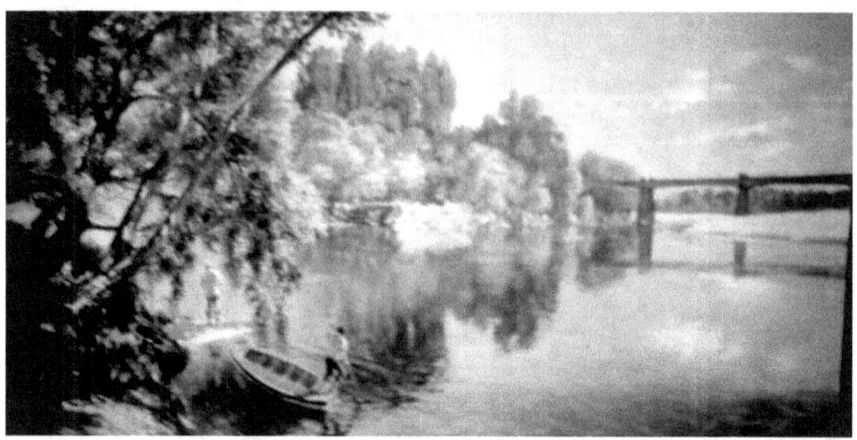

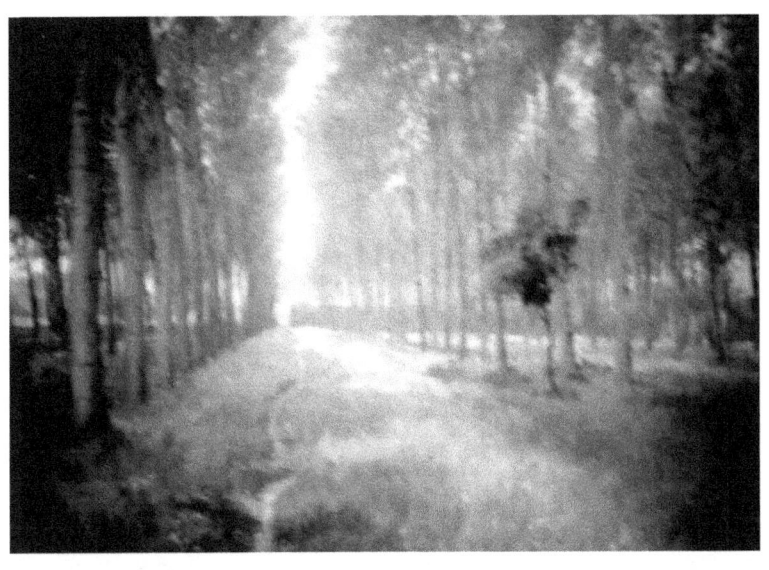

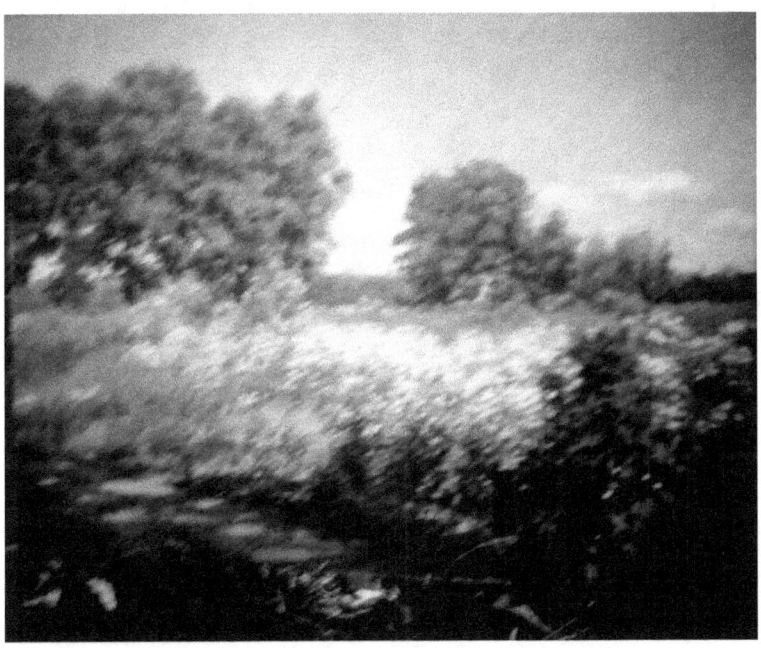

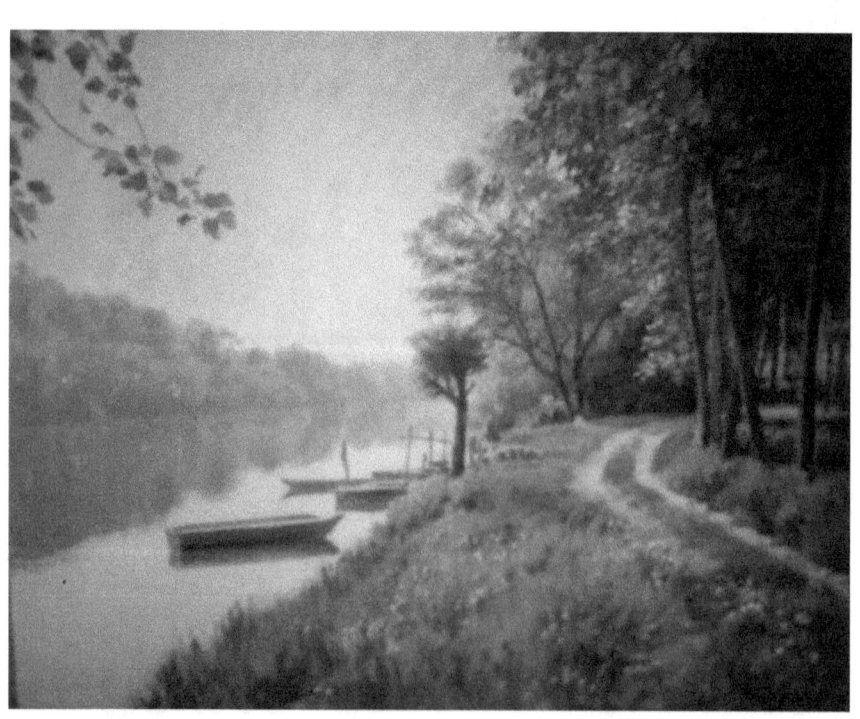

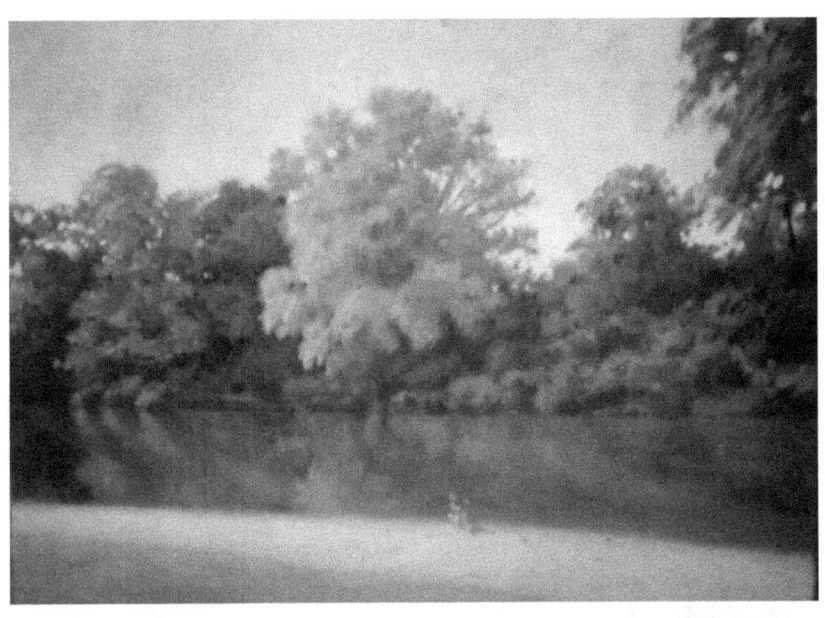

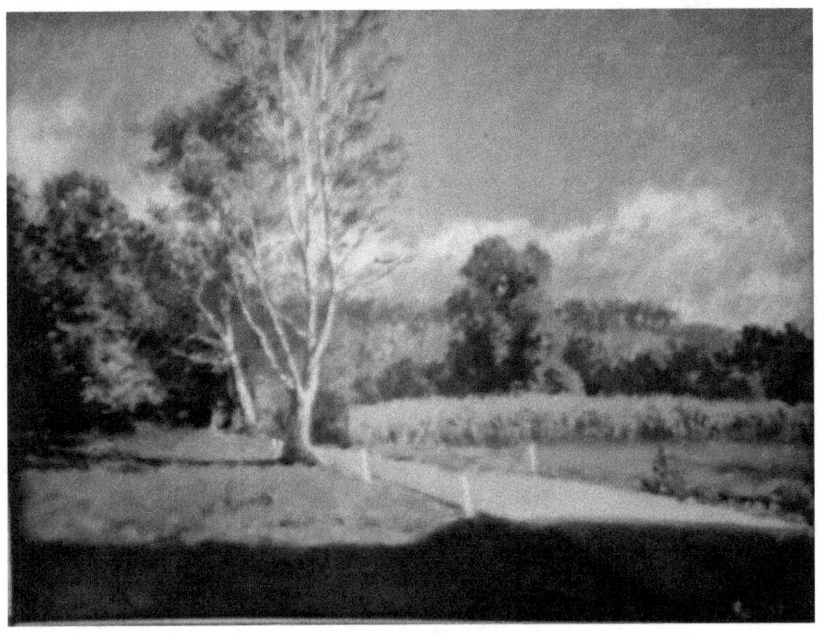

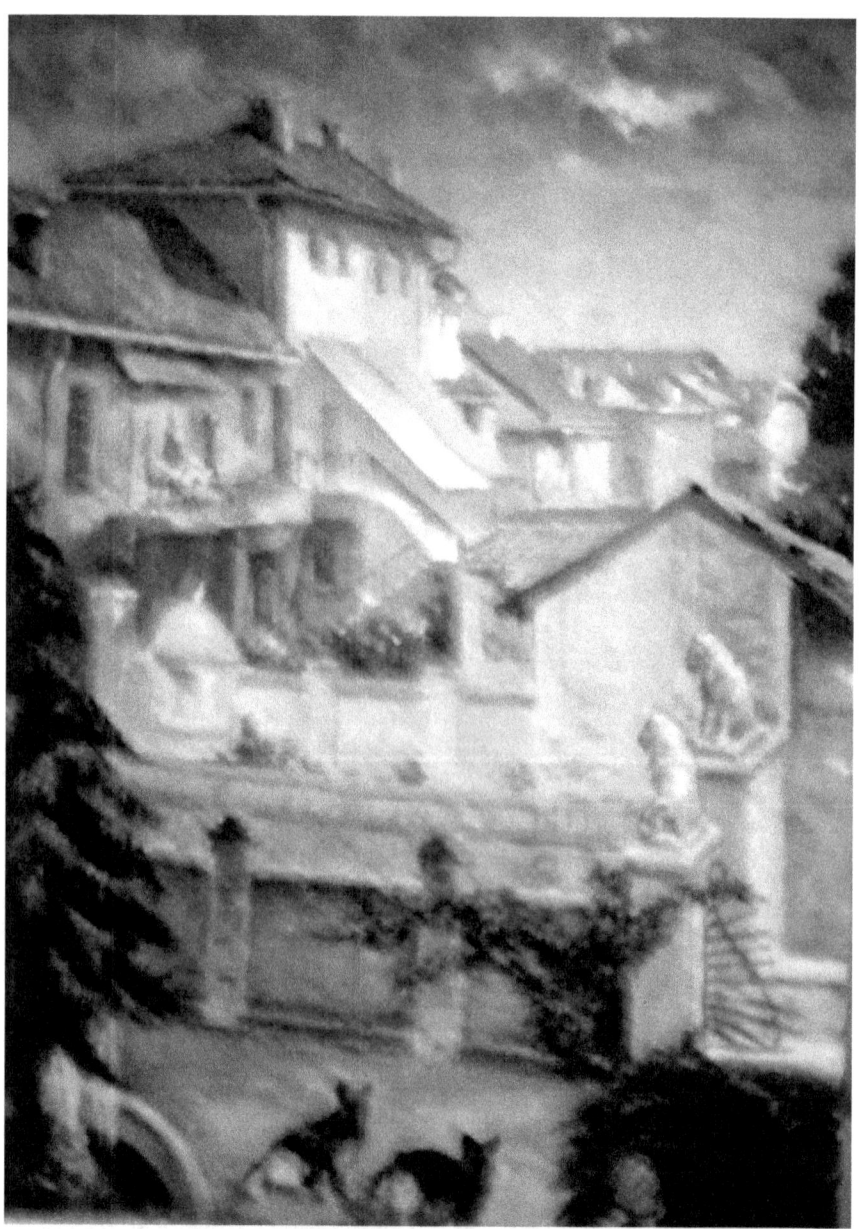

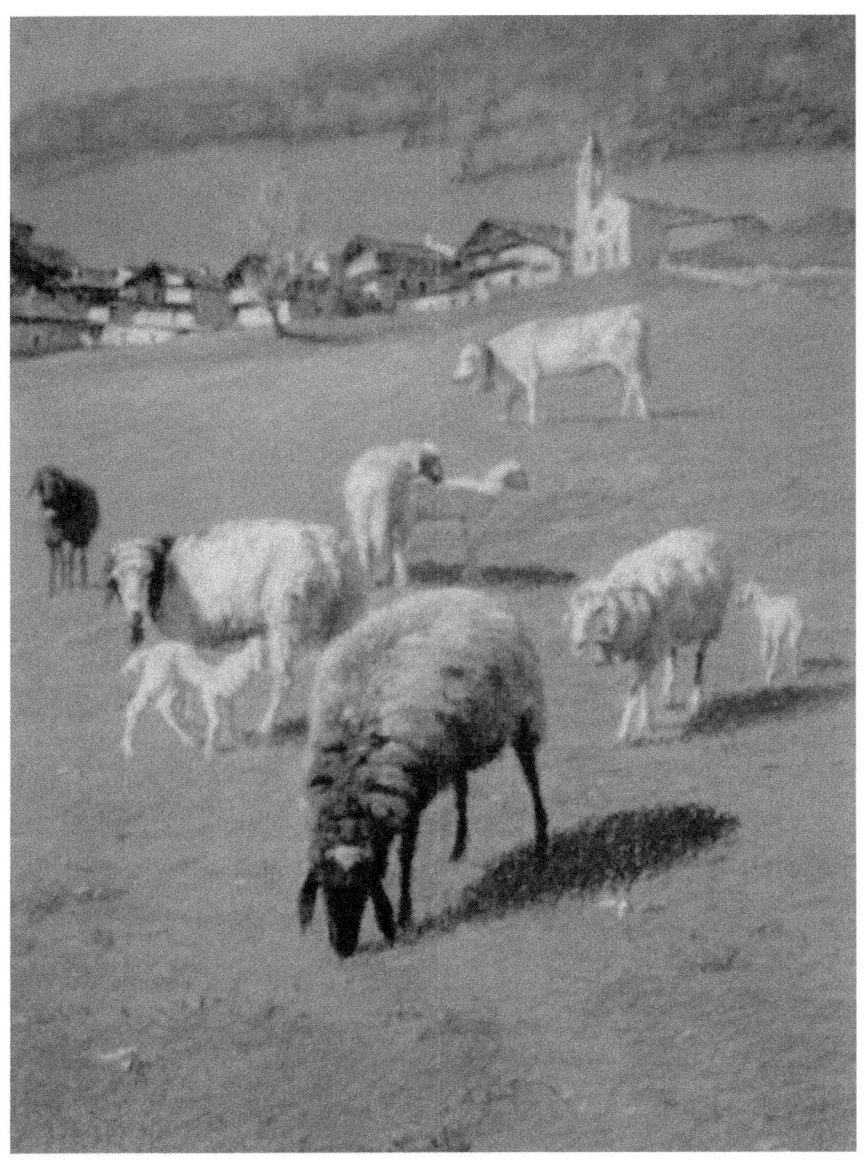

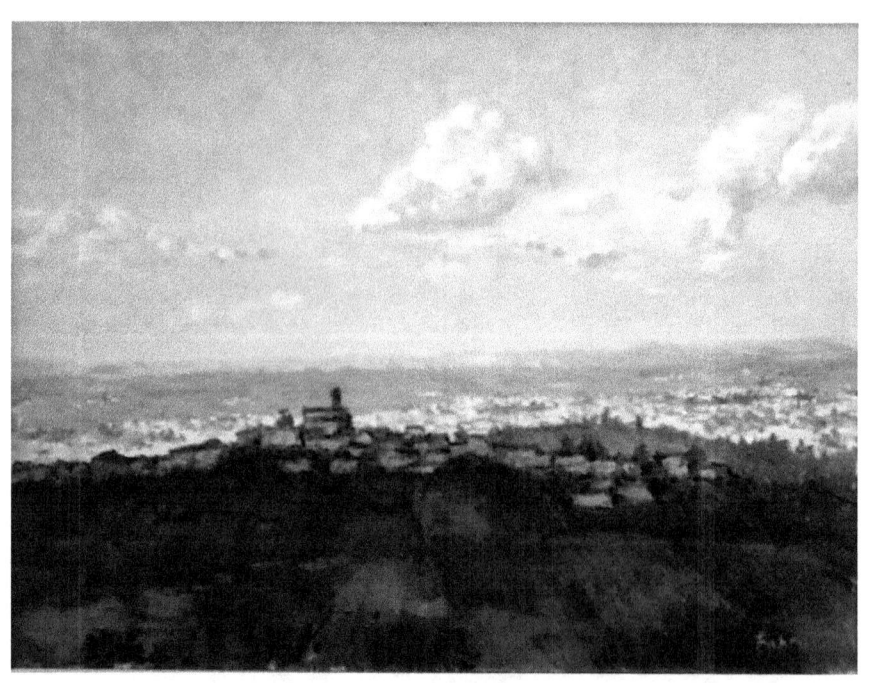

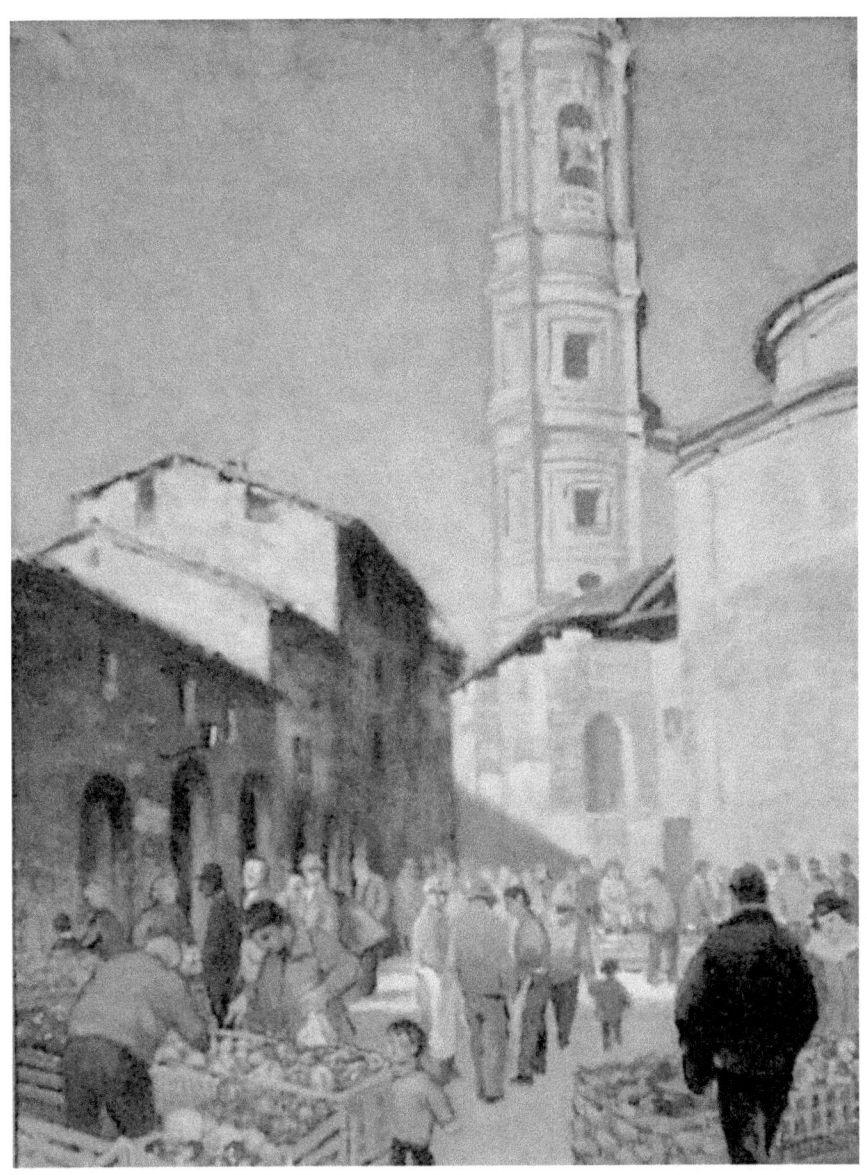

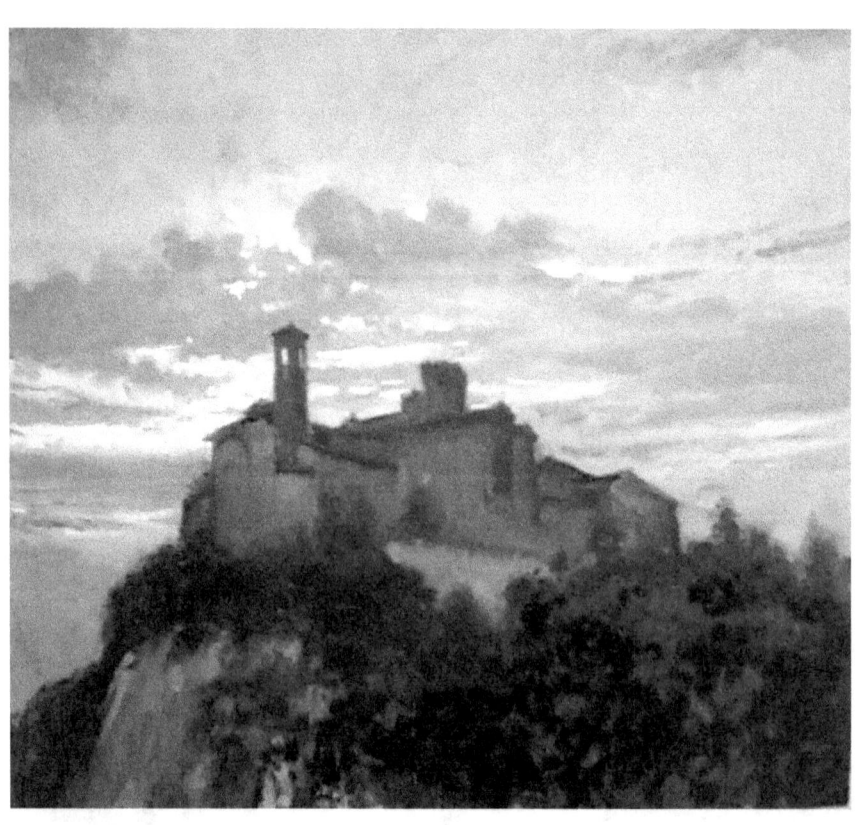

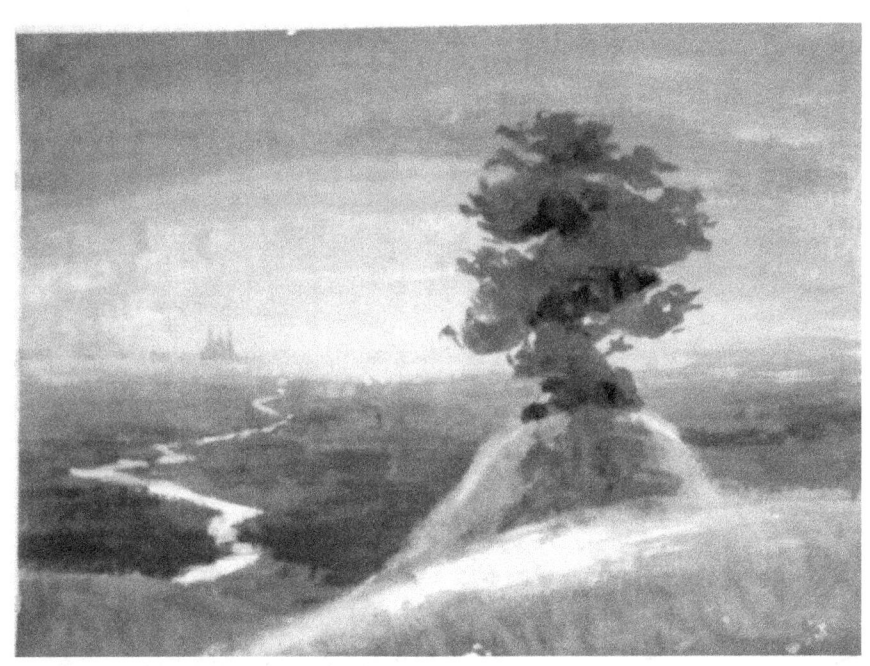

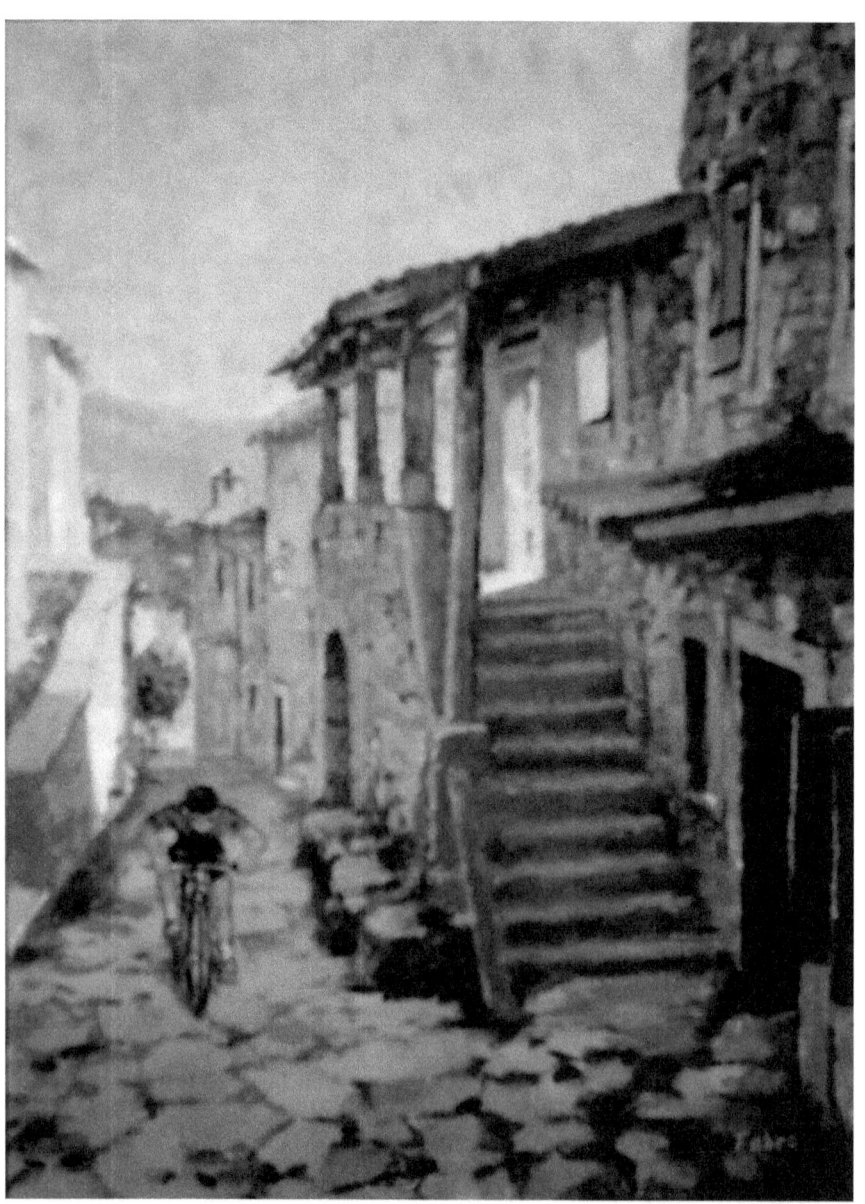

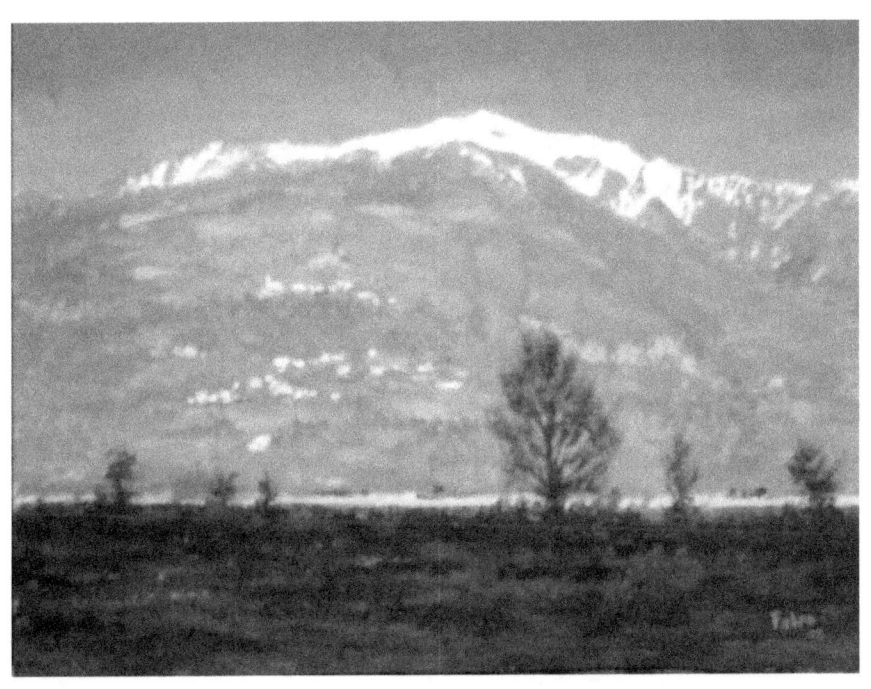

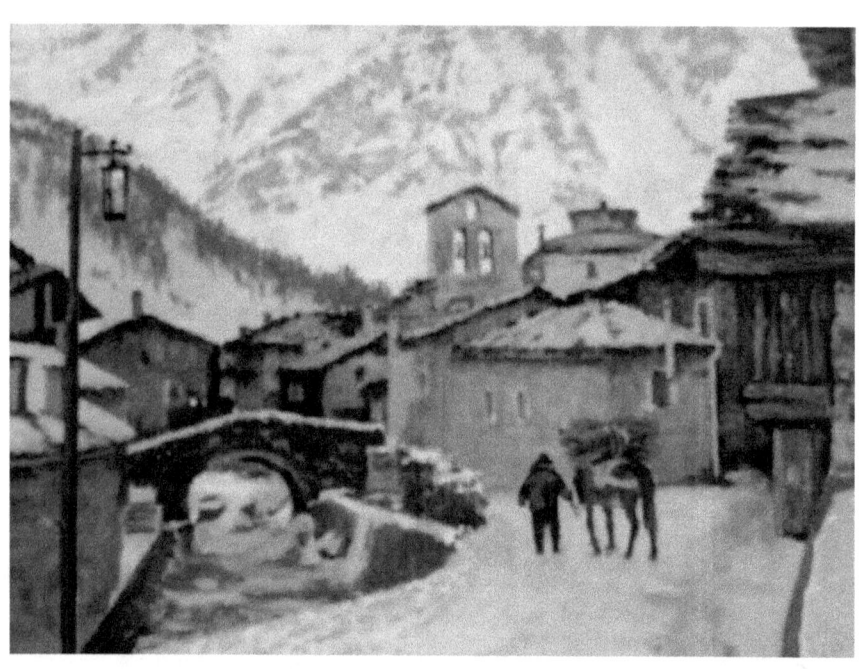

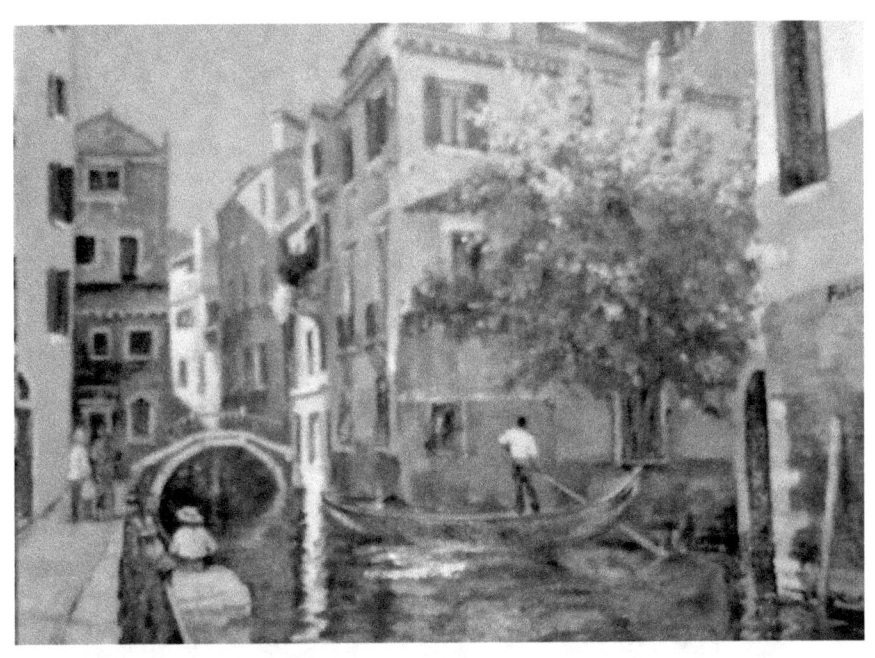

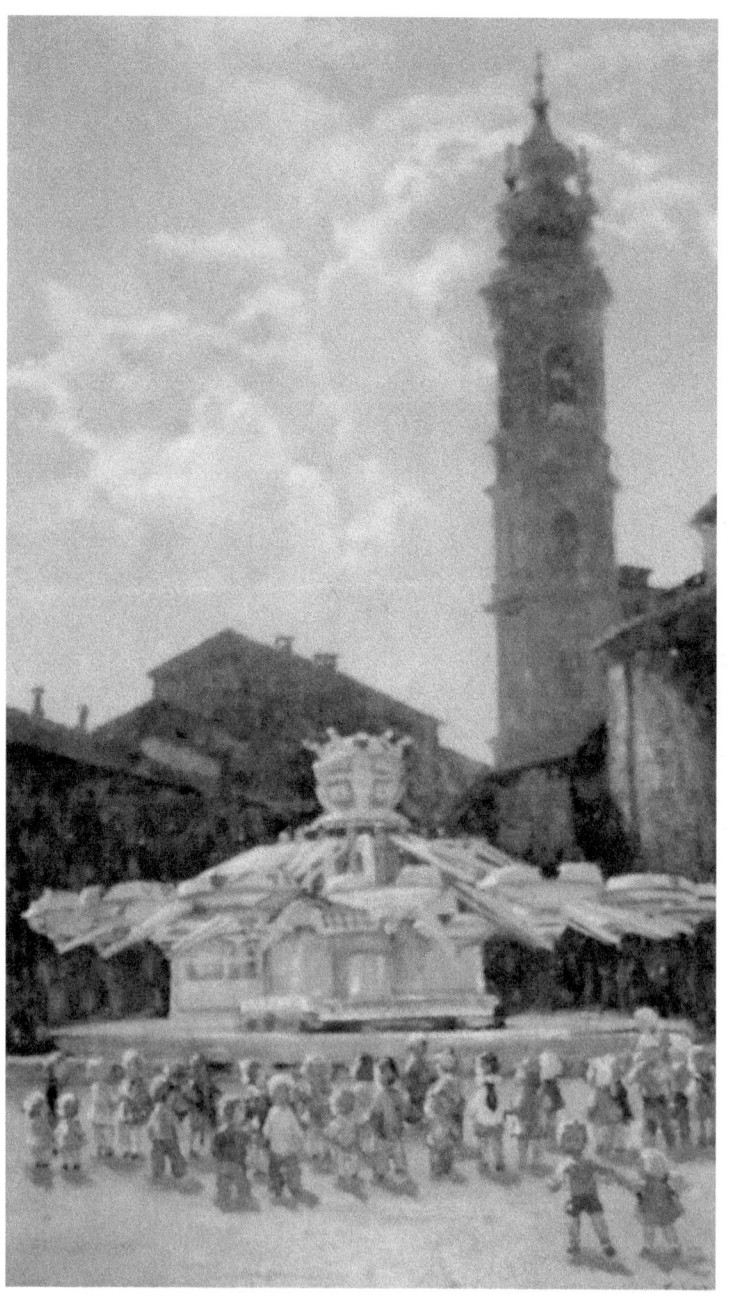

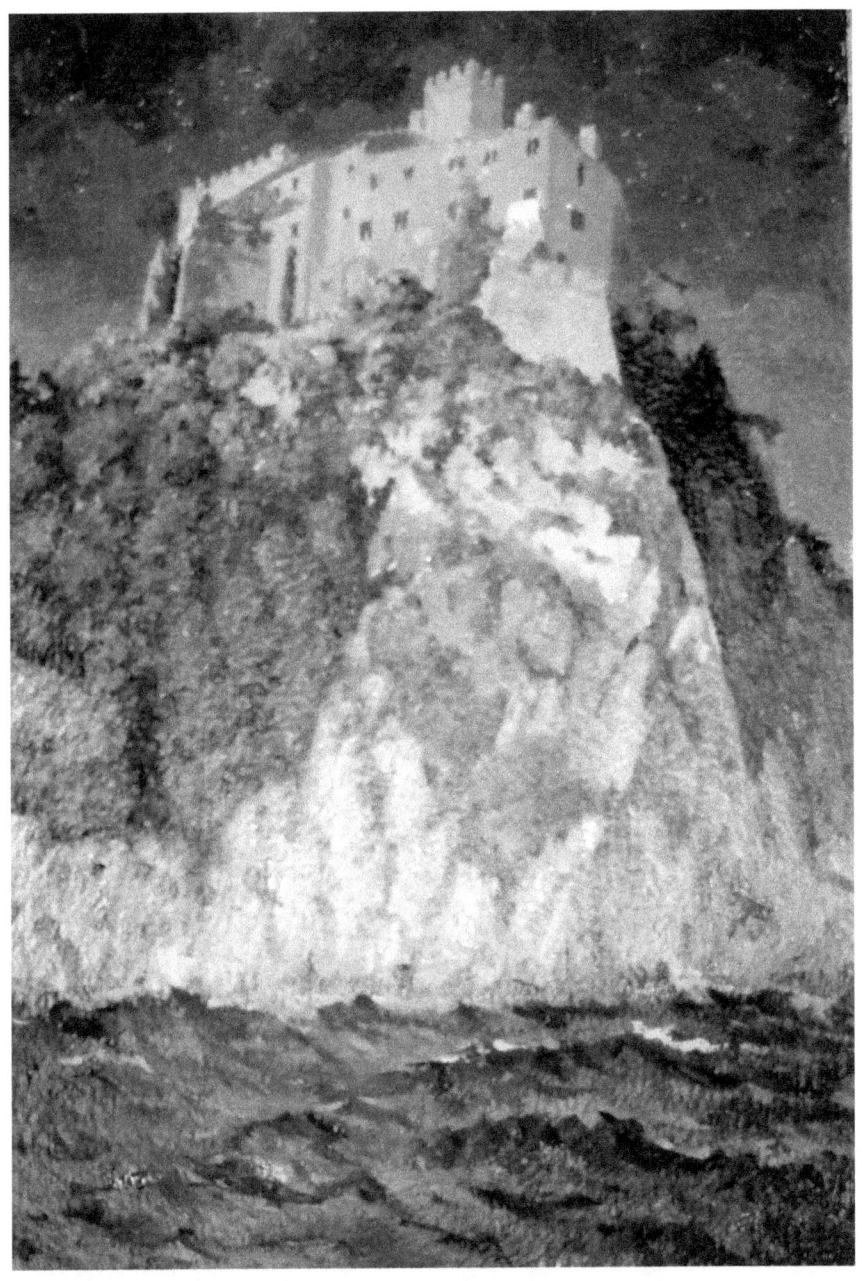

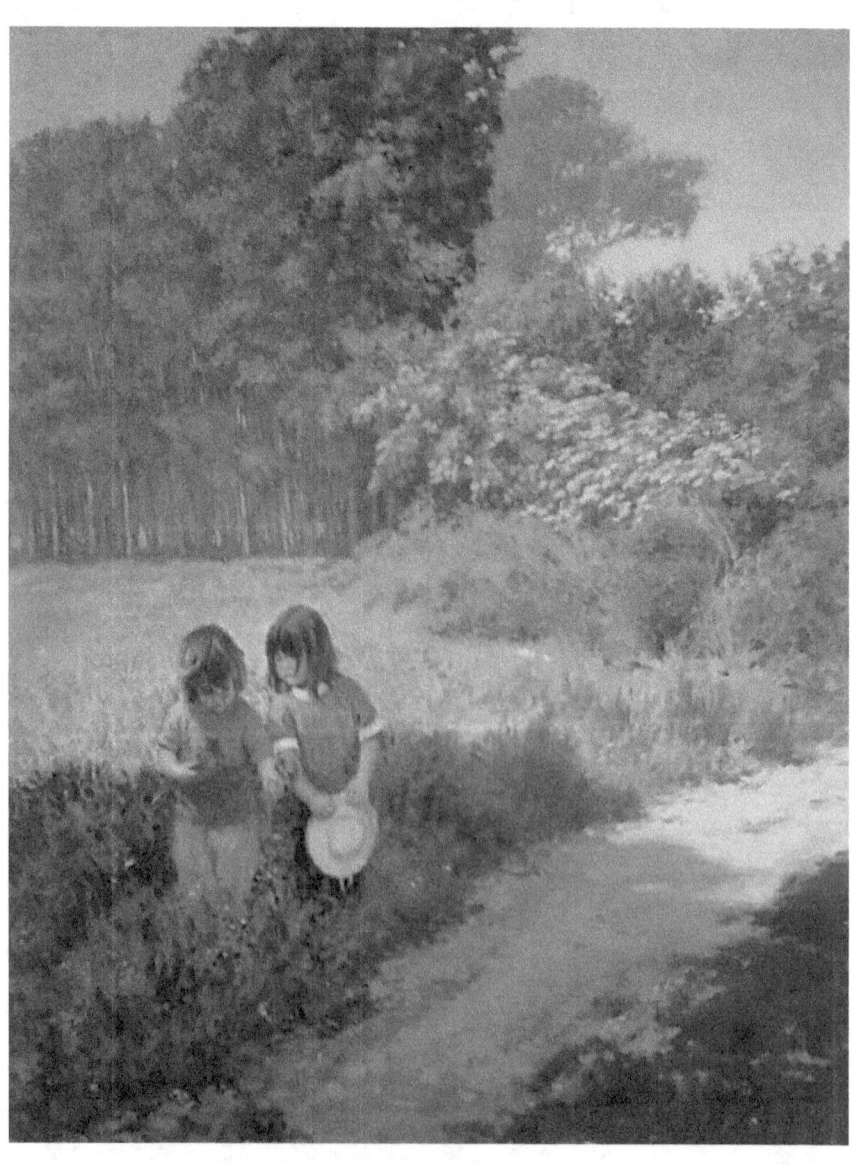

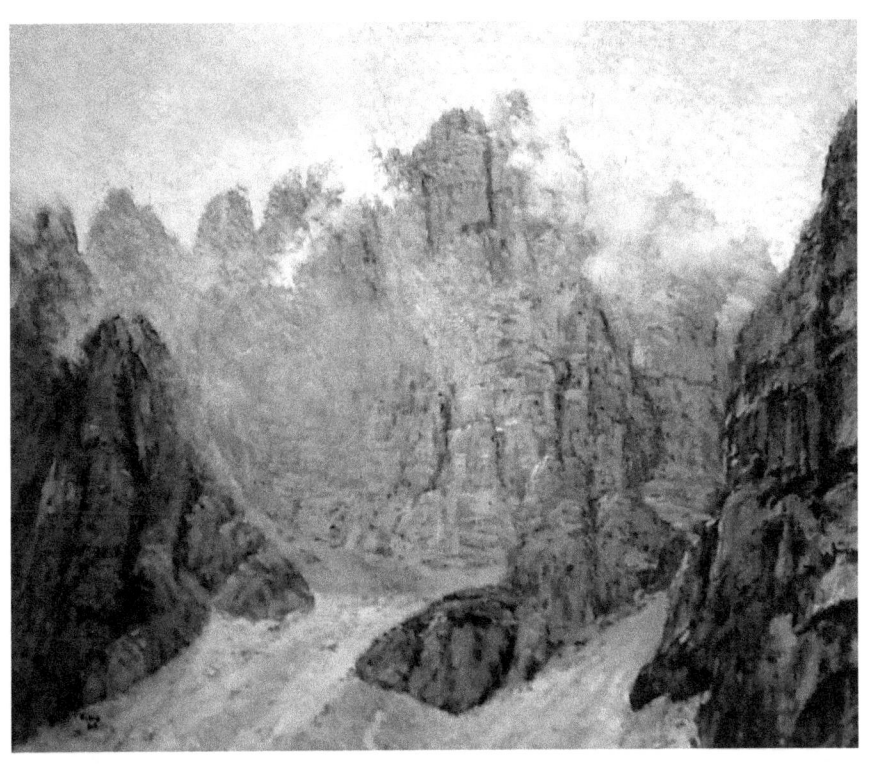

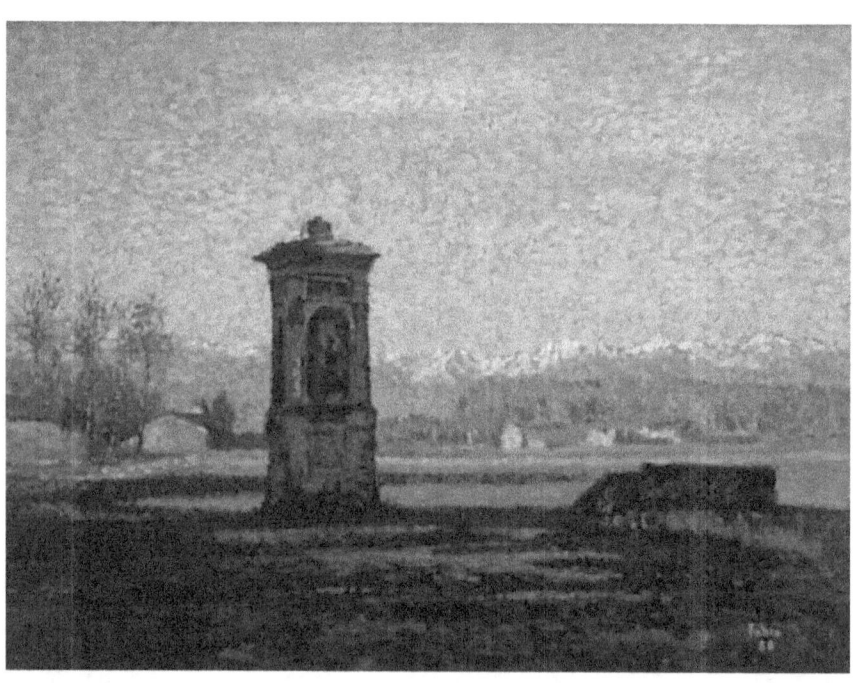

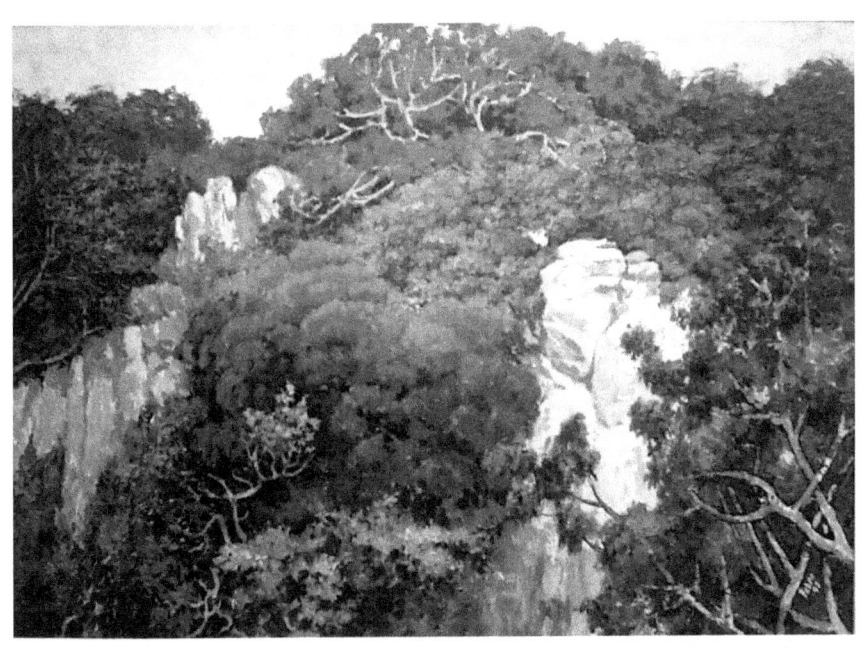

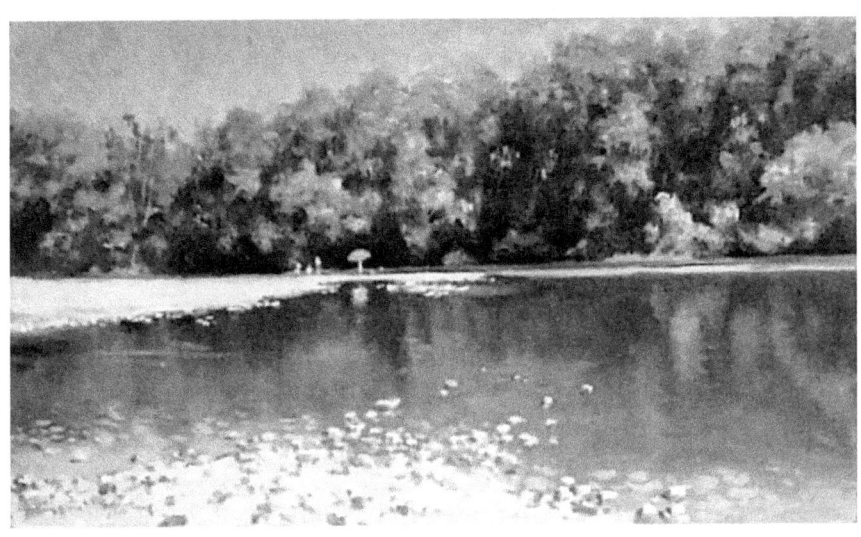

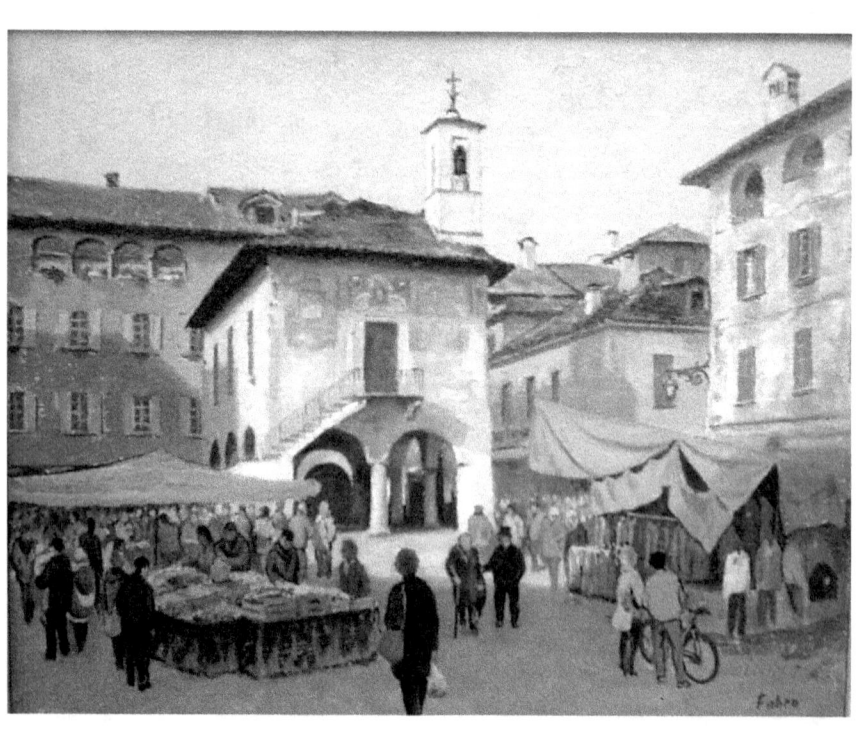

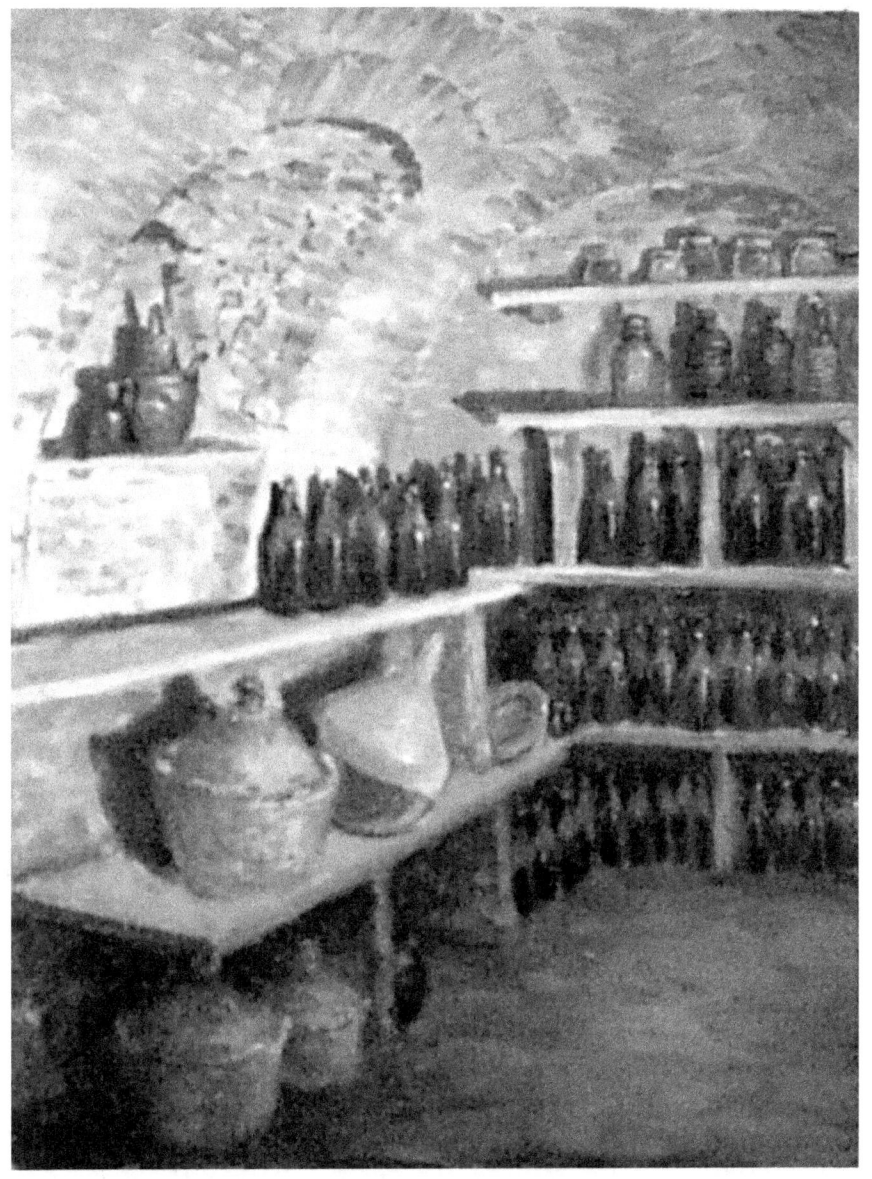

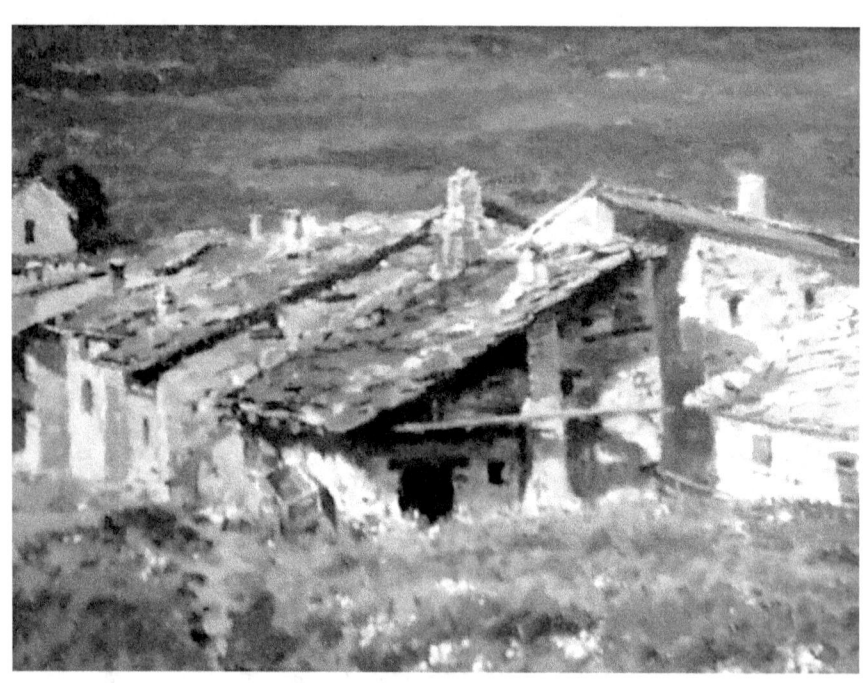

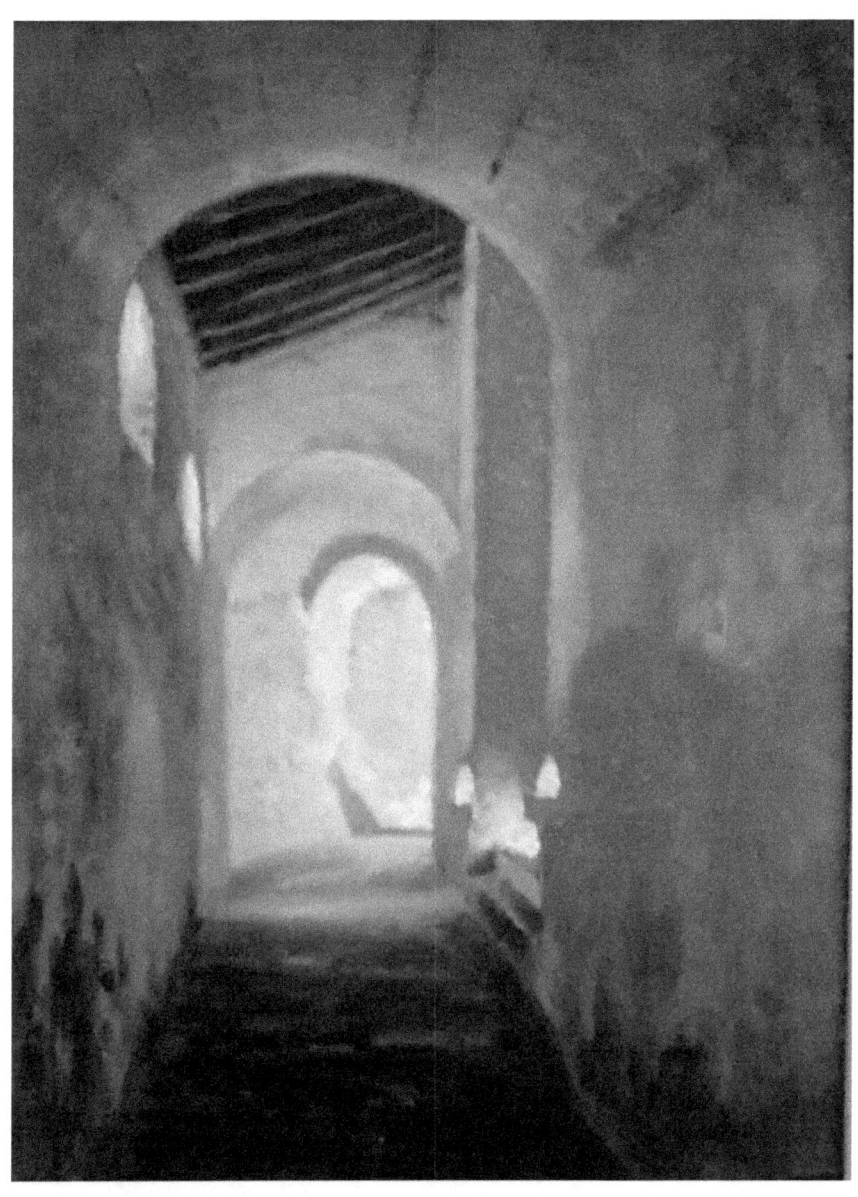

DISEGNI

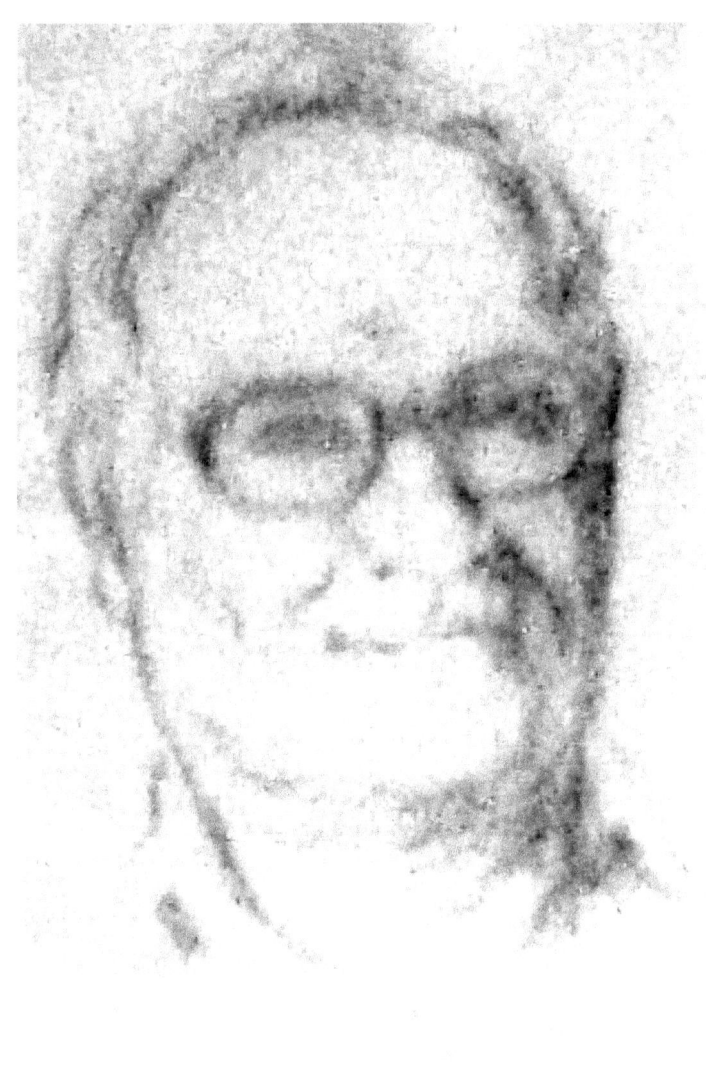

Autoritratto

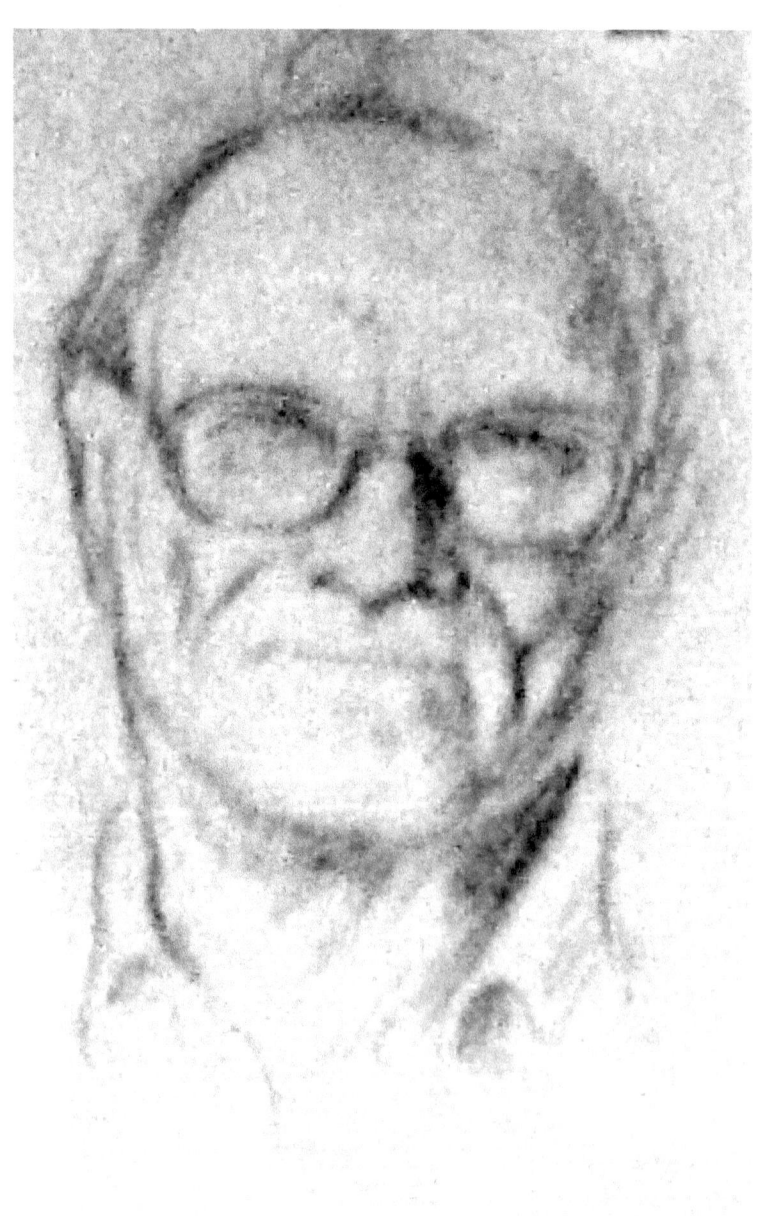

Autoritratto

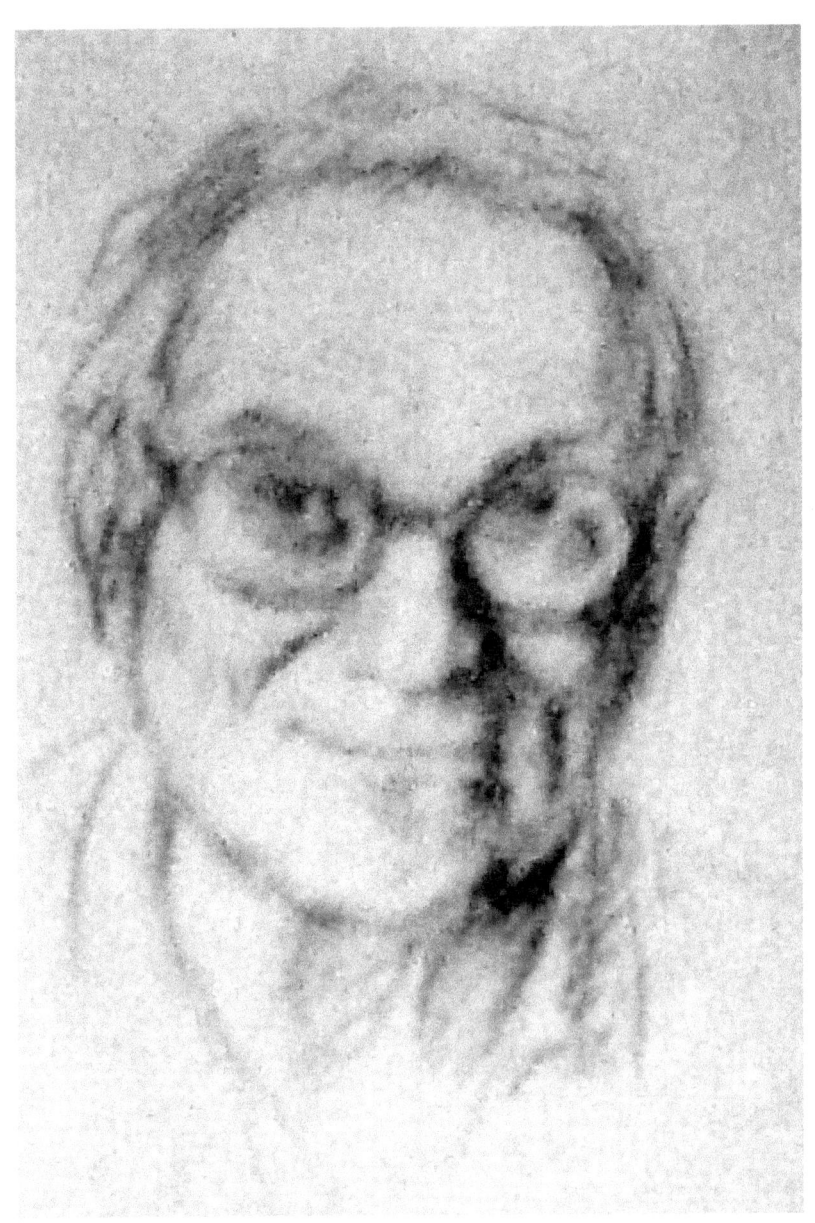

Autoritratto

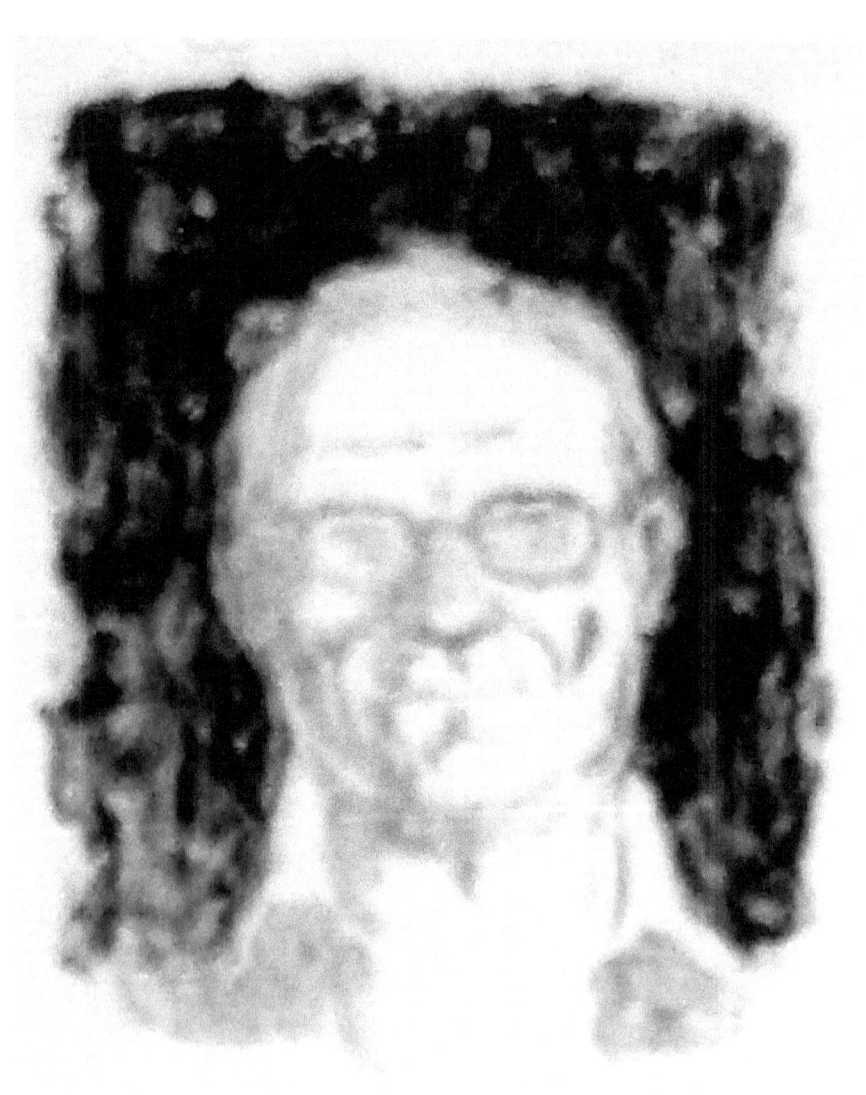

Autoritratto

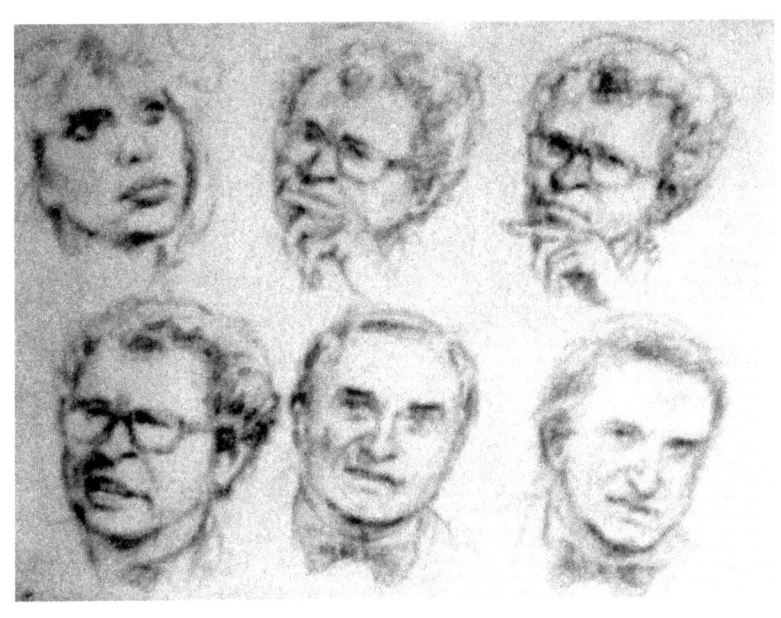

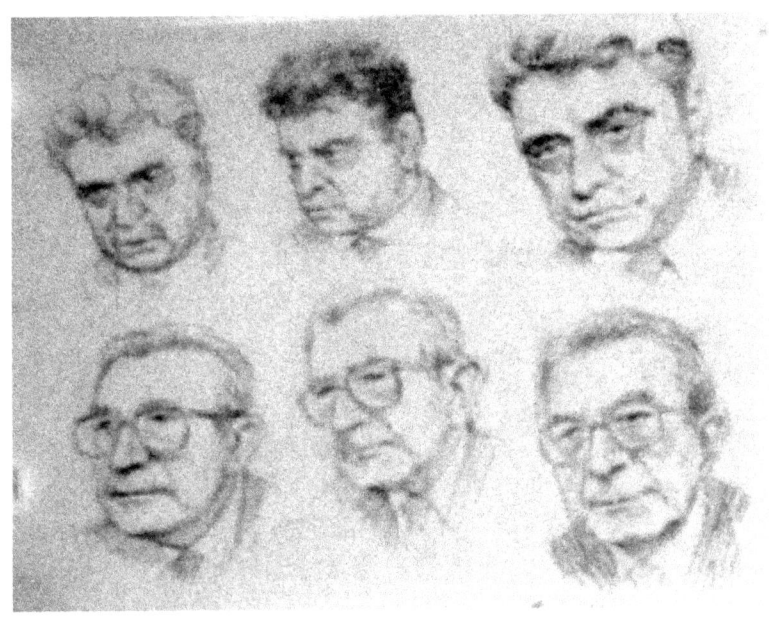

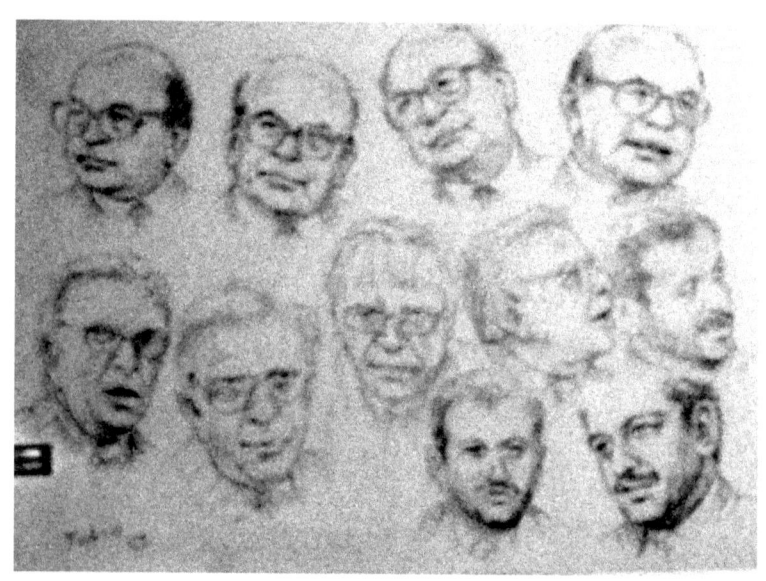

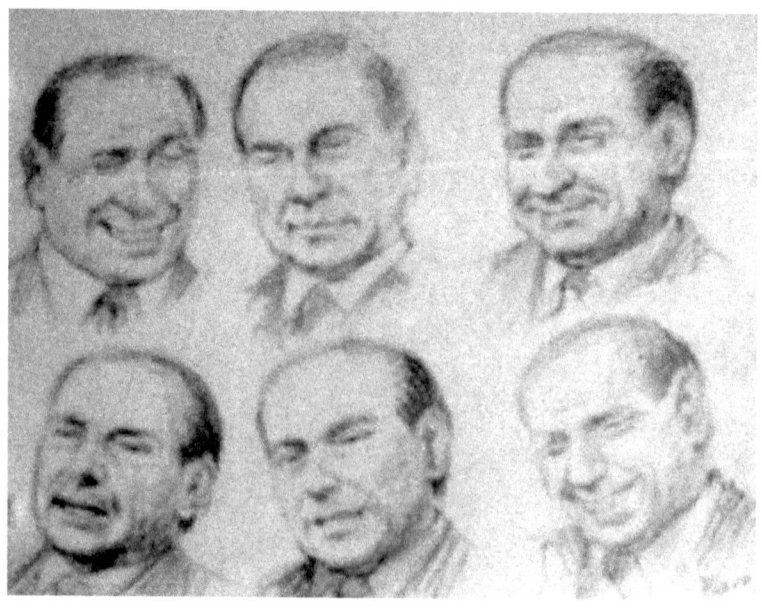

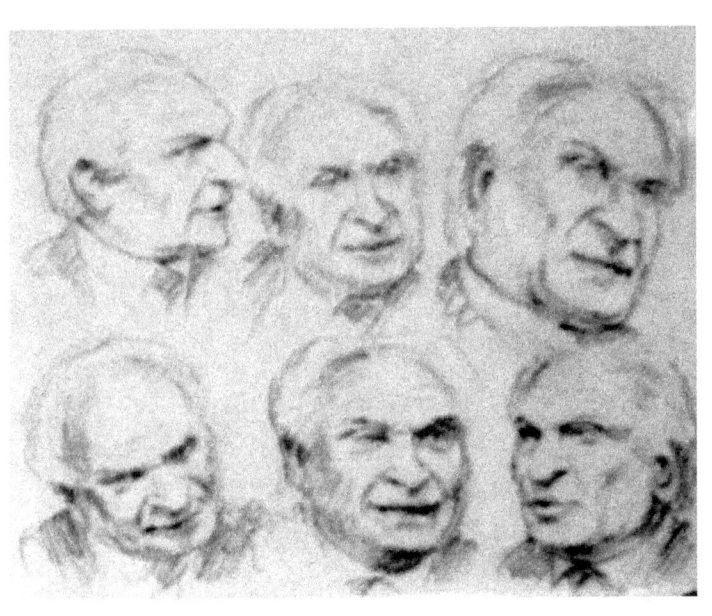

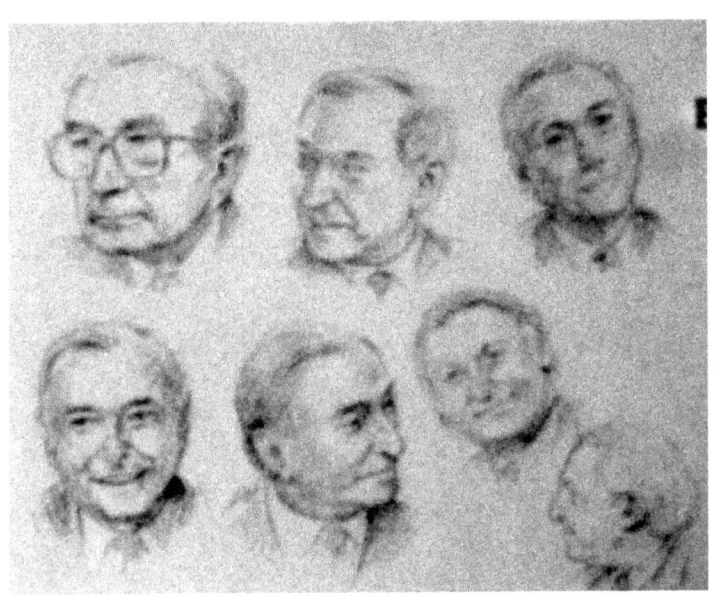

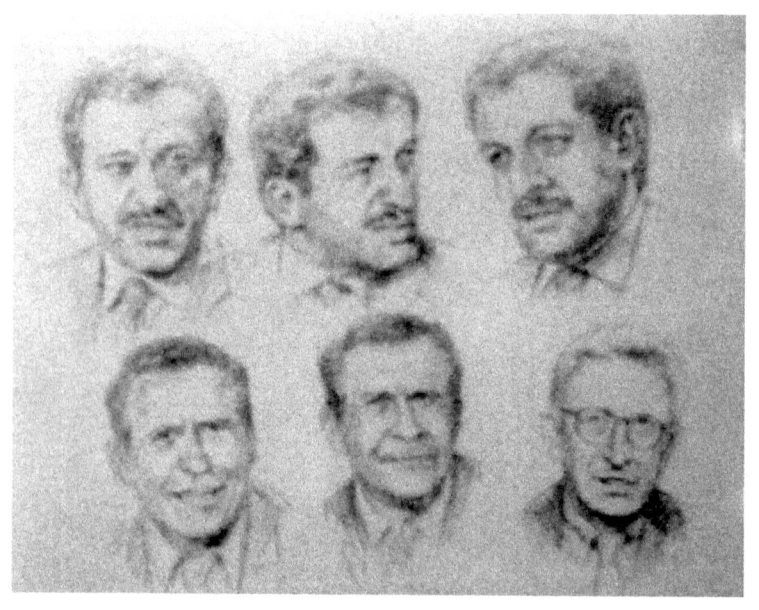

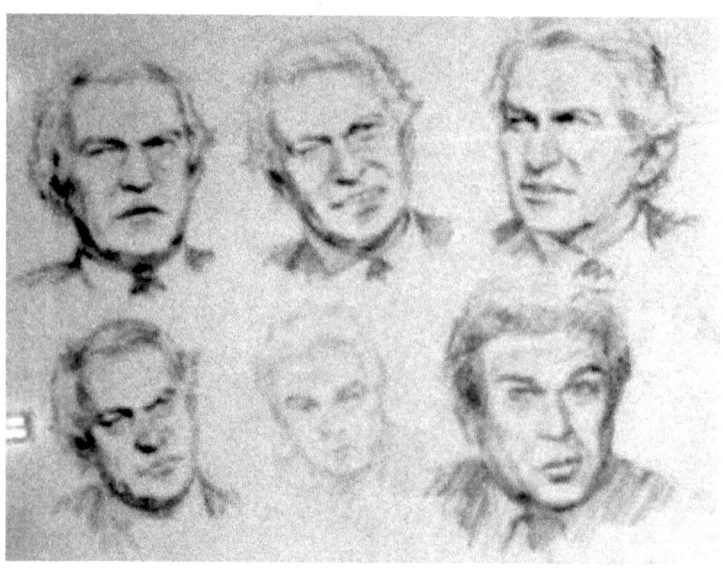

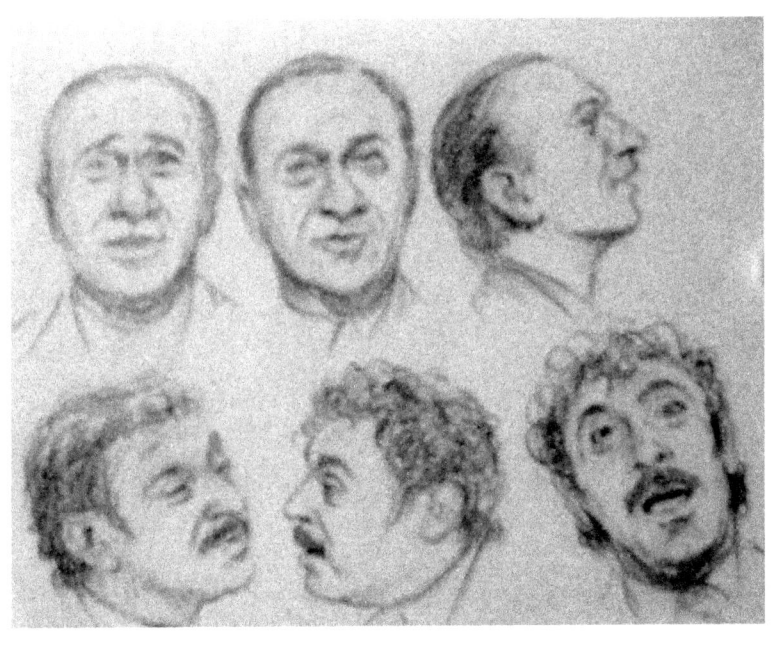

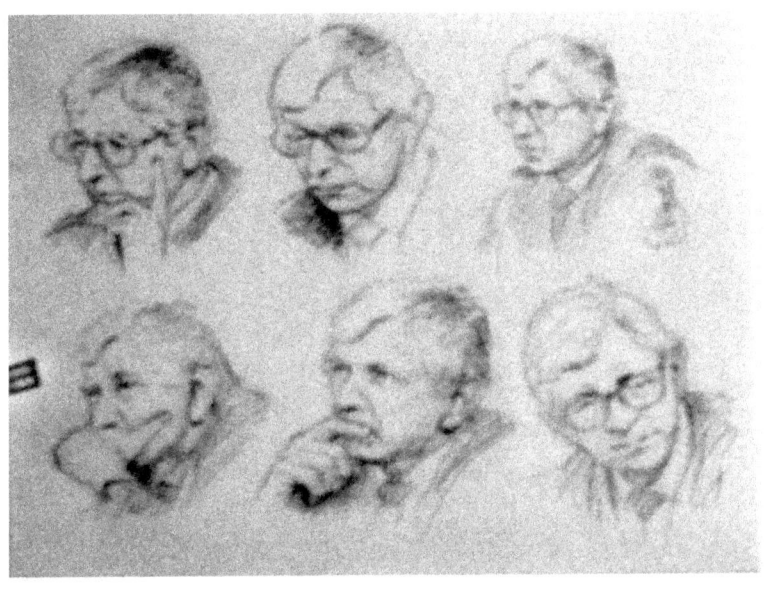

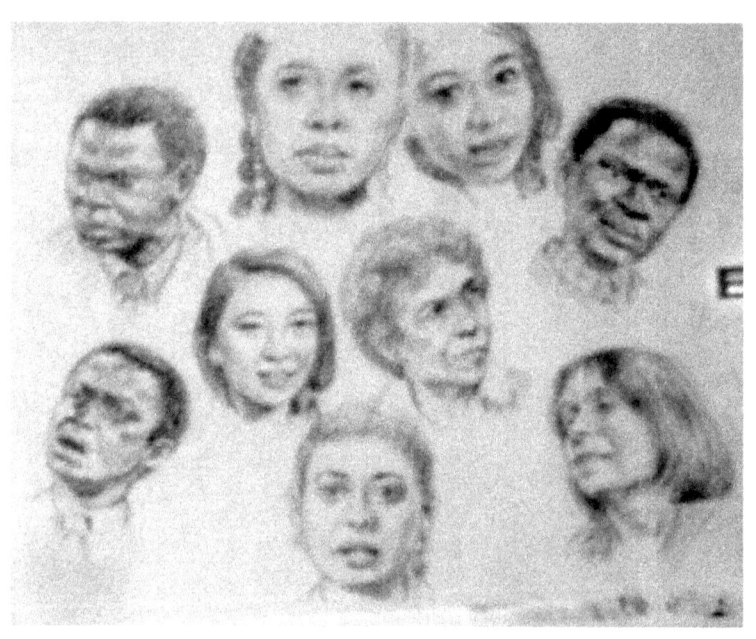

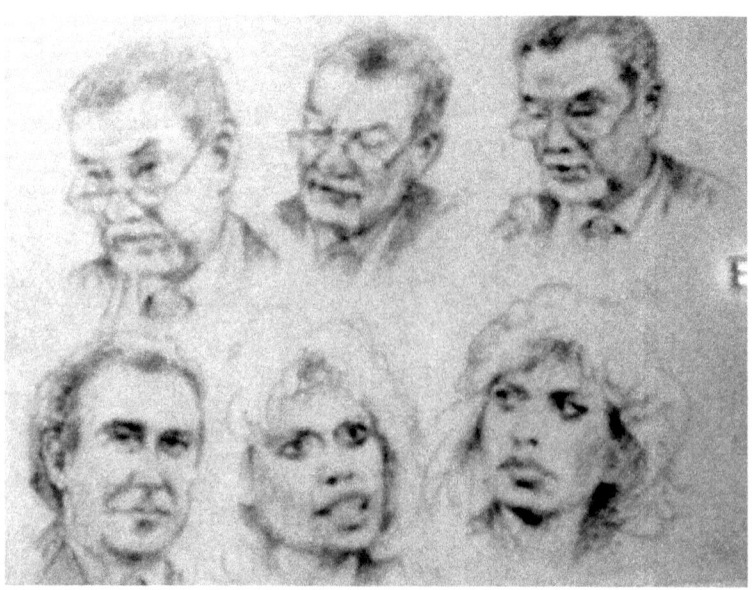

74

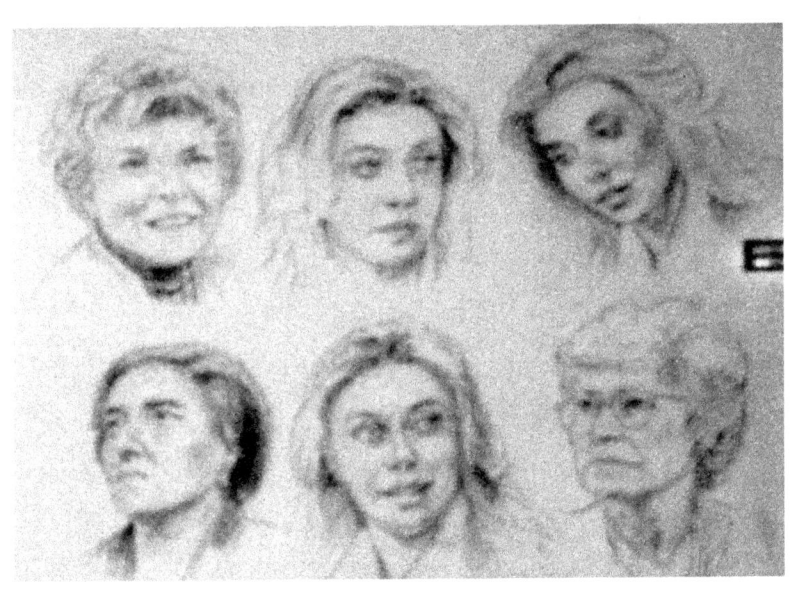

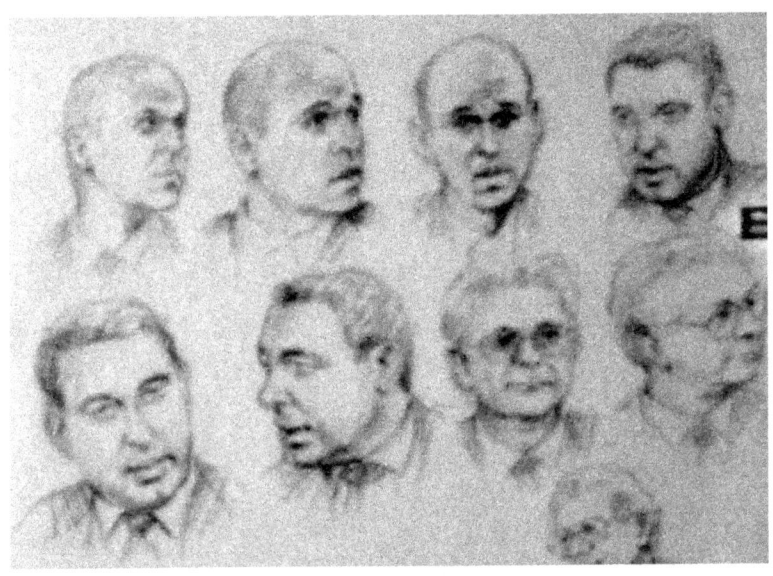

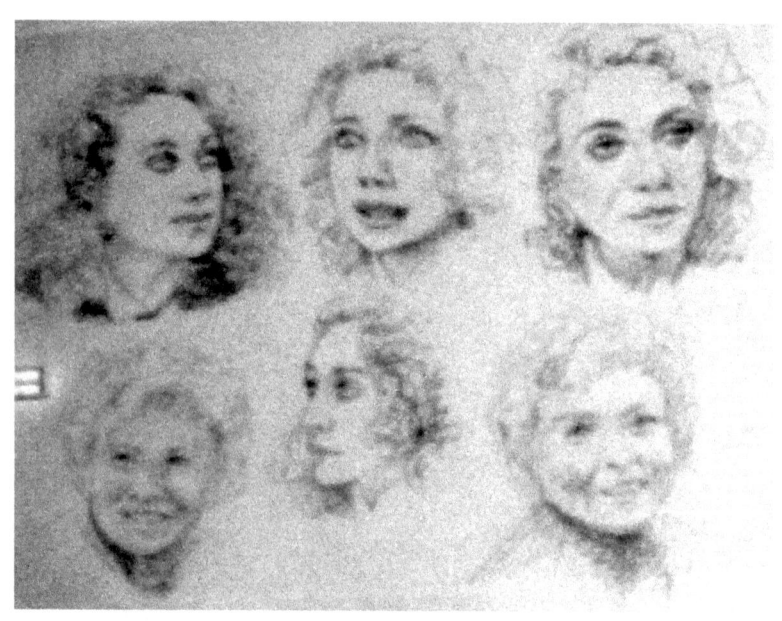

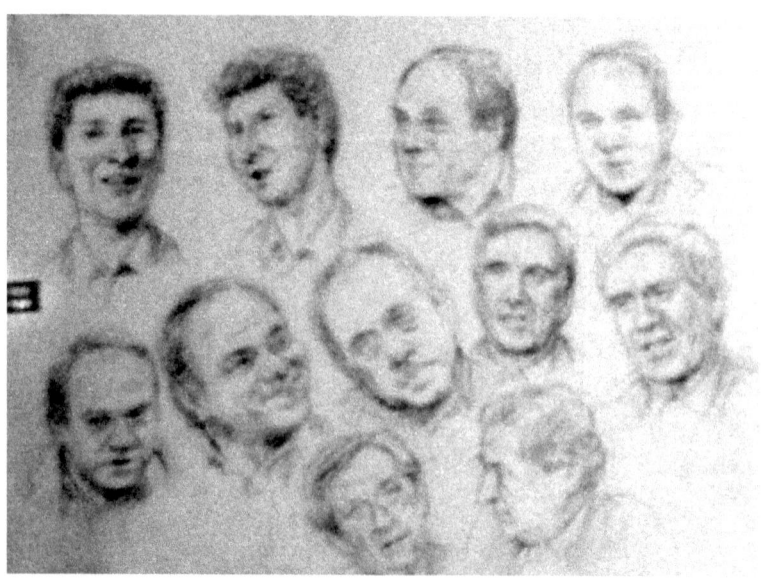

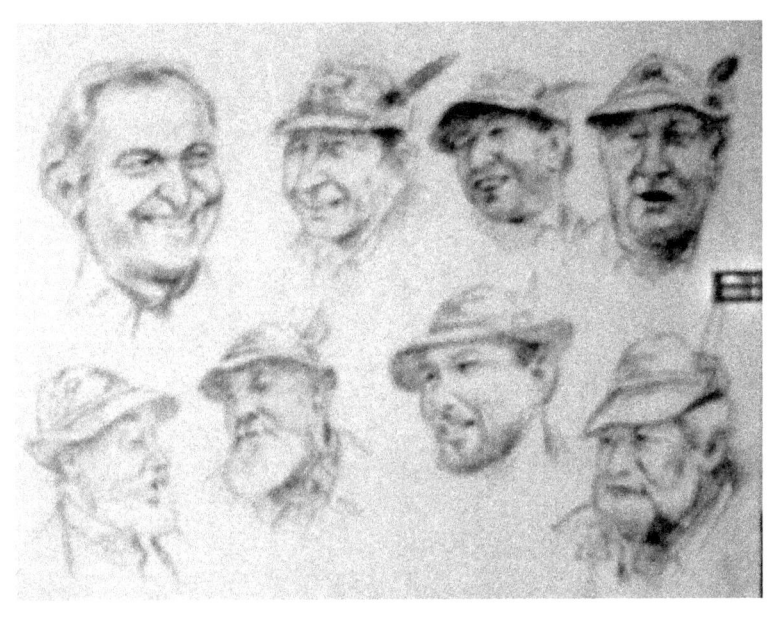

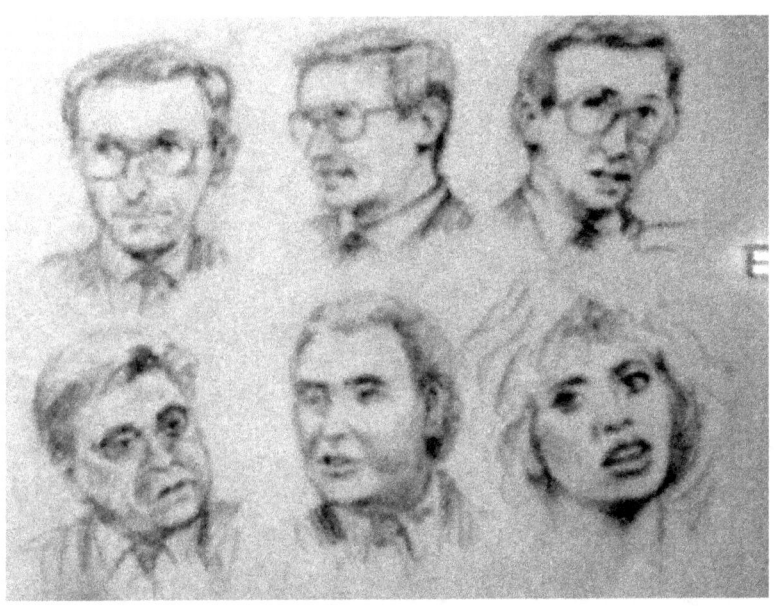

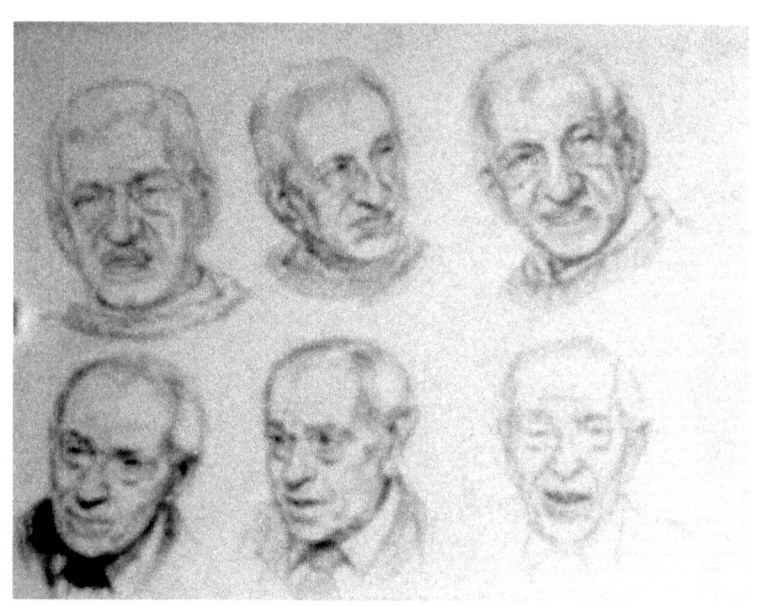

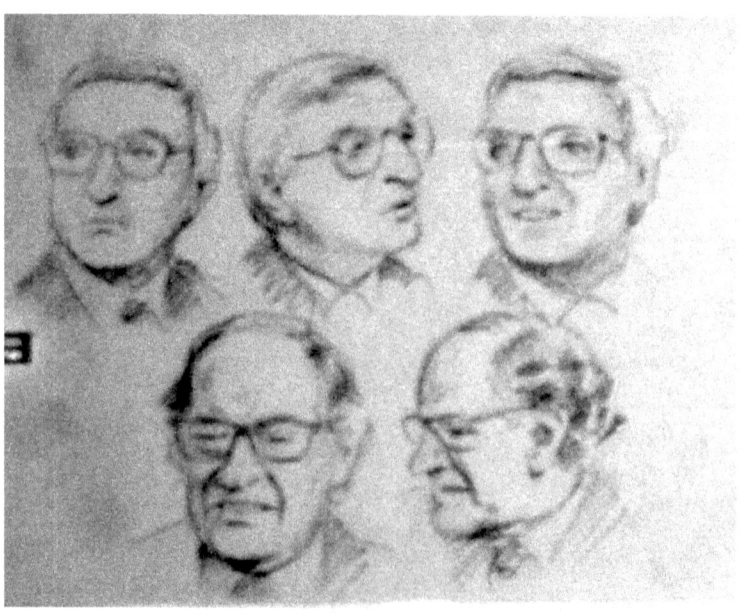

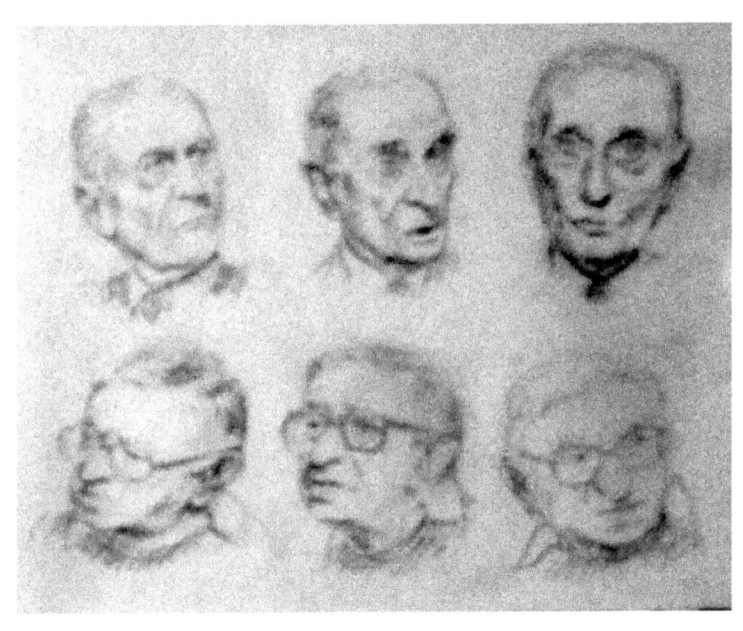

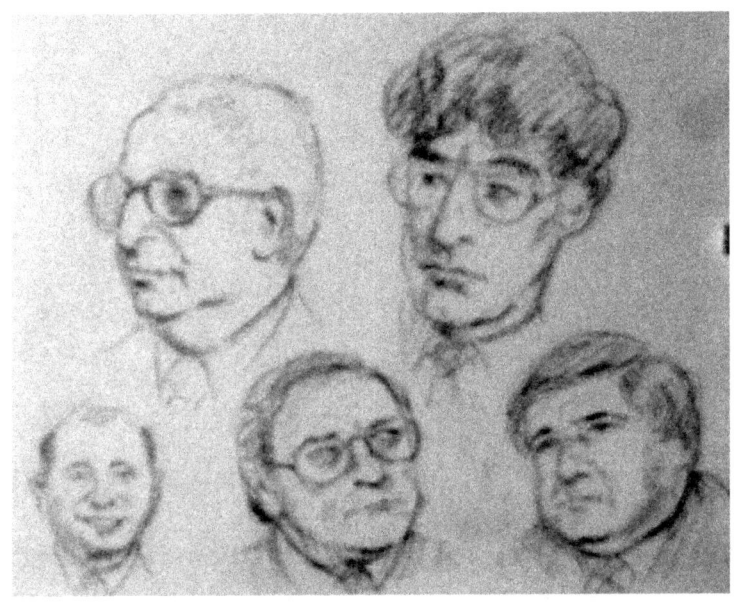

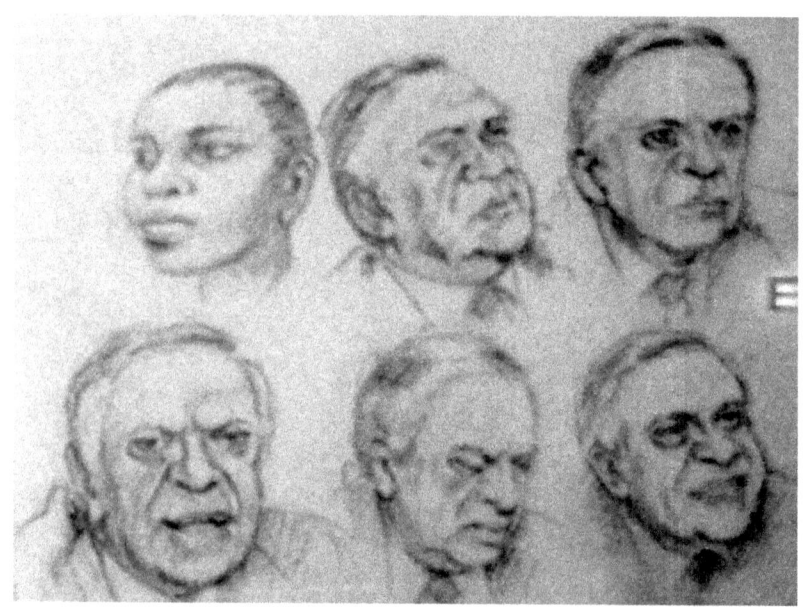

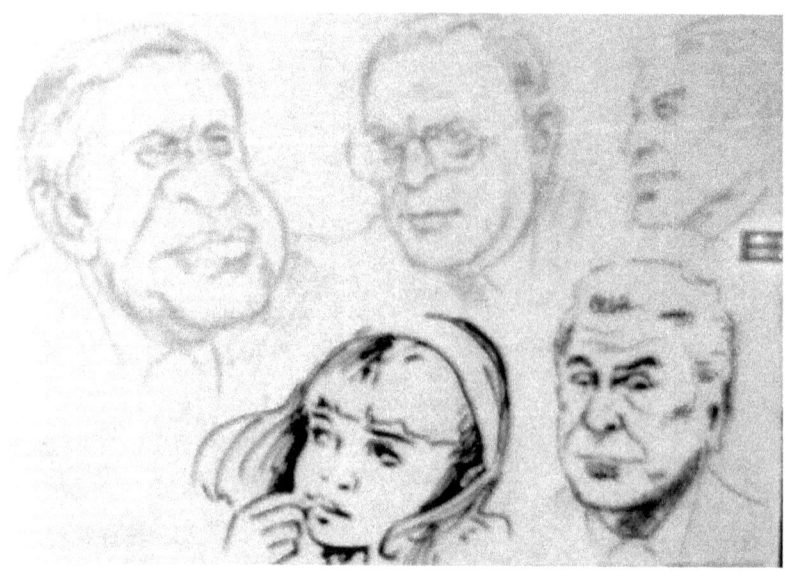

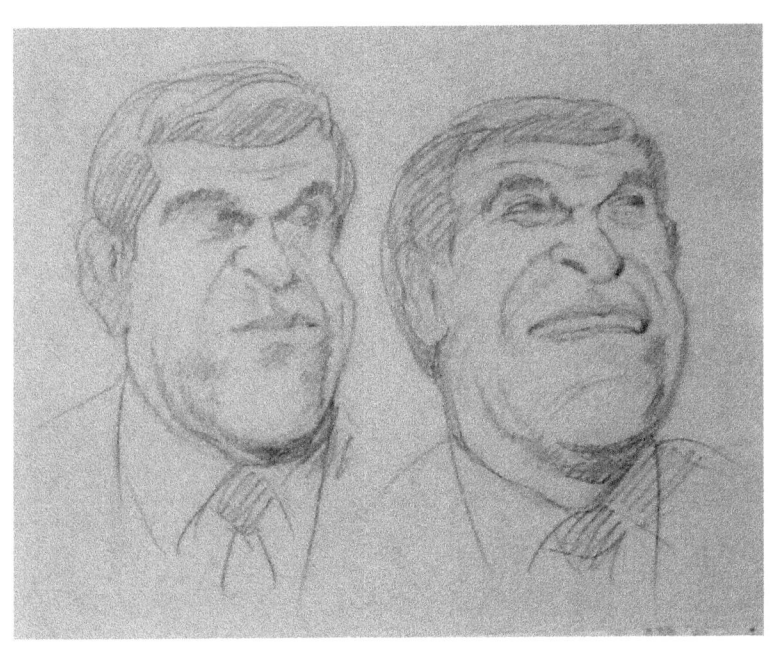

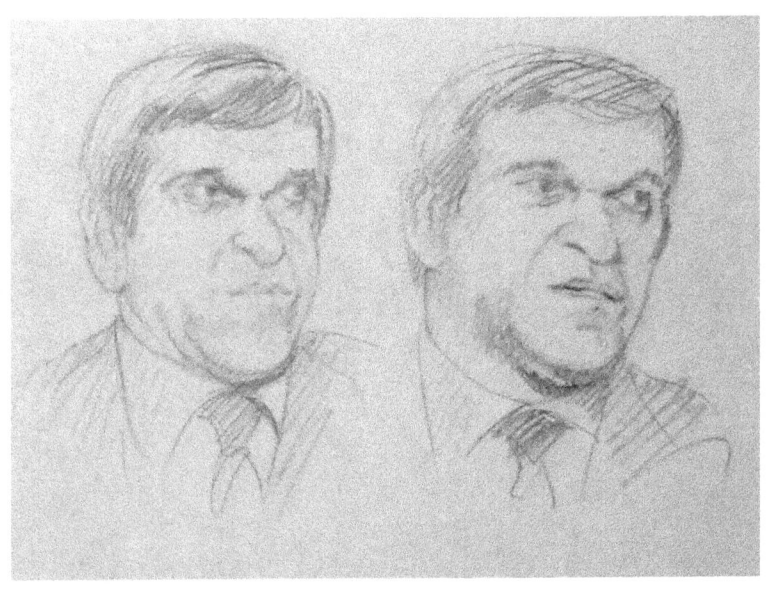

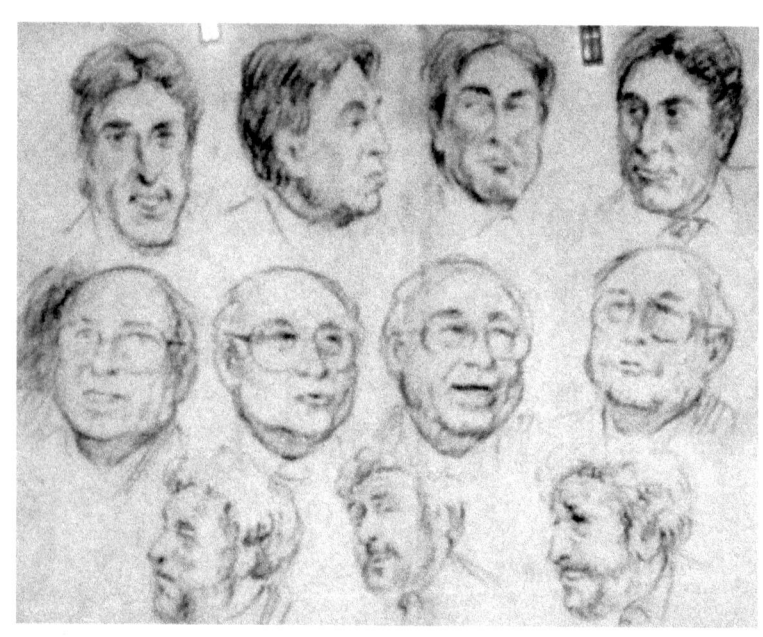

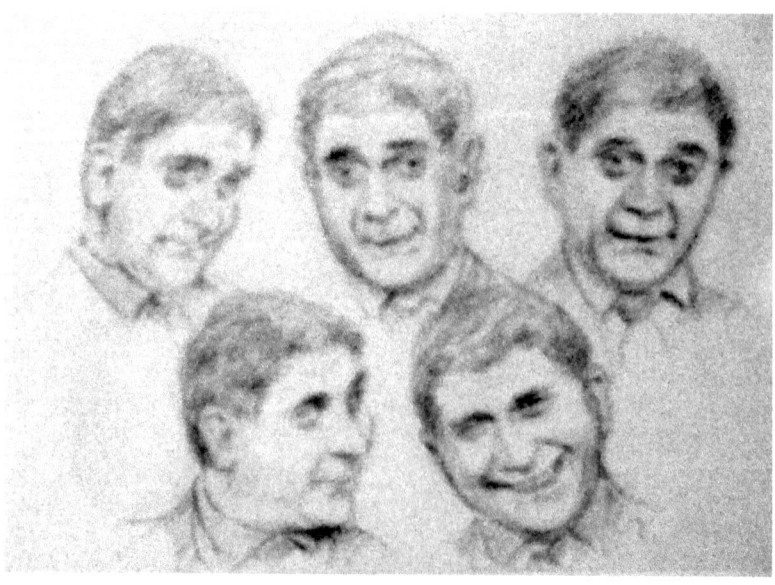

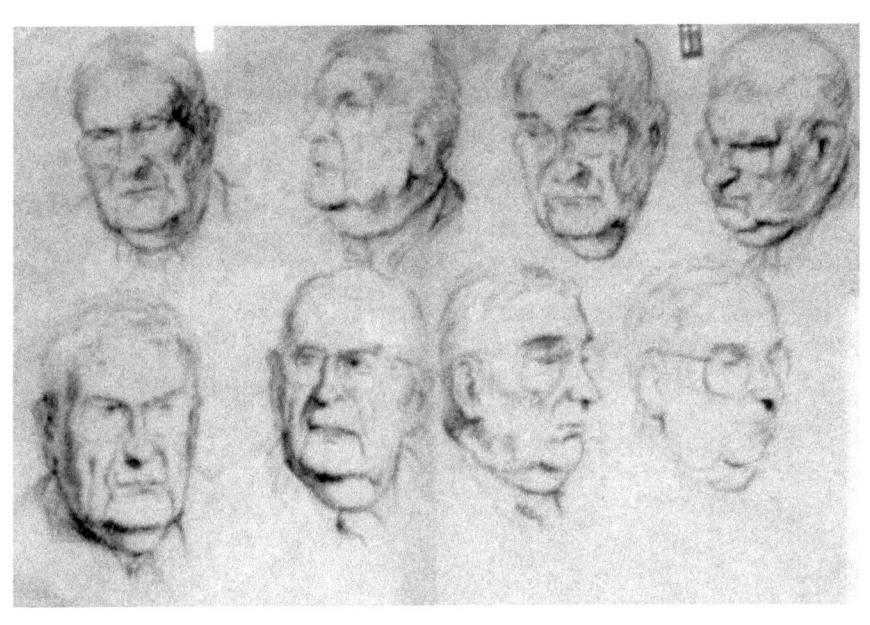

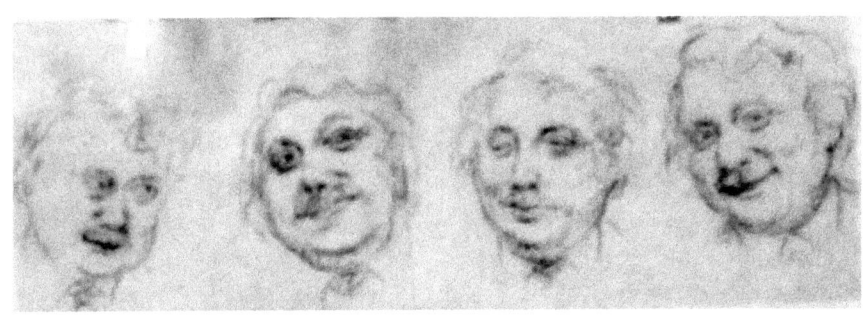

Studio di figura

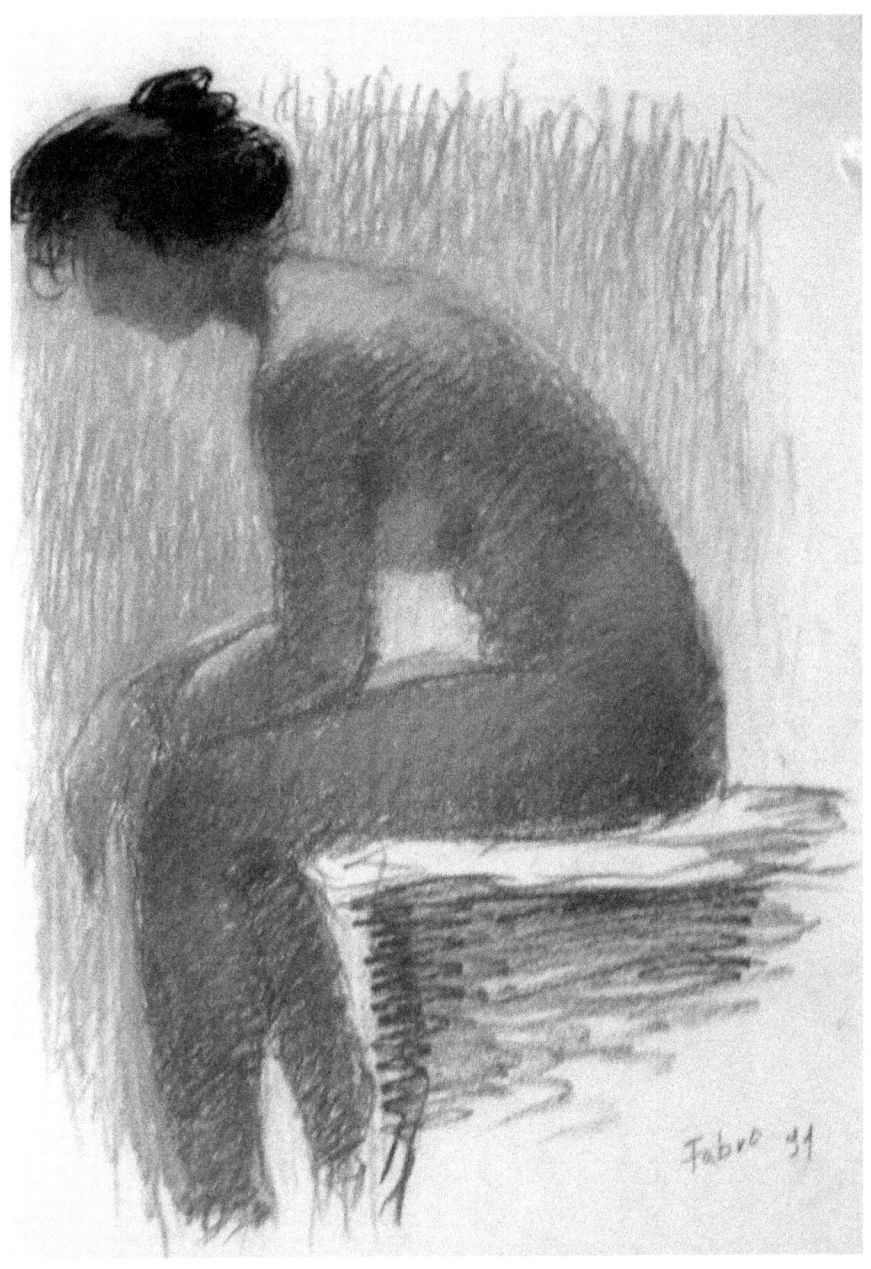

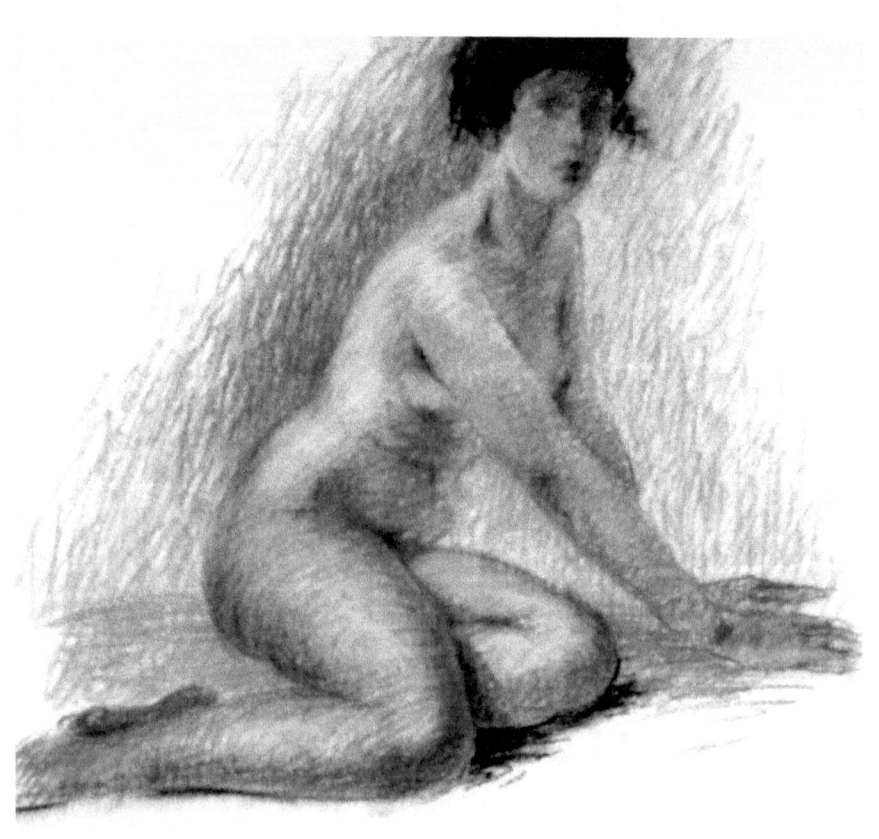

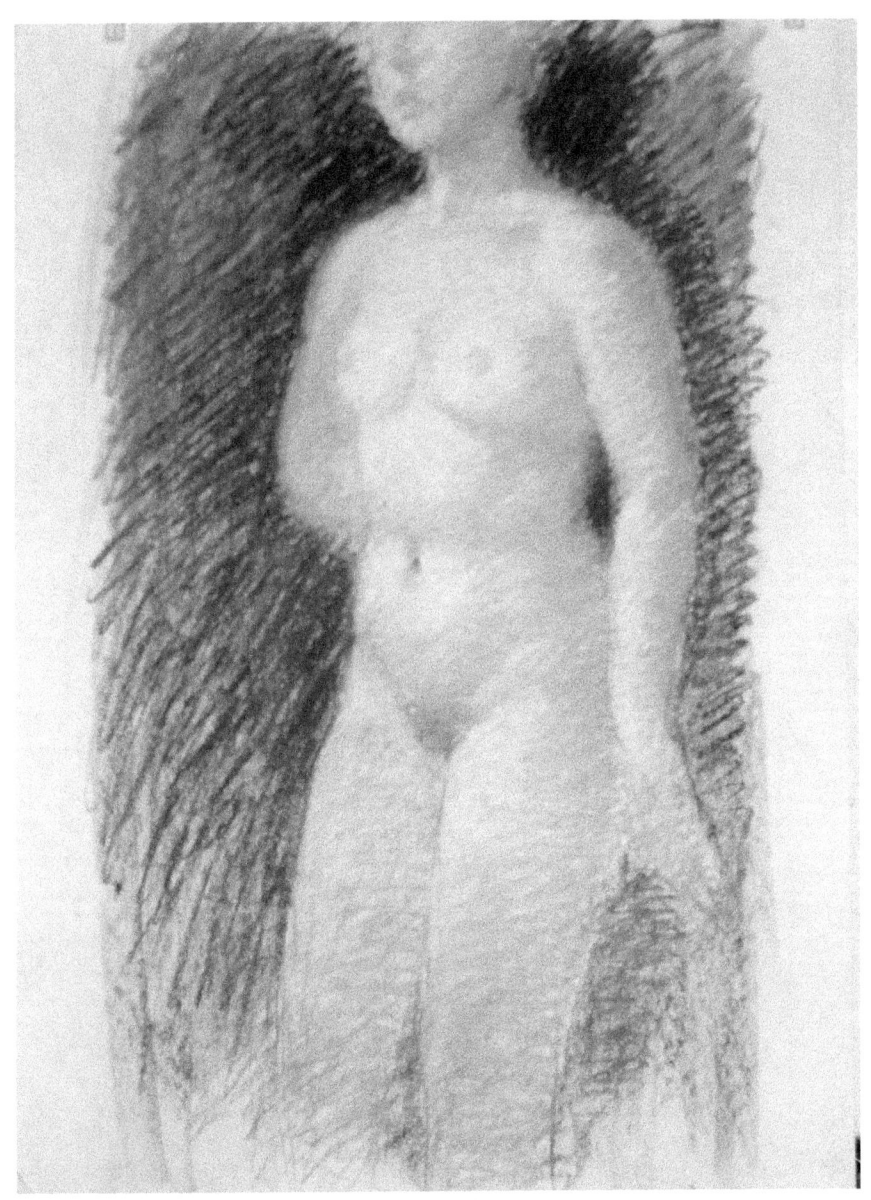

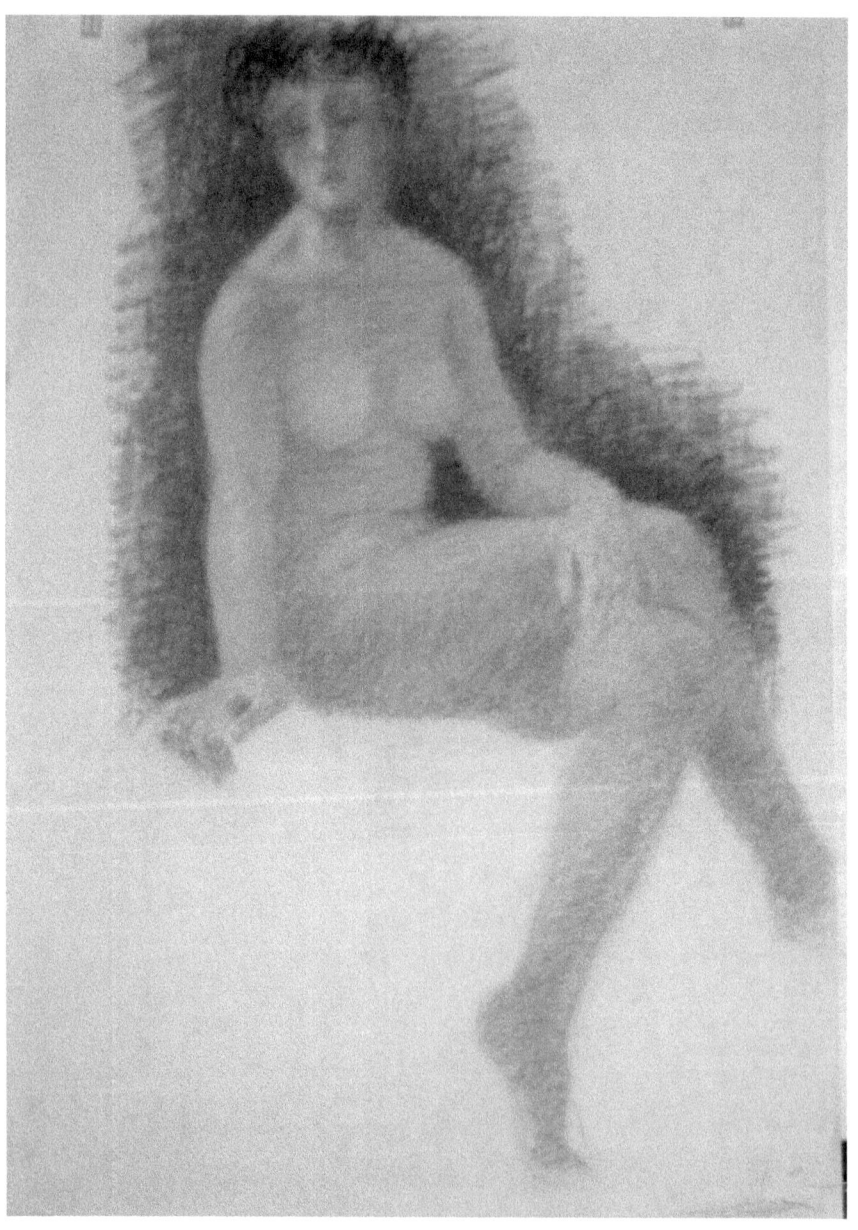

90

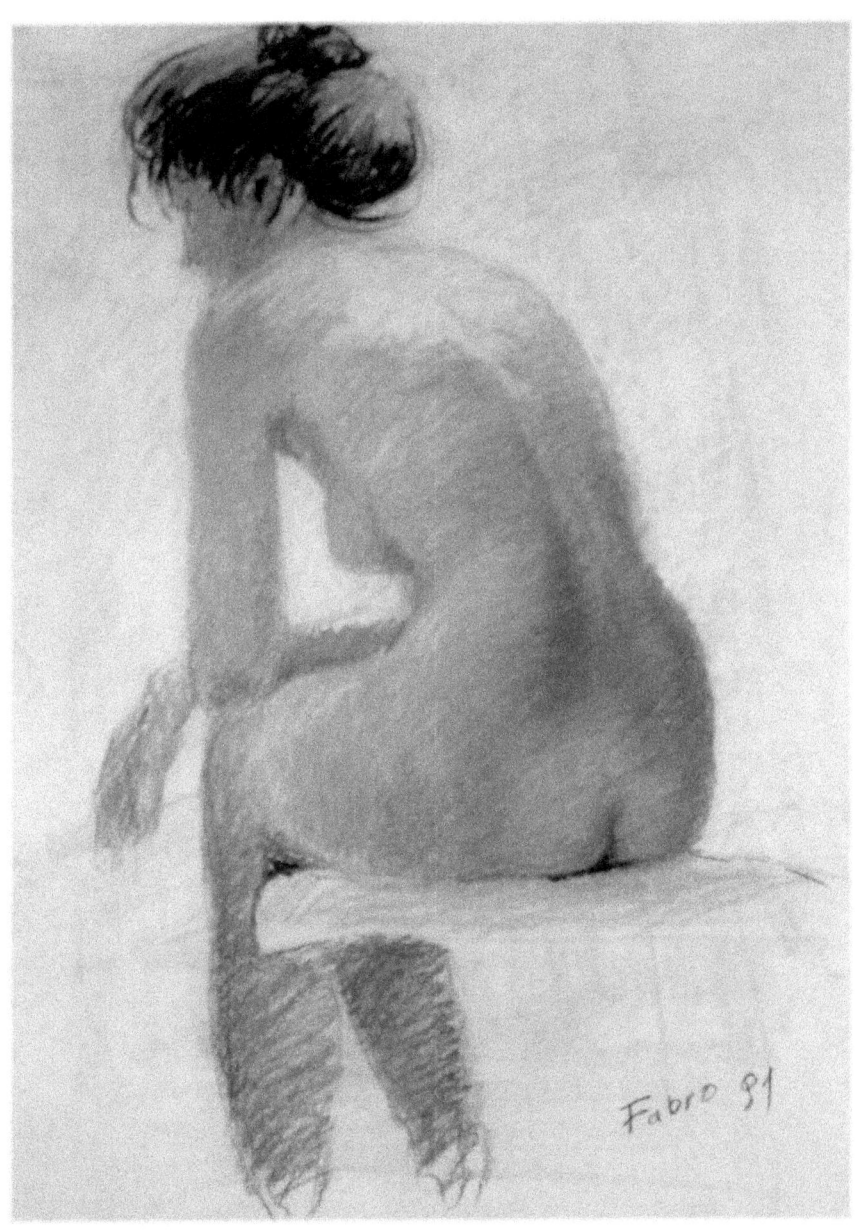

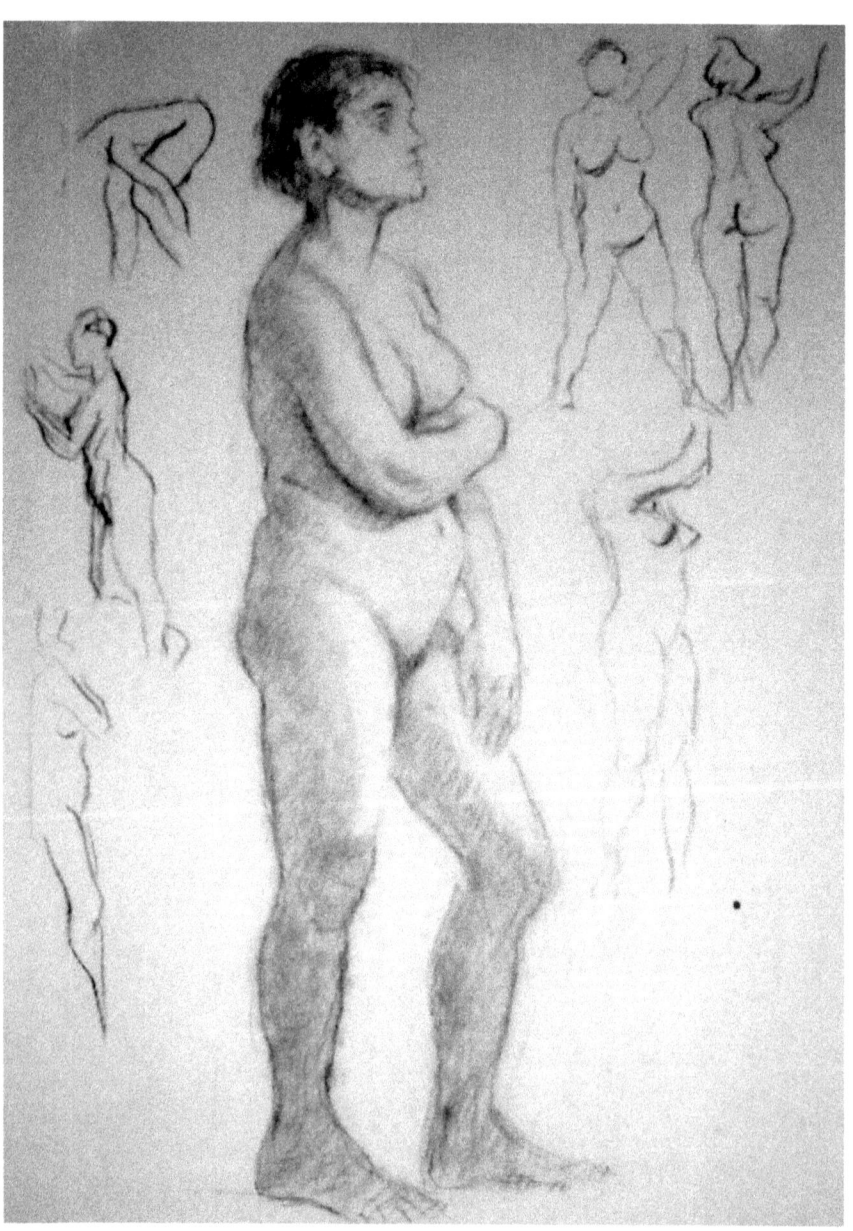

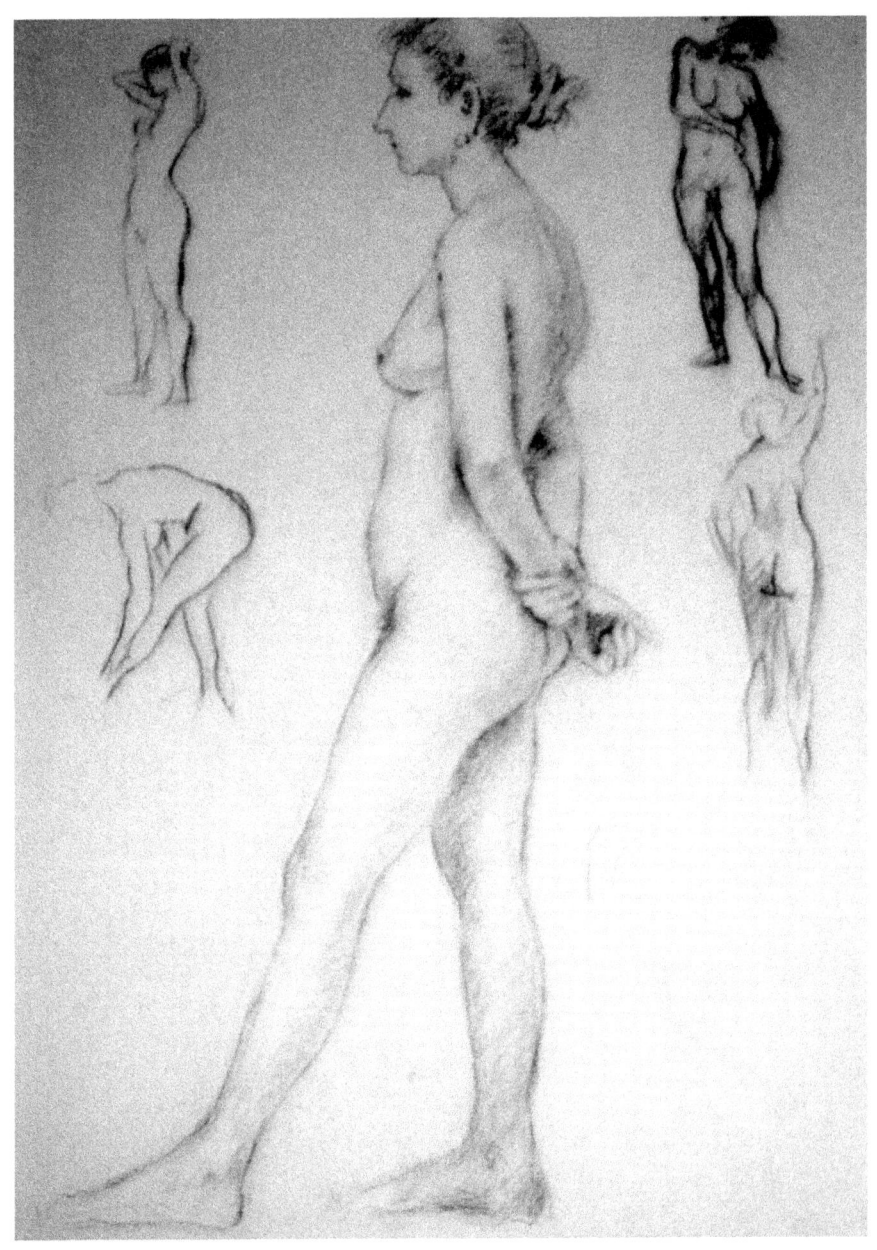

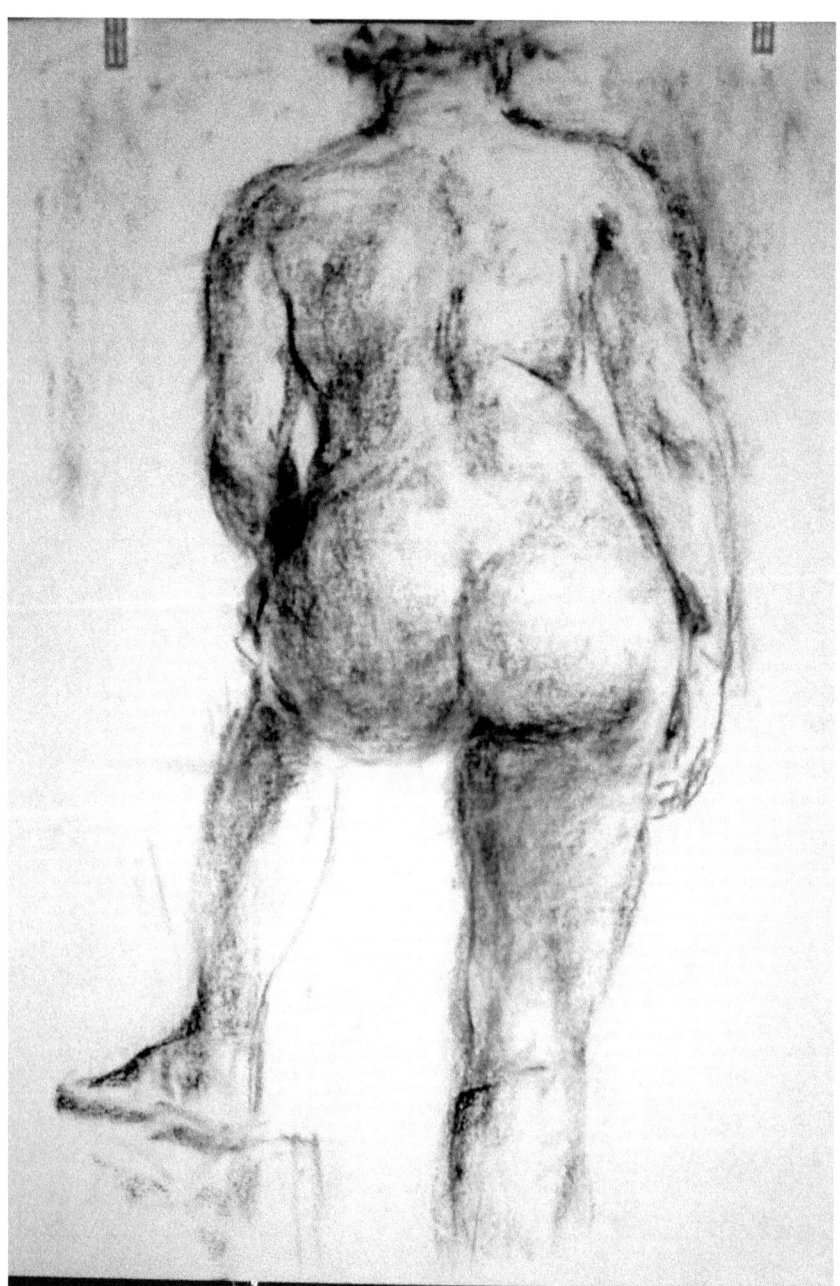

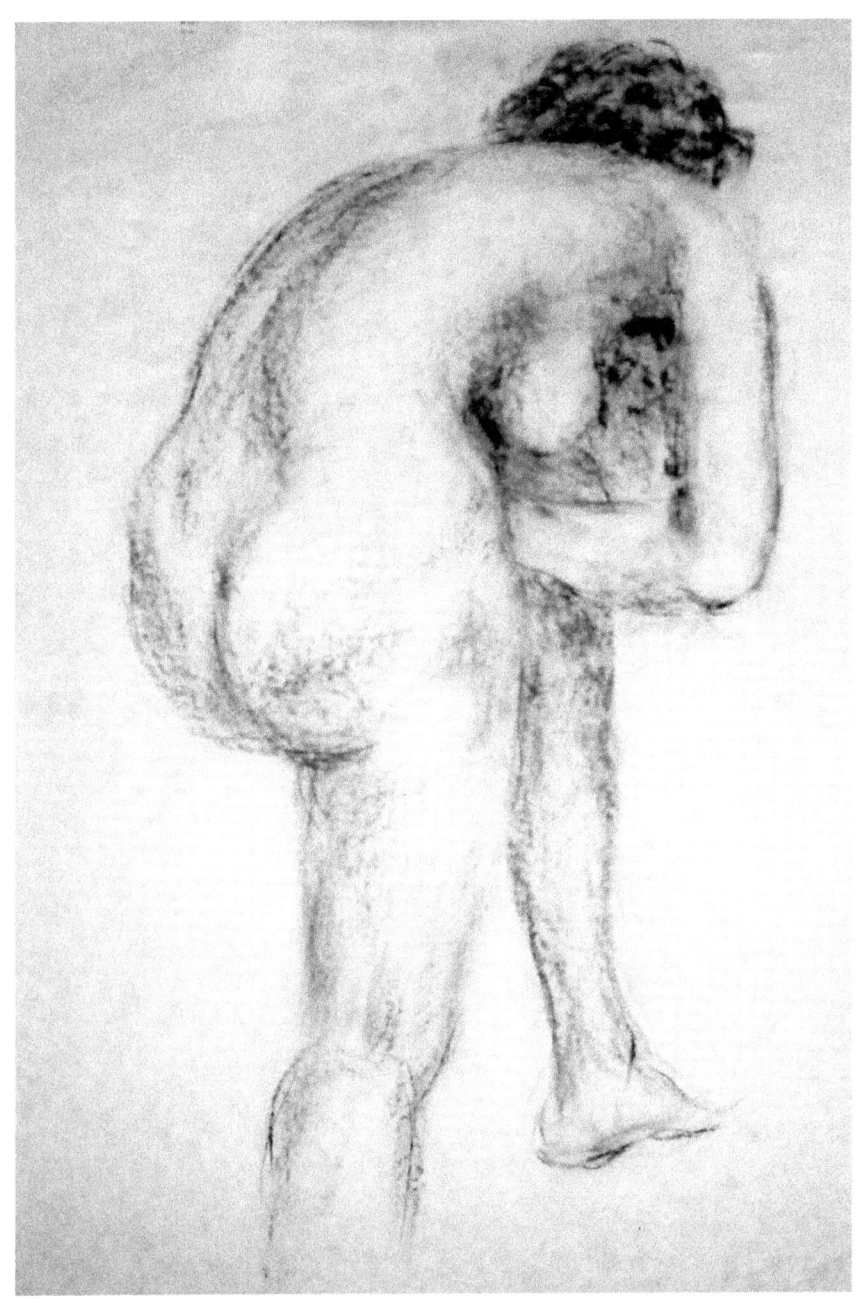

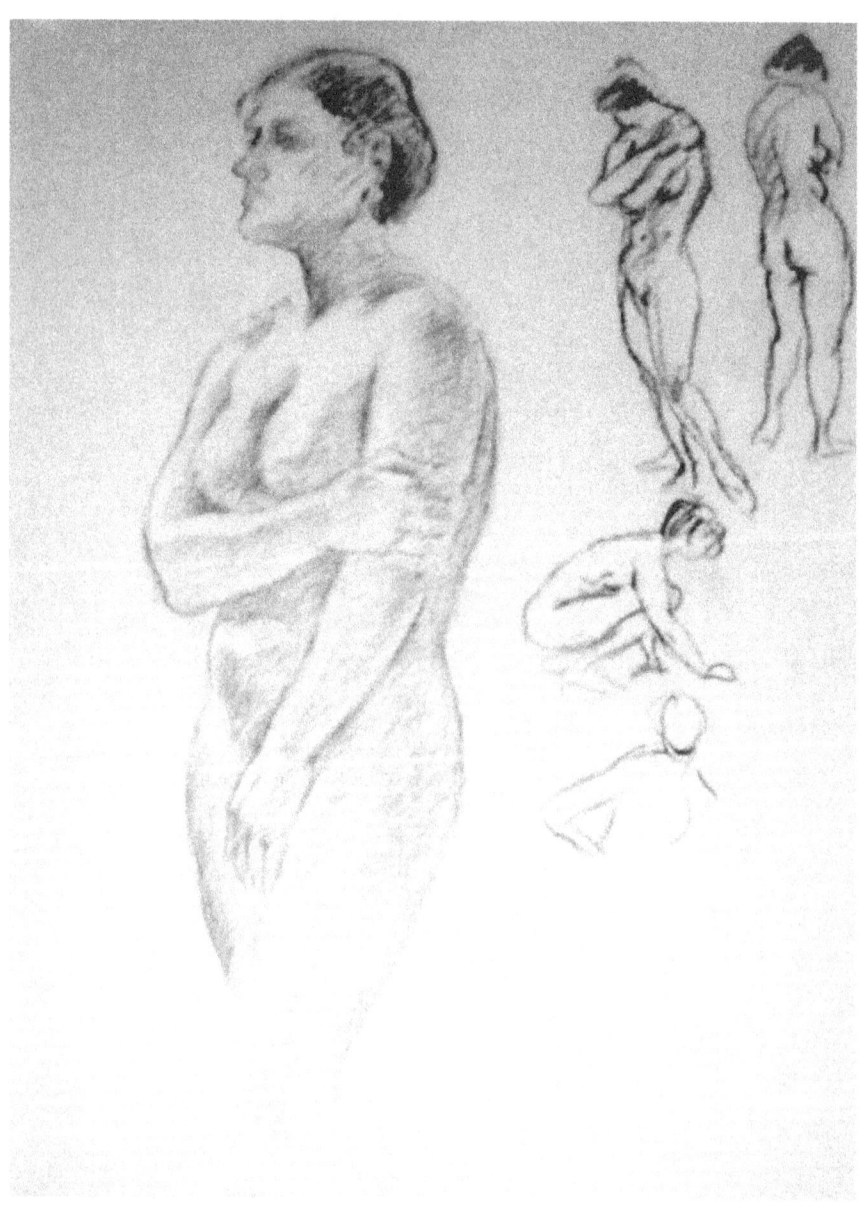

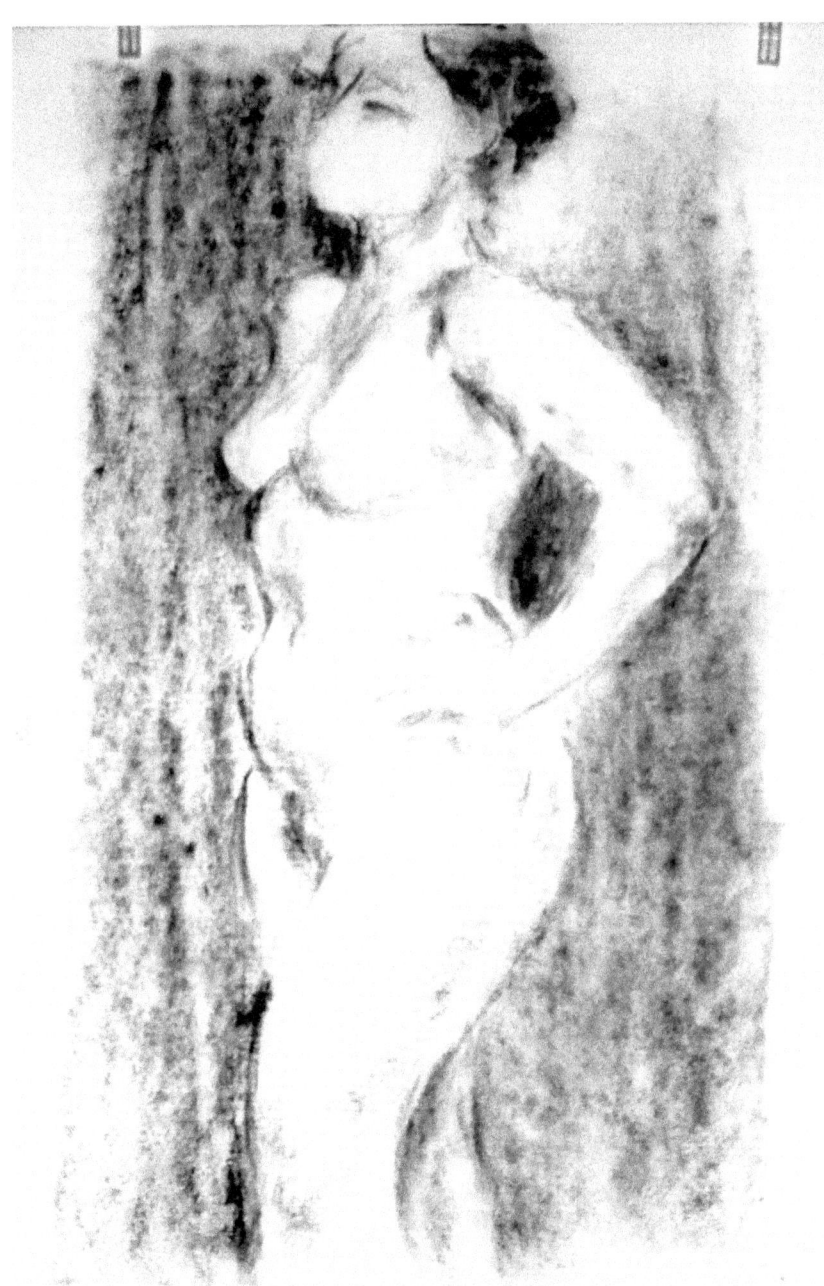

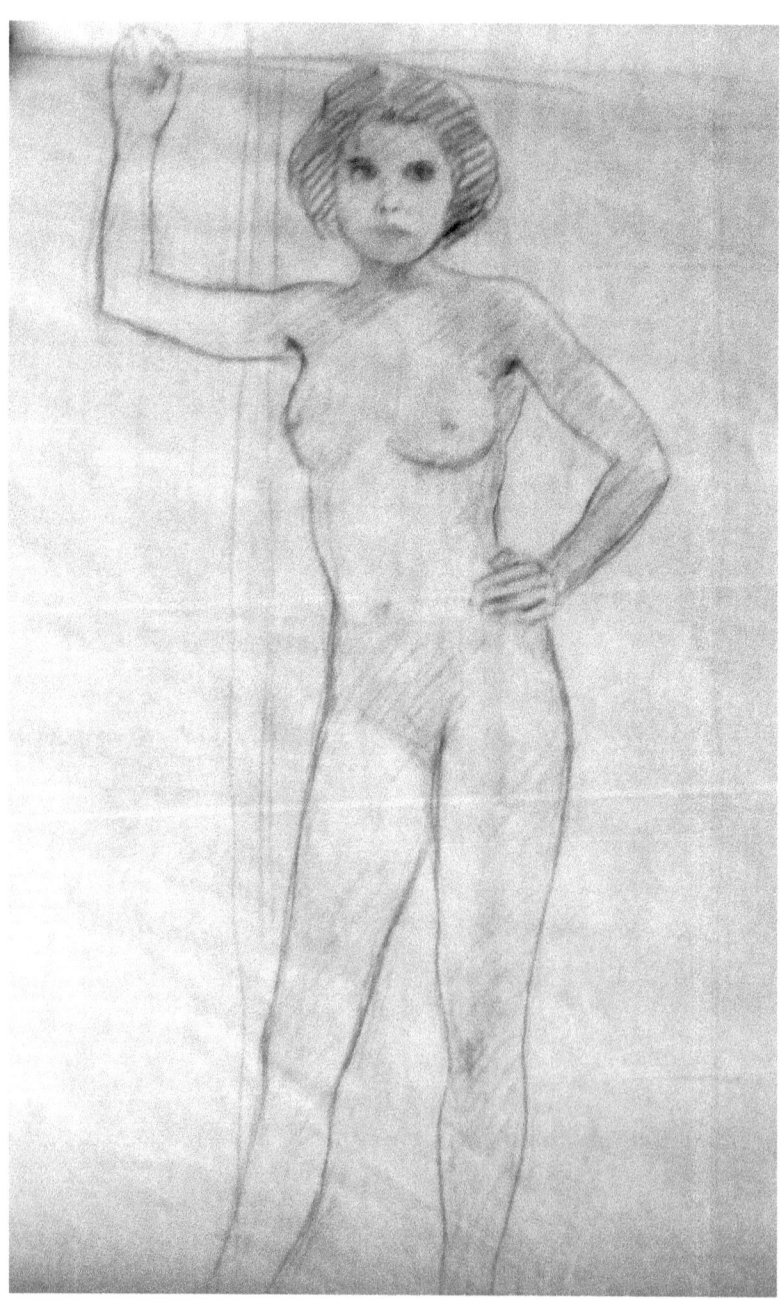

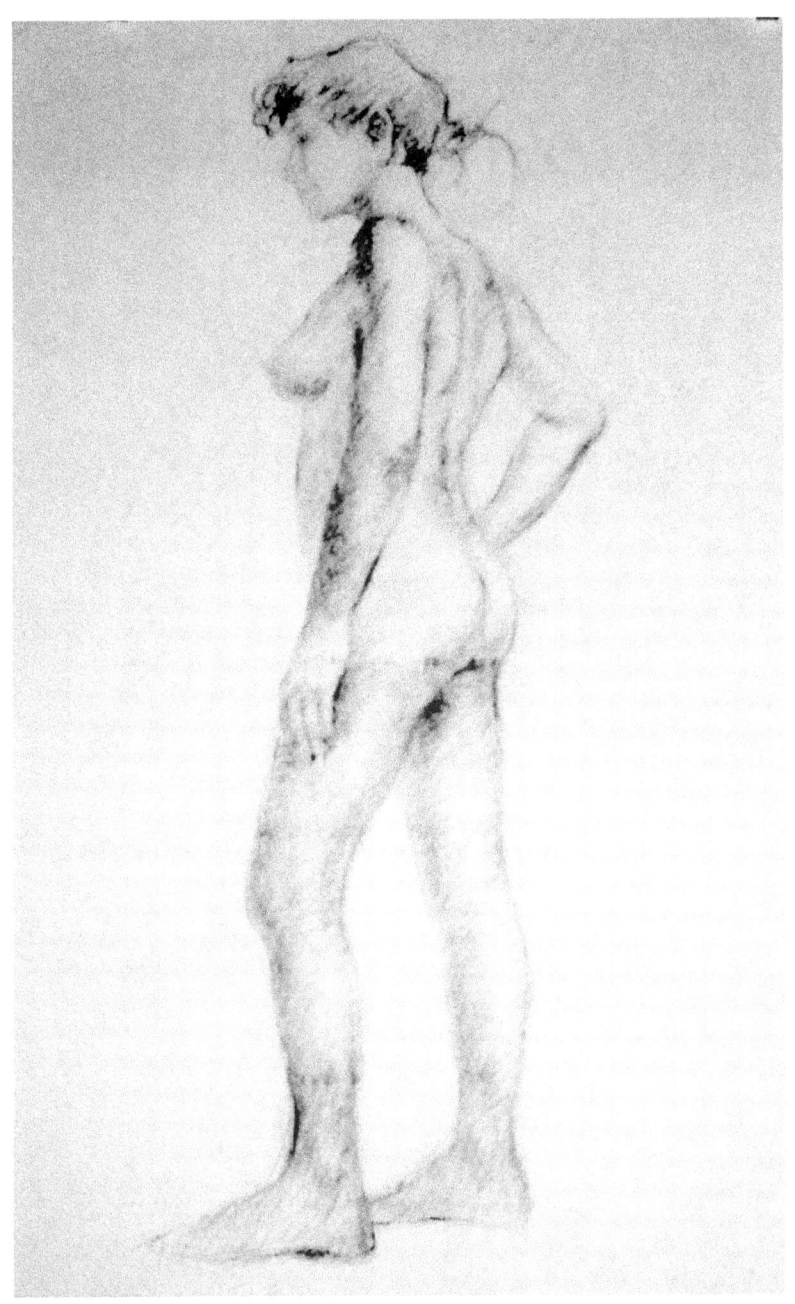

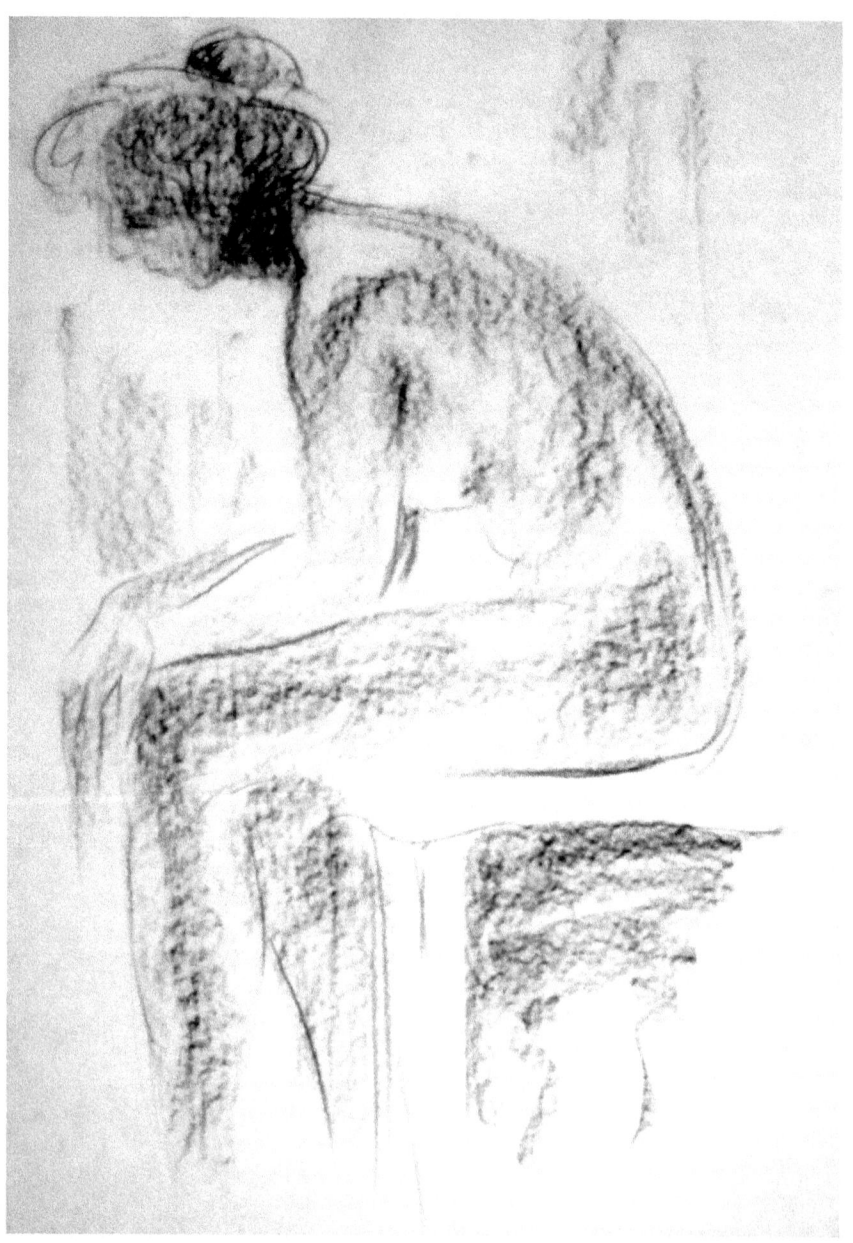

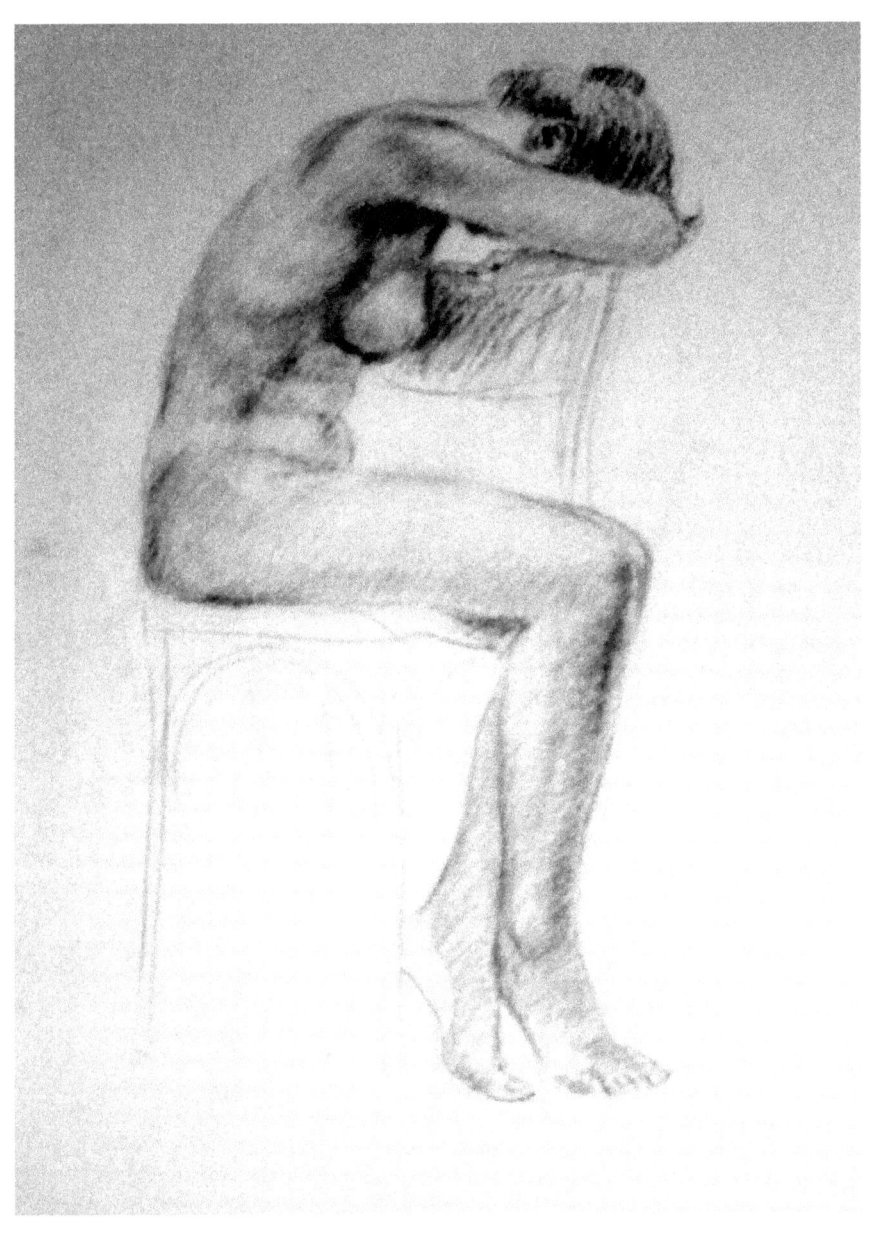

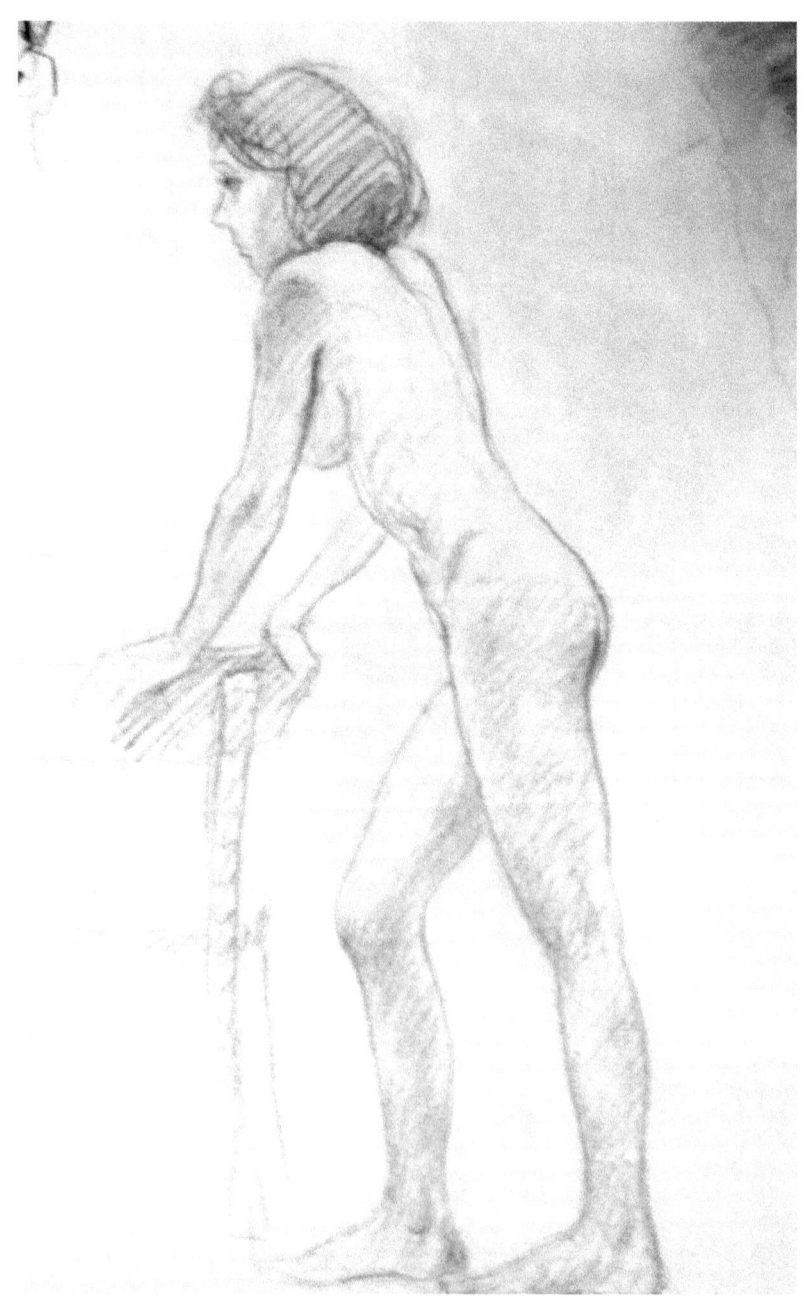

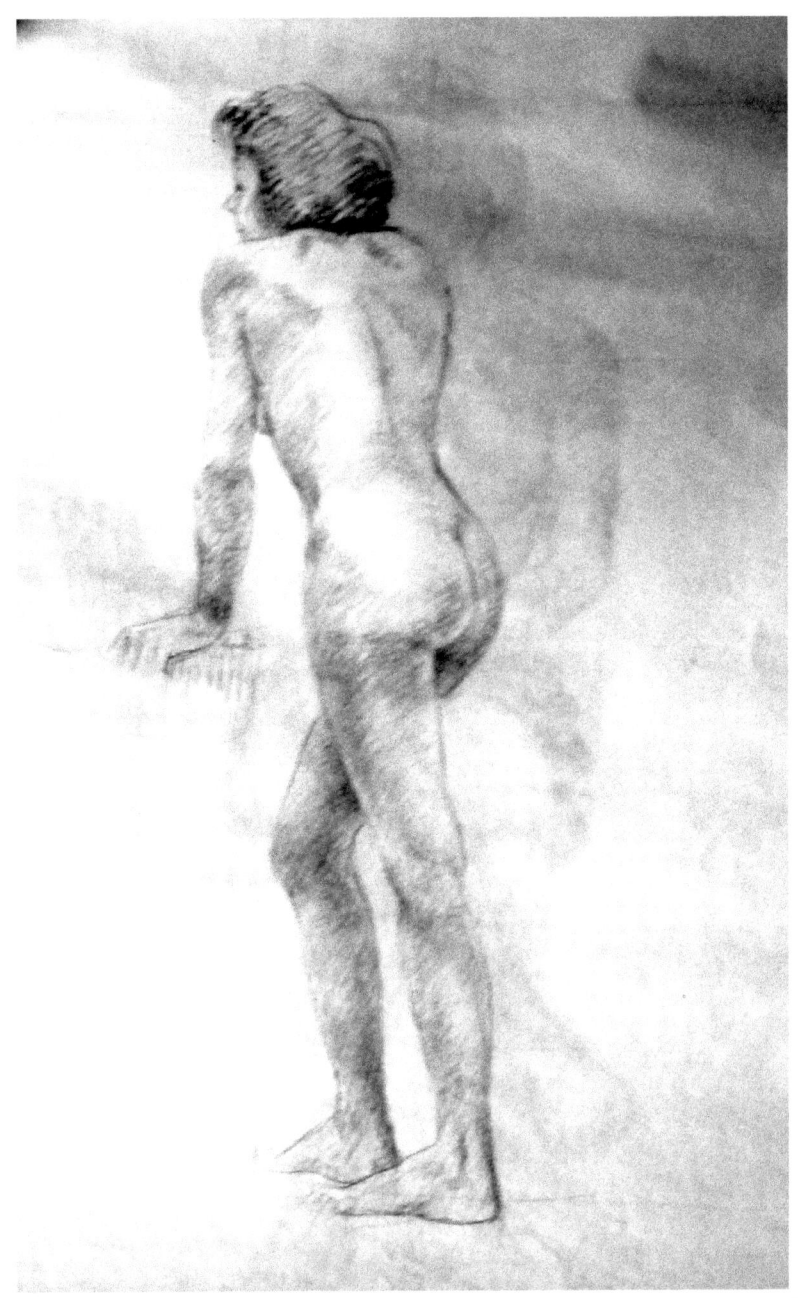

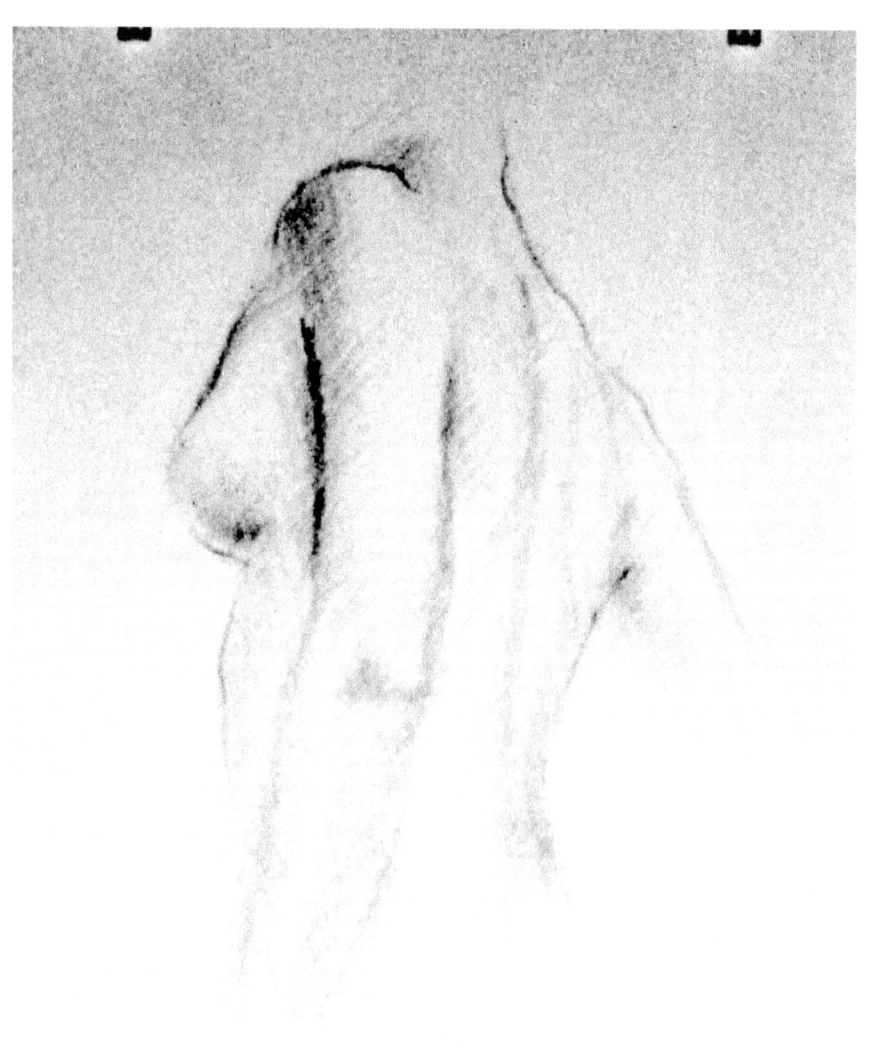

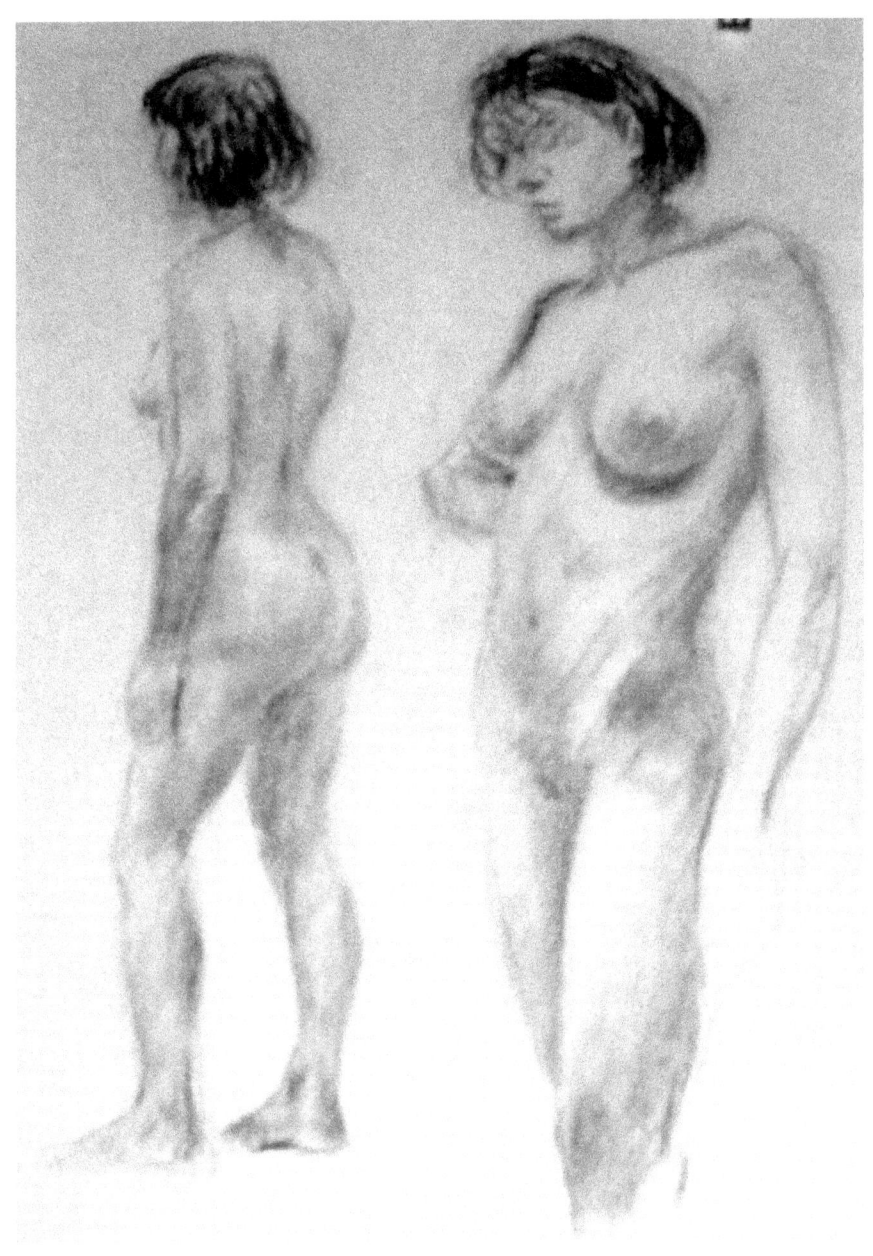

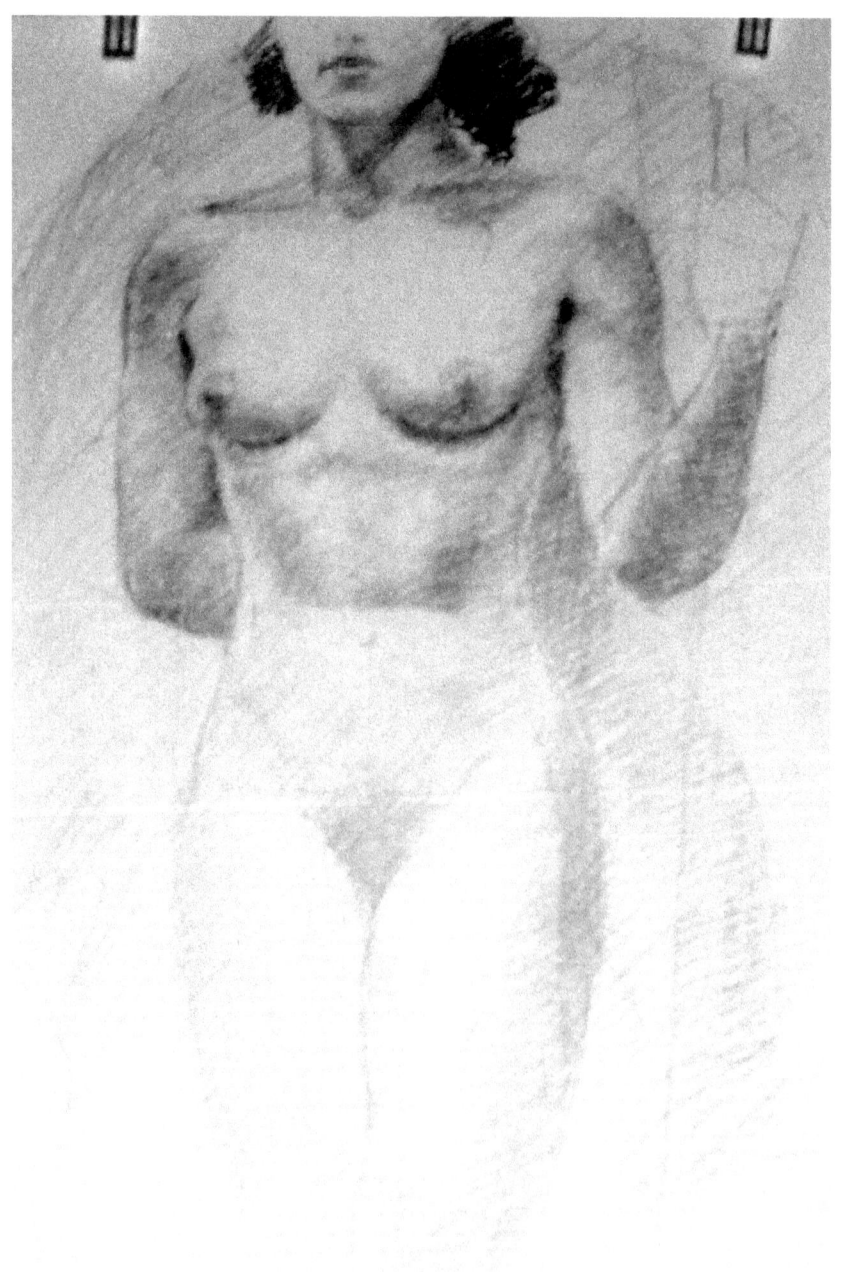

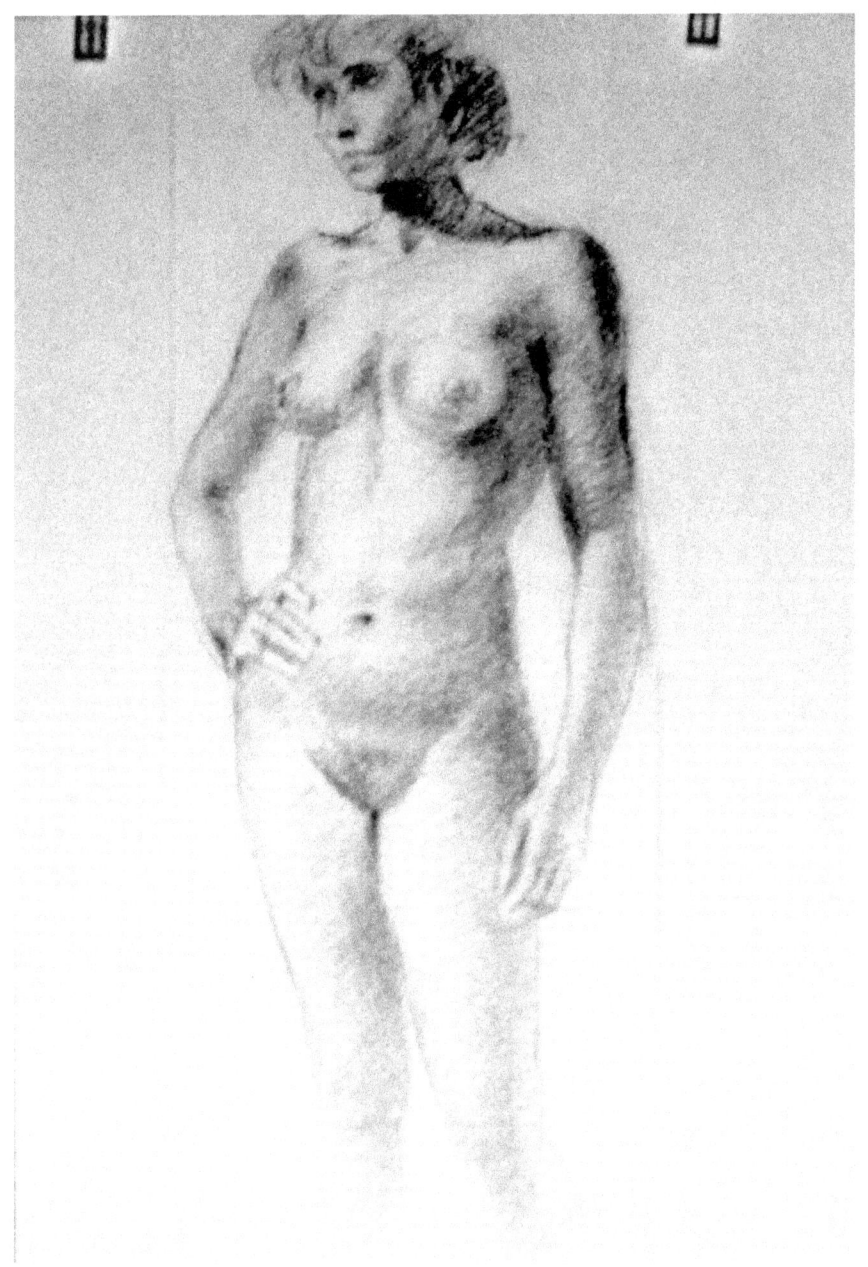

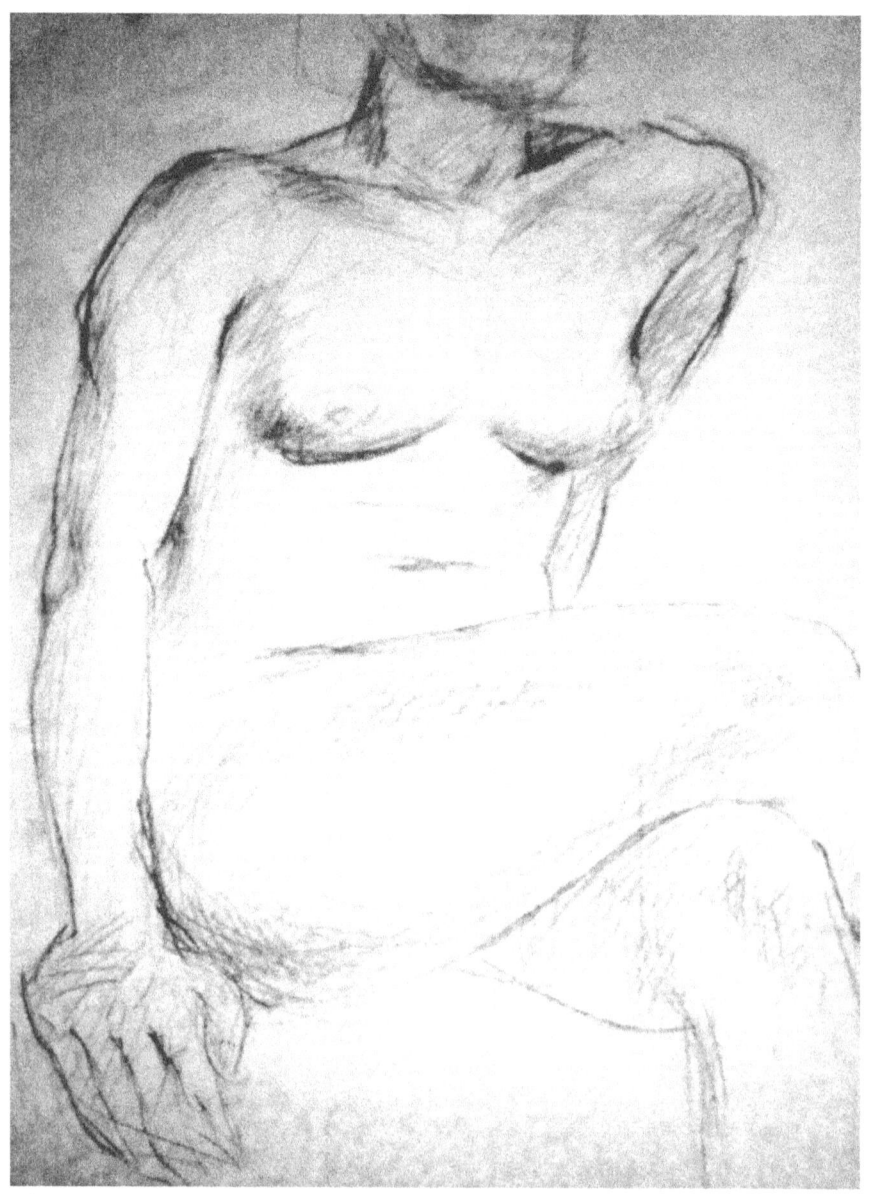

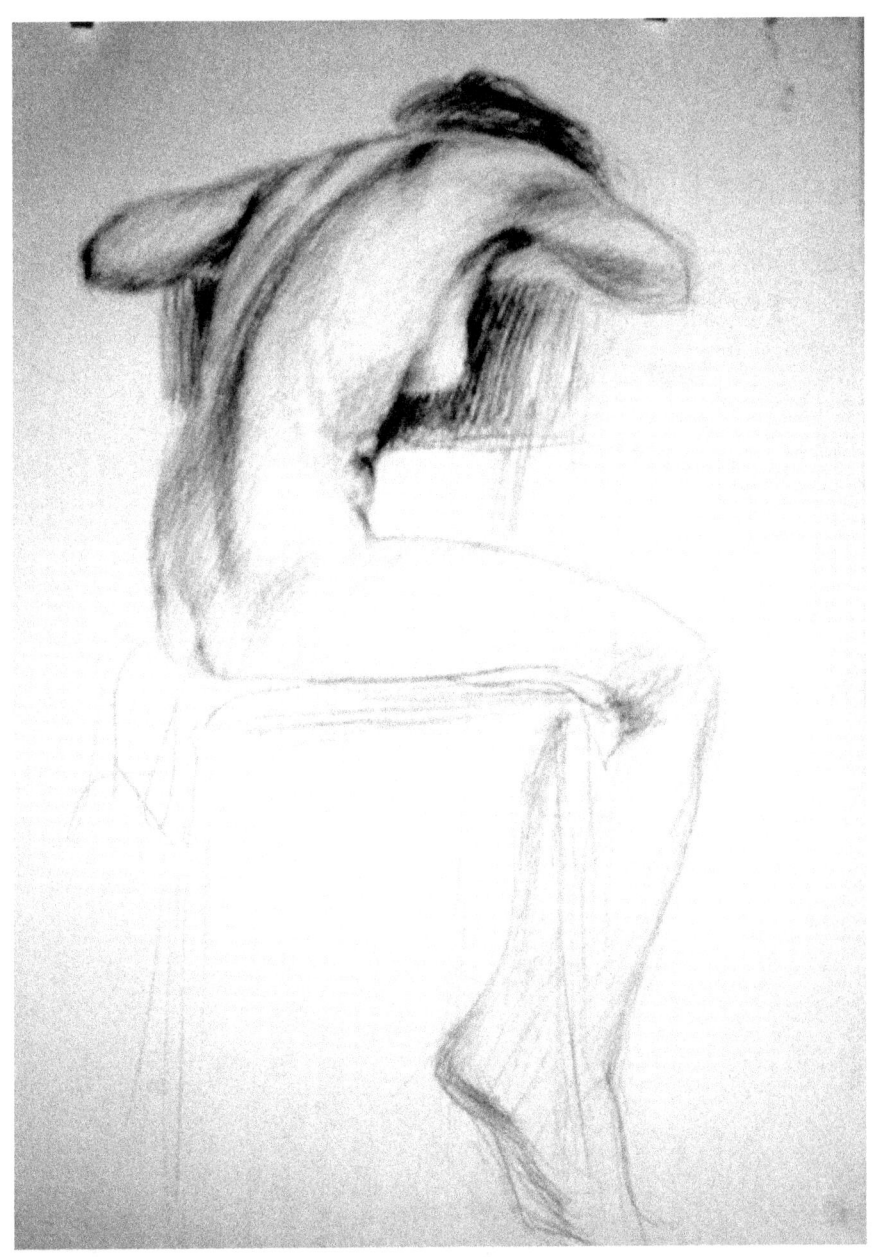

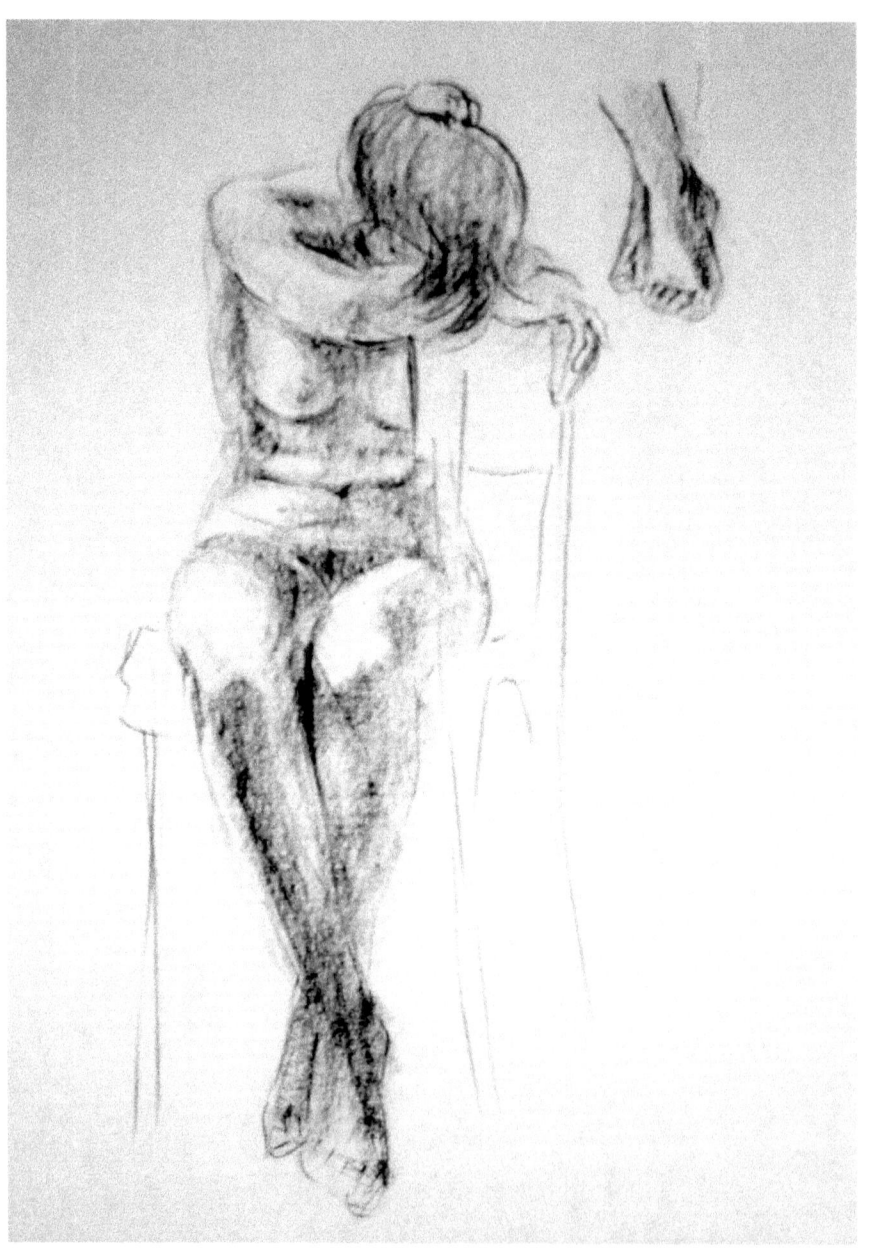

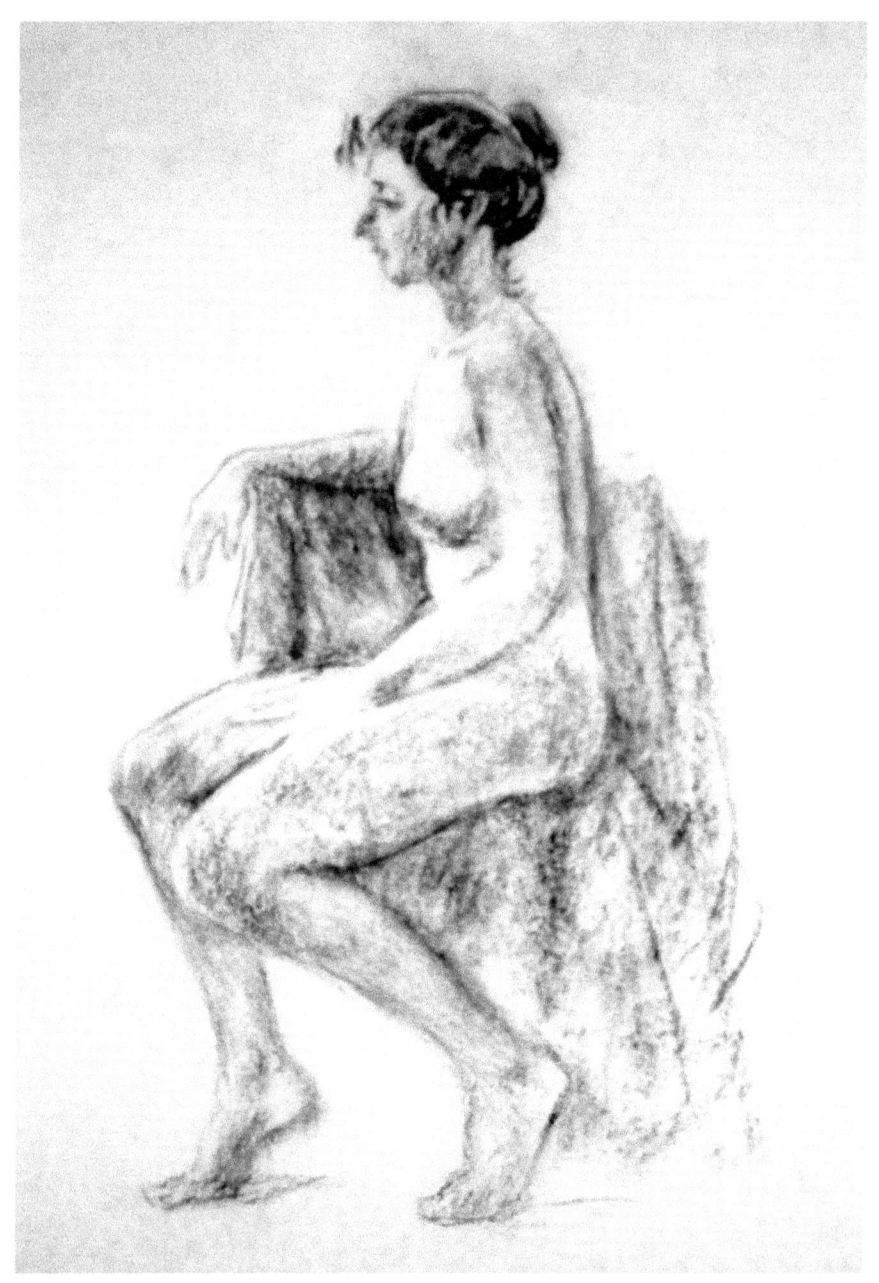

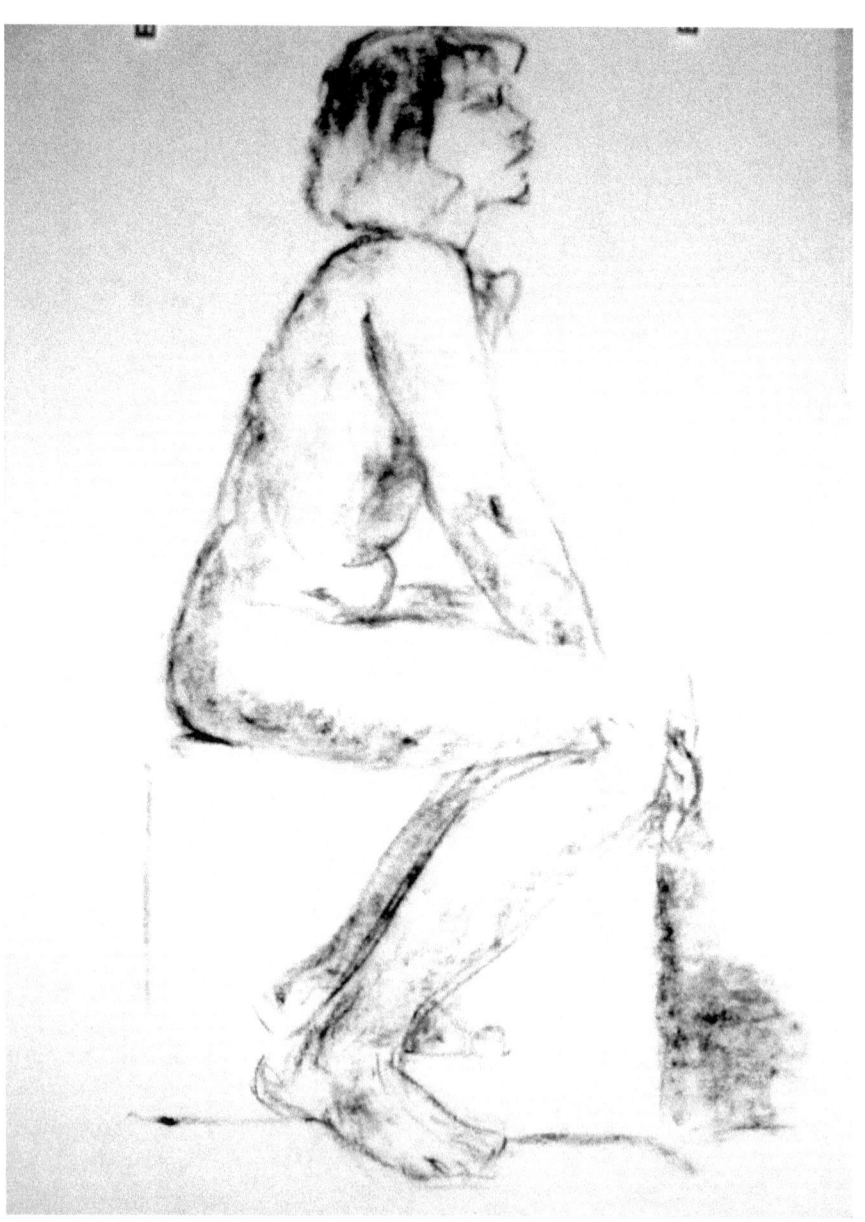

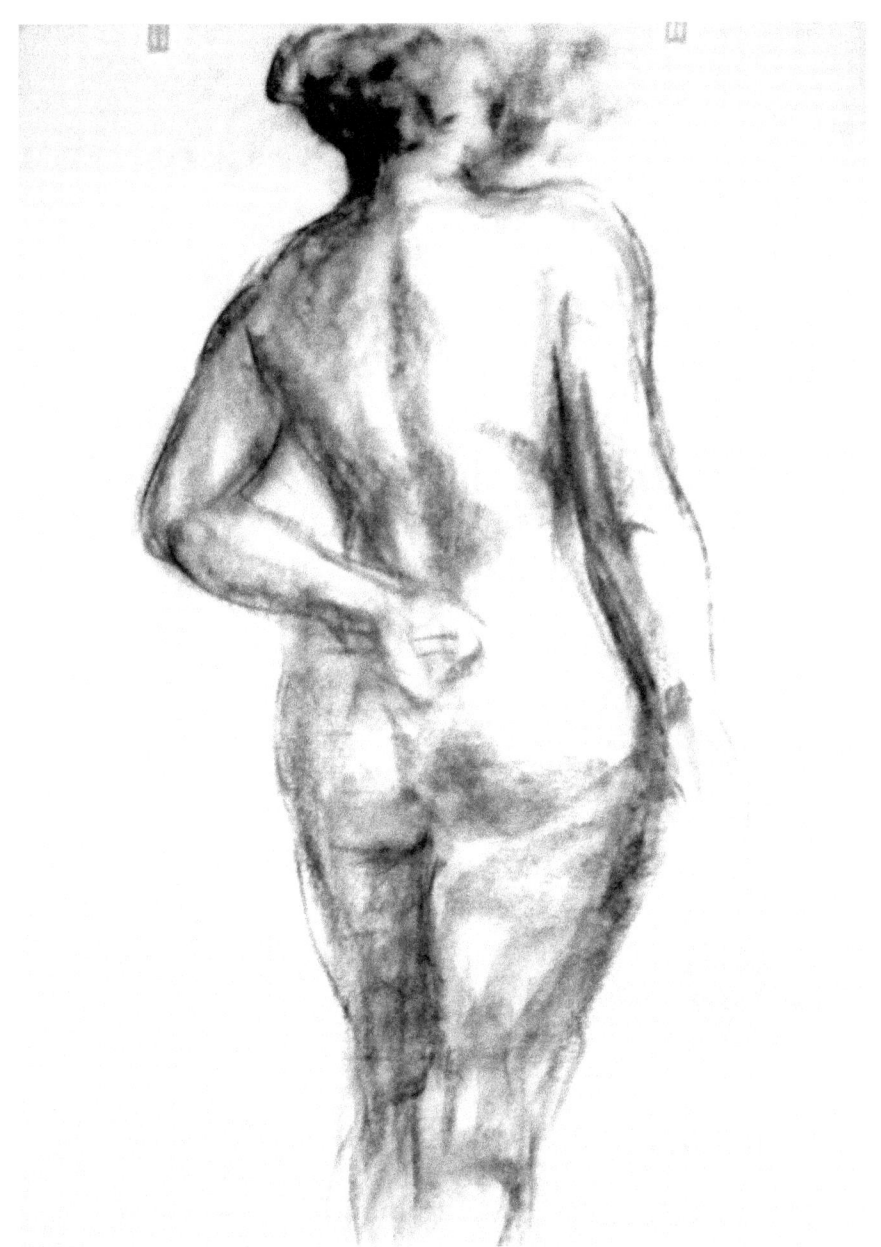

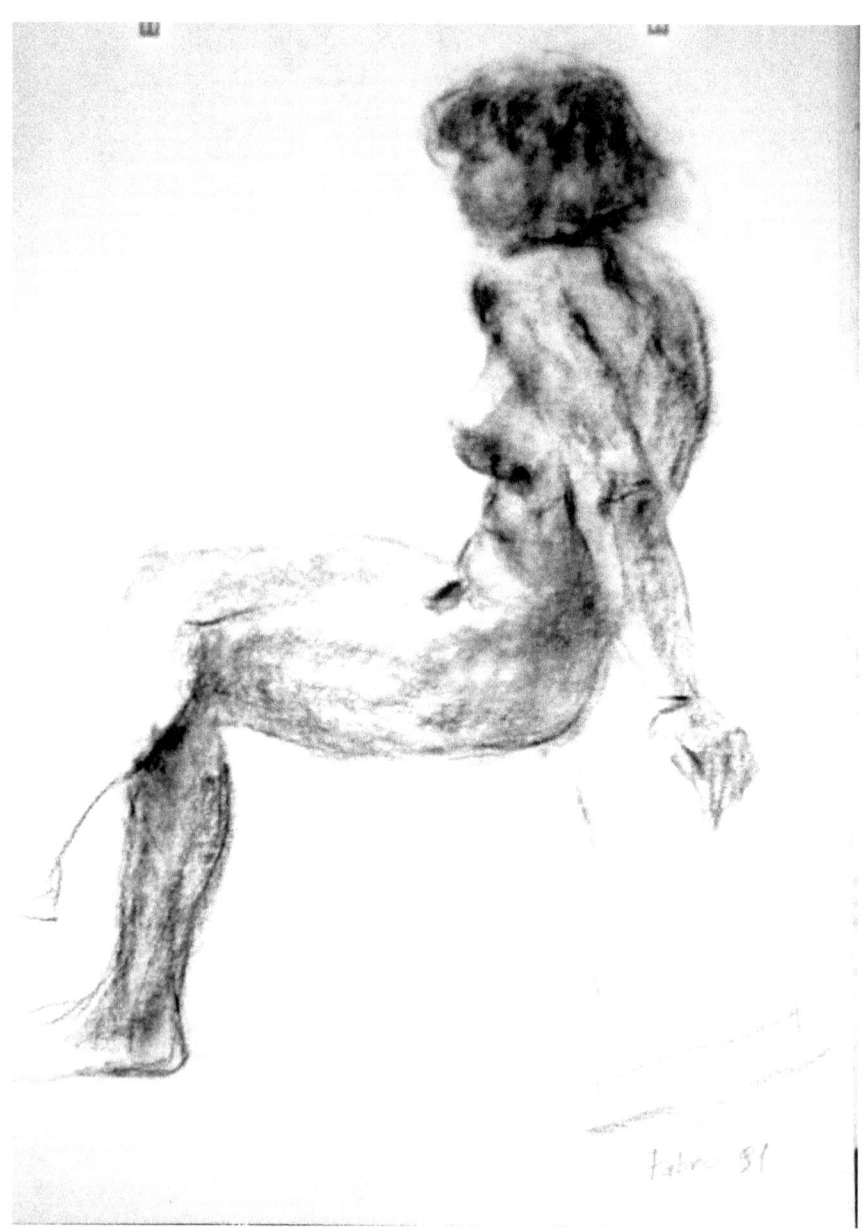

114

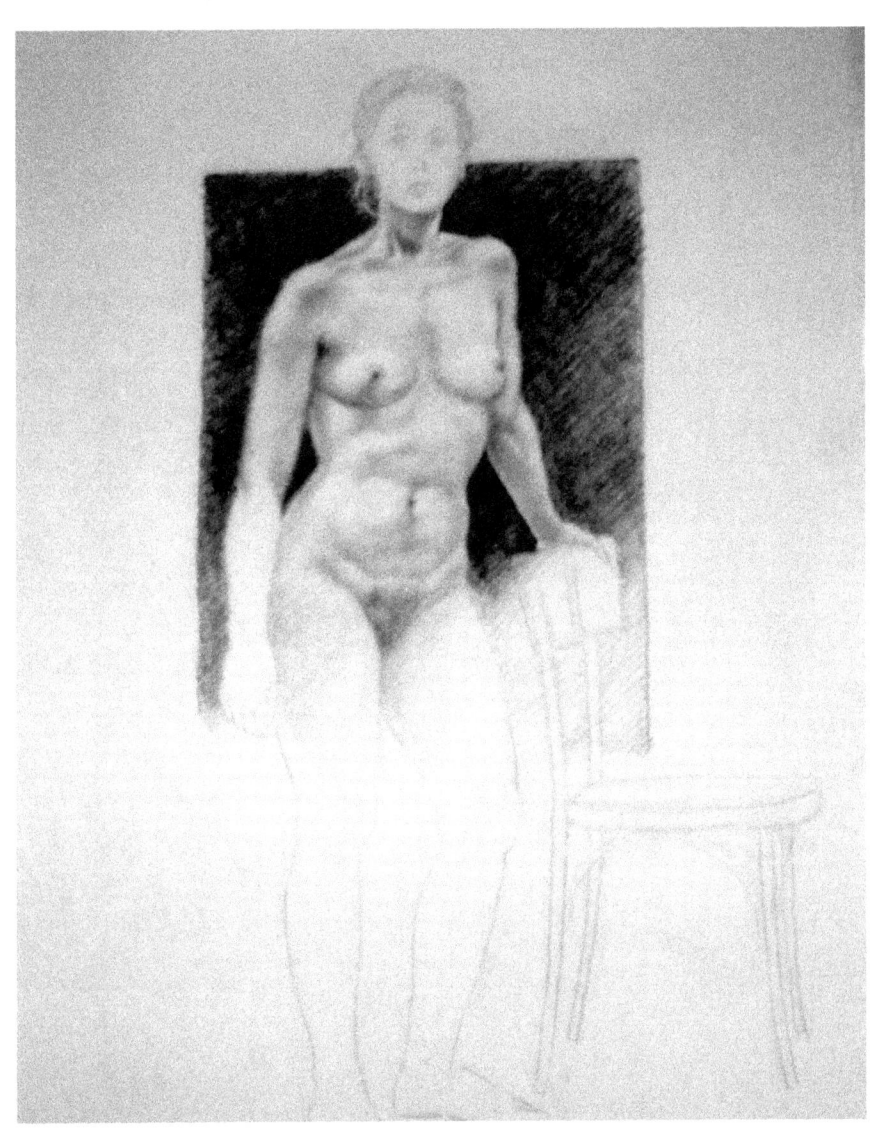

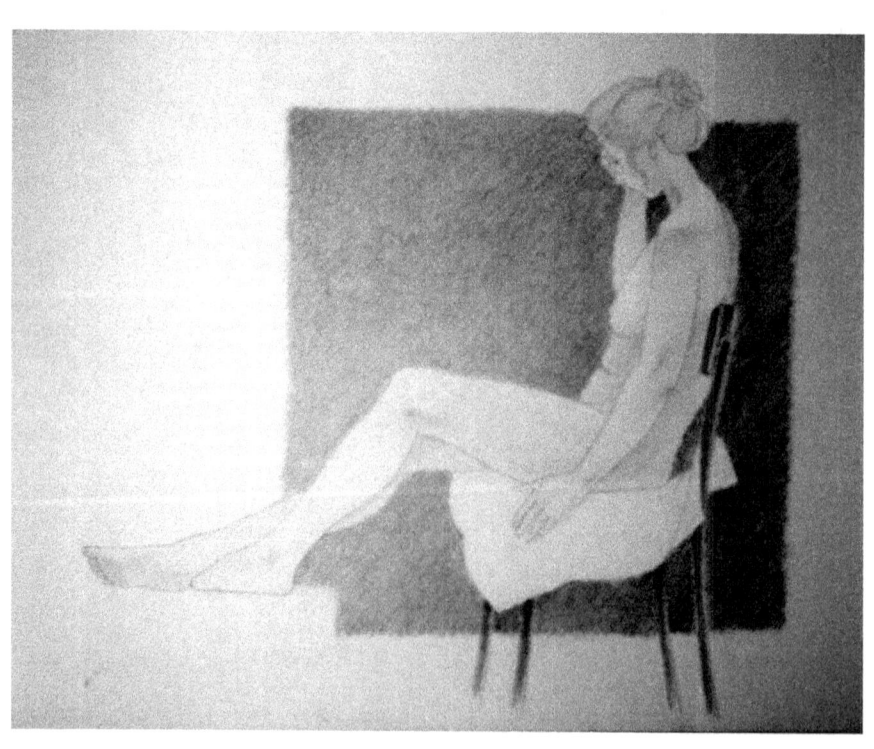

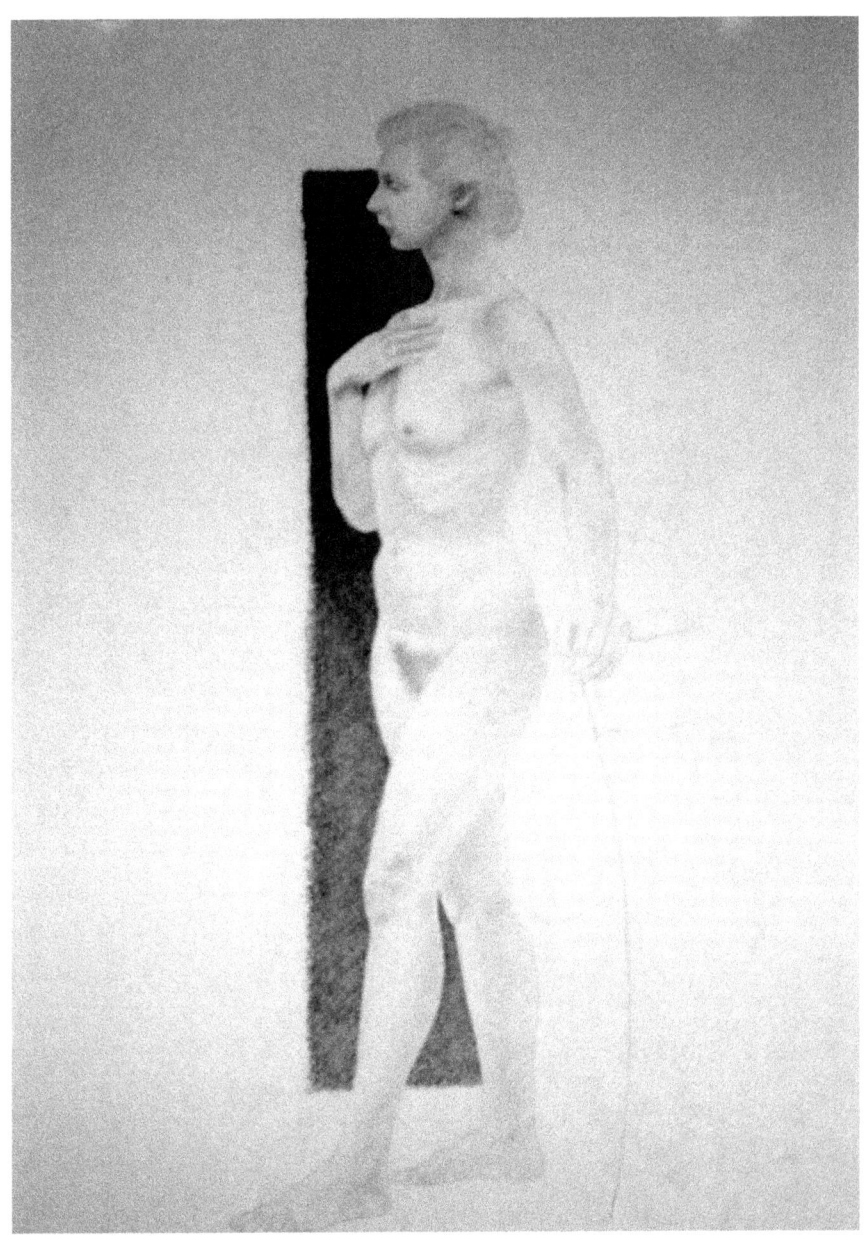

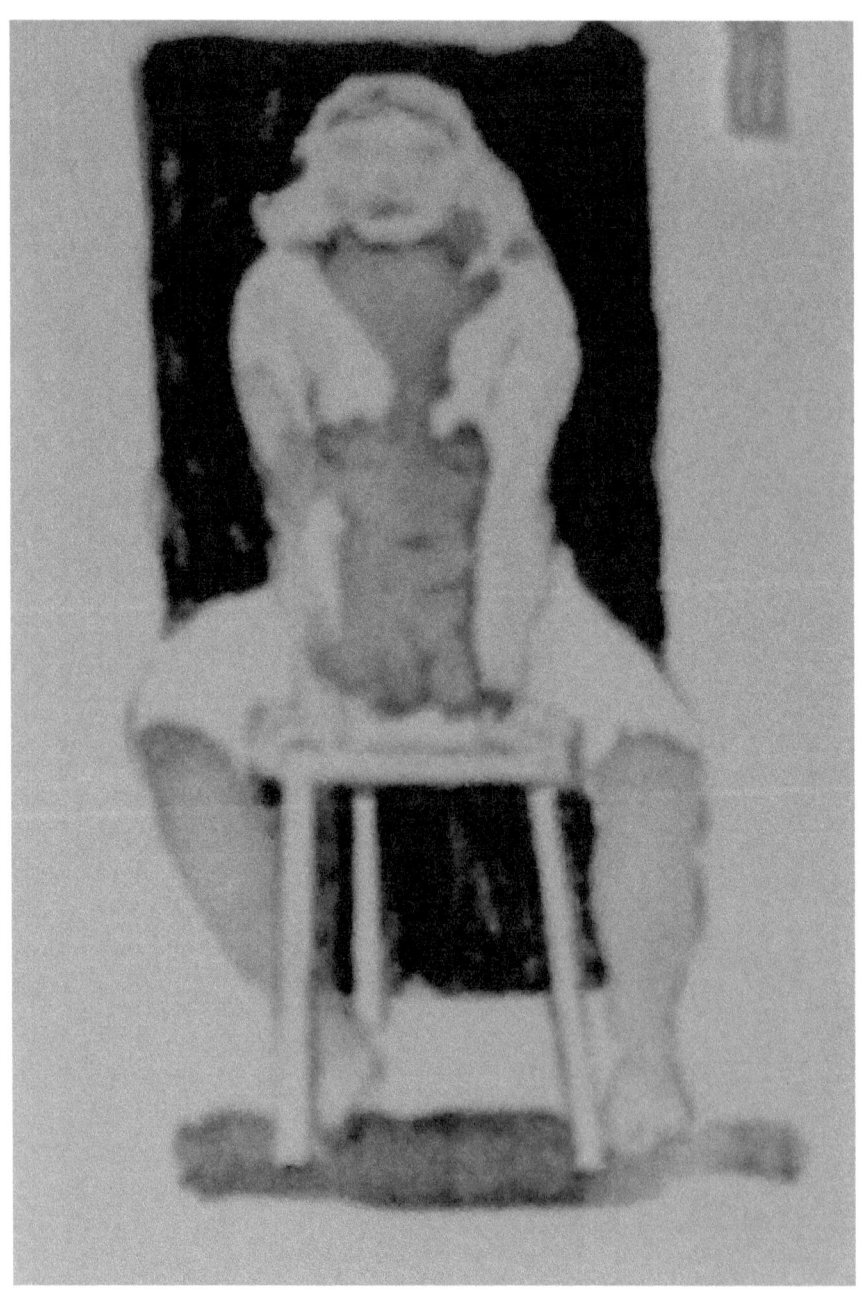

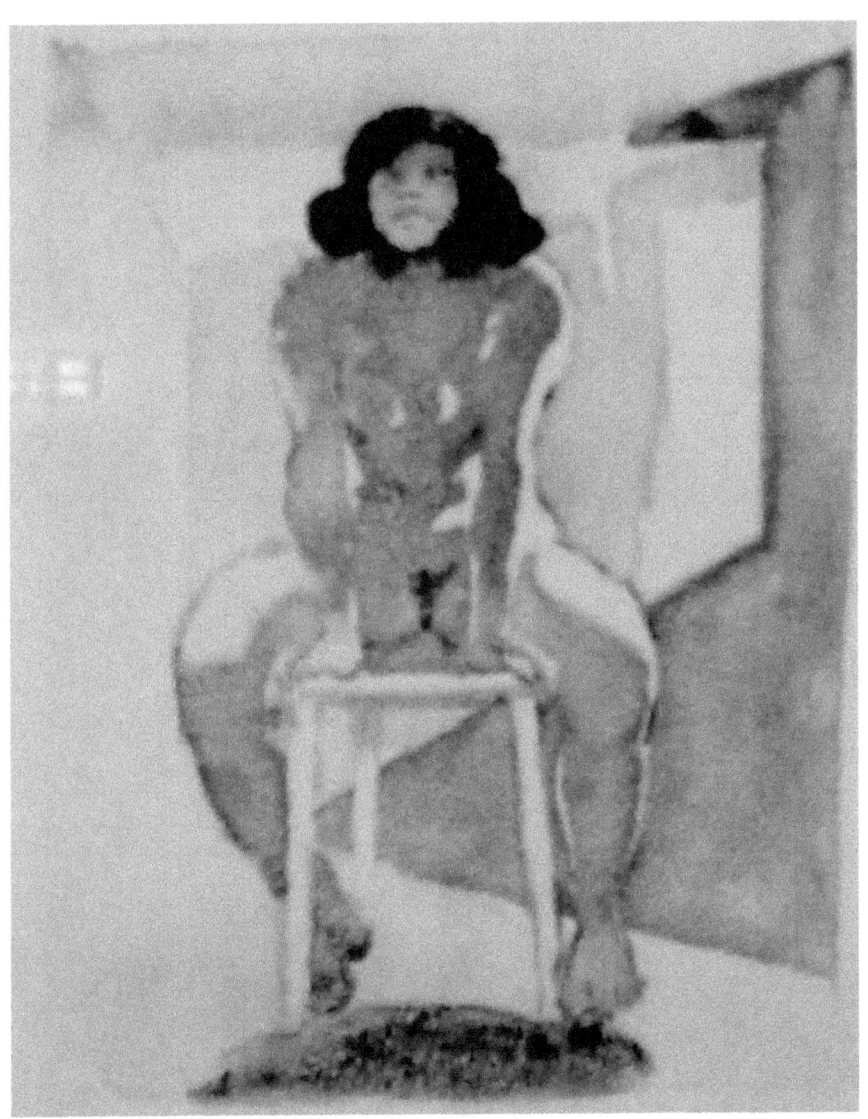

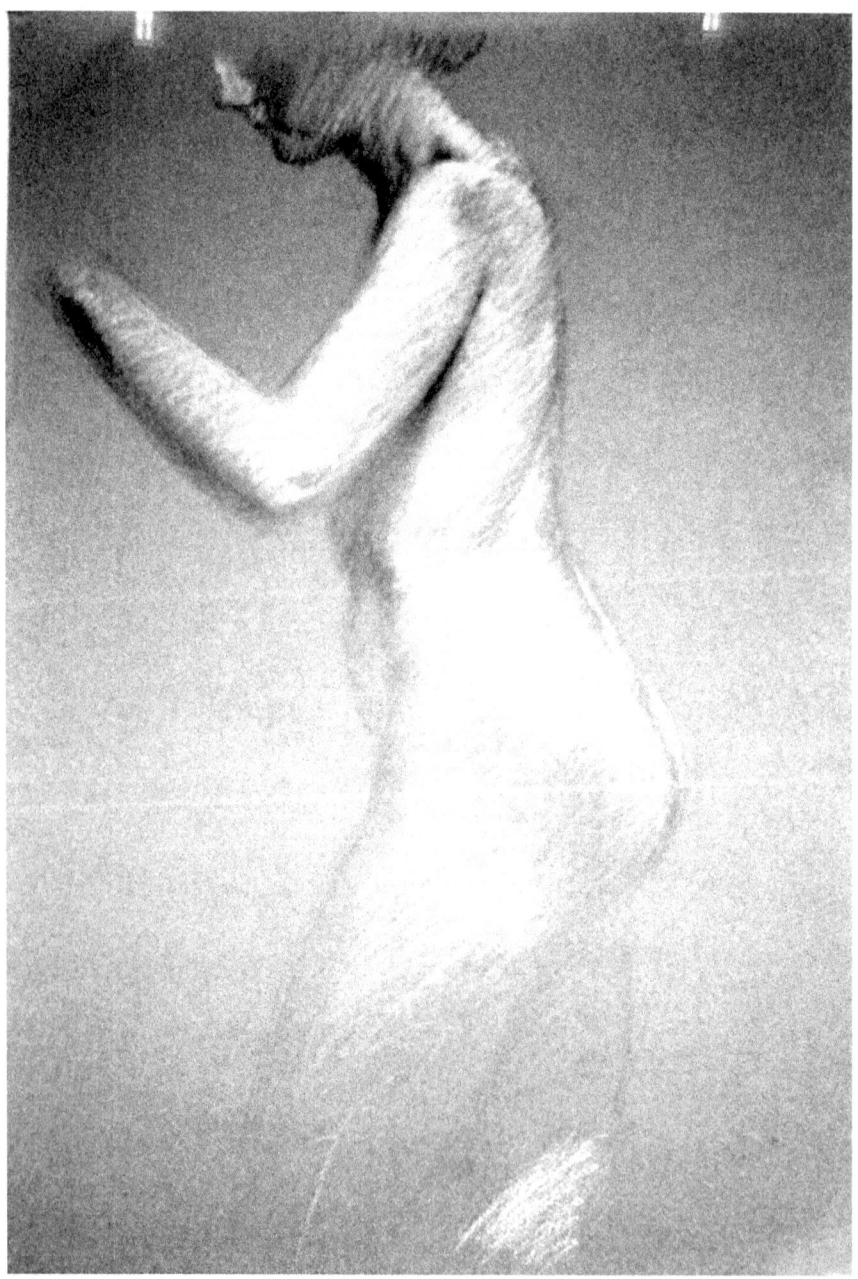

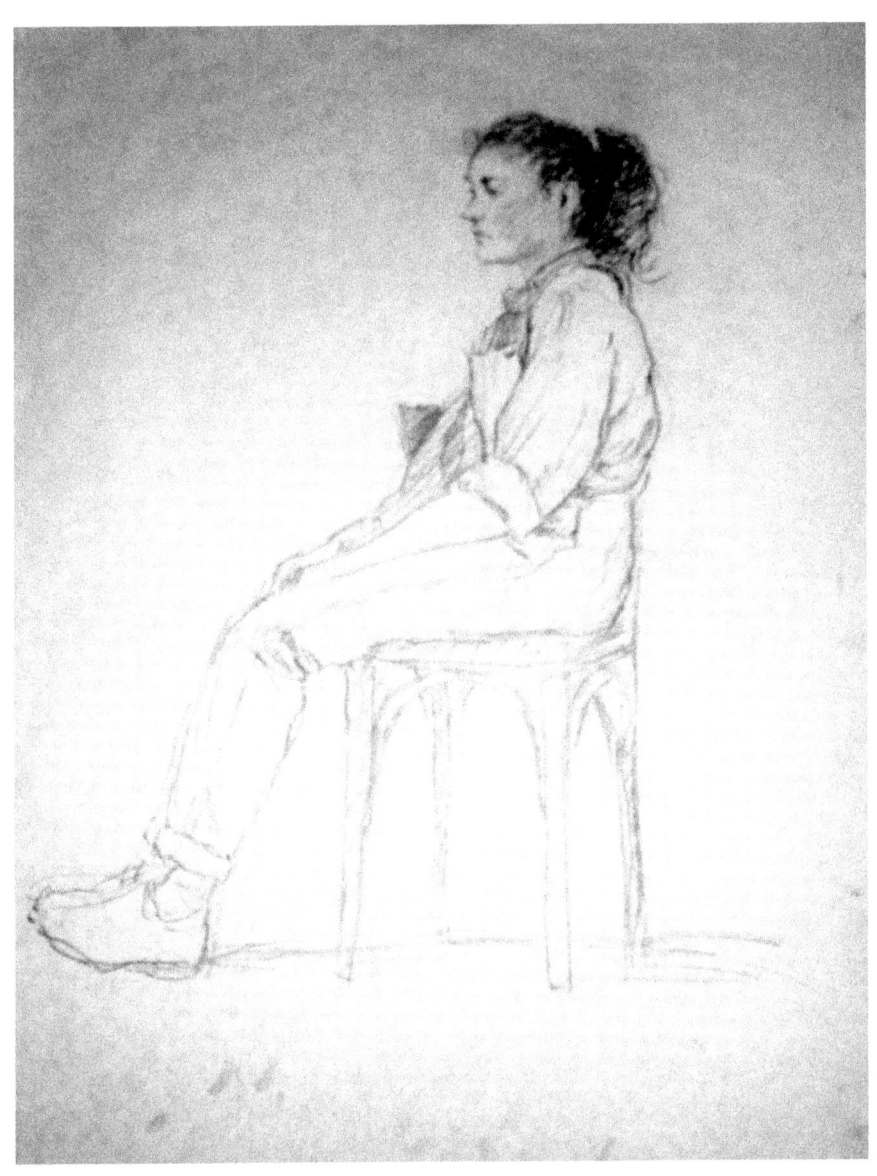

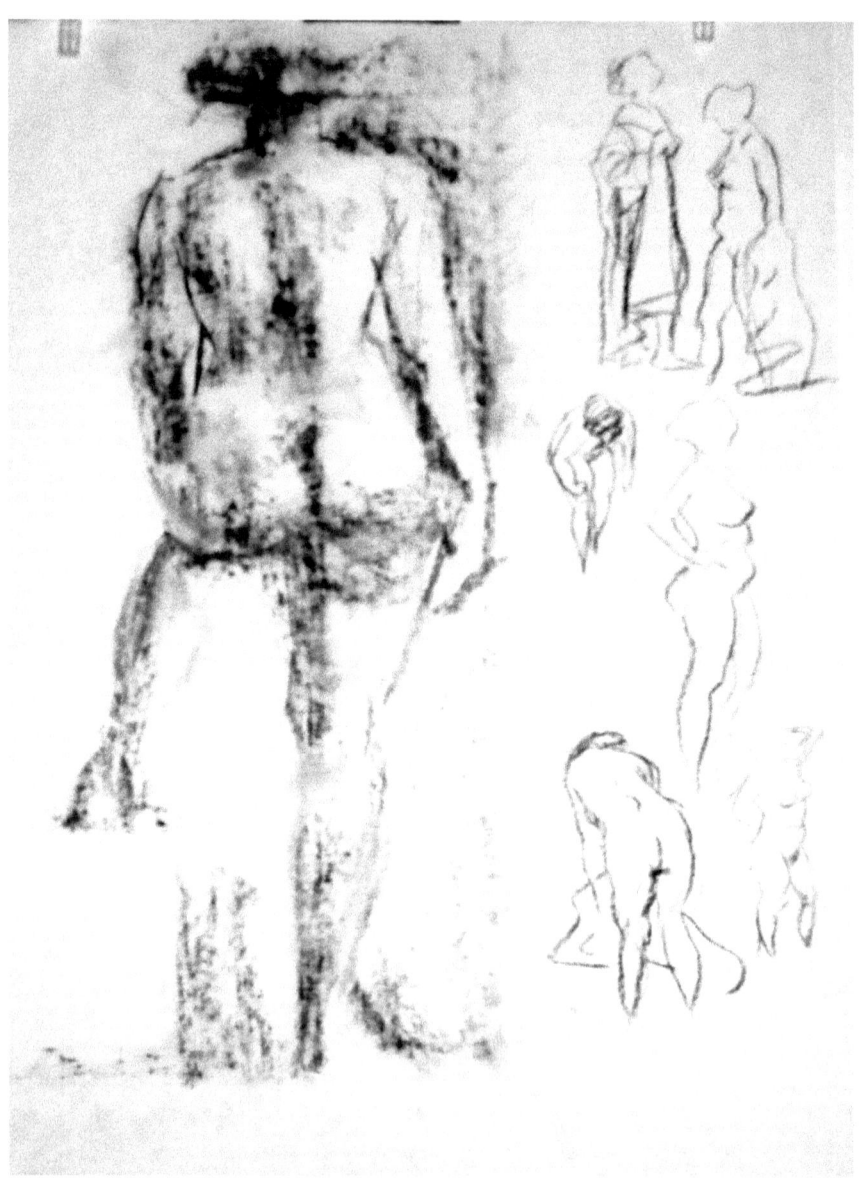

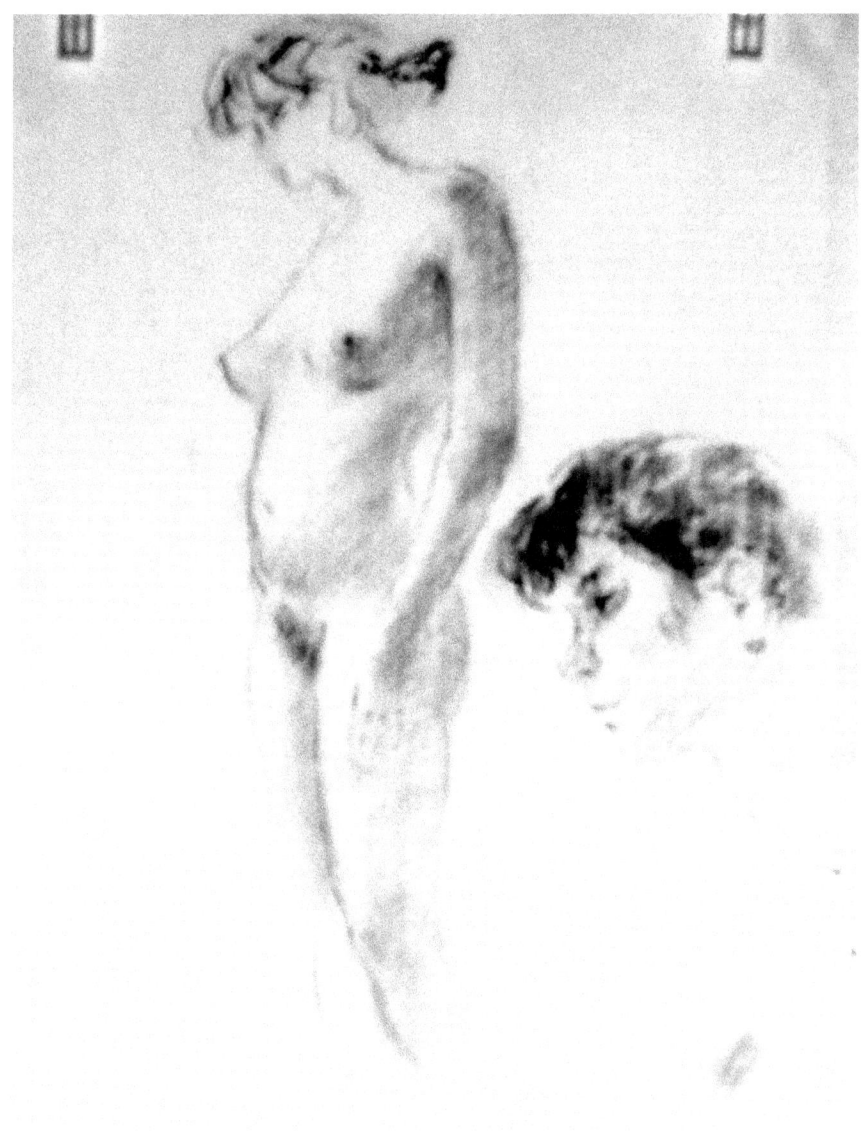

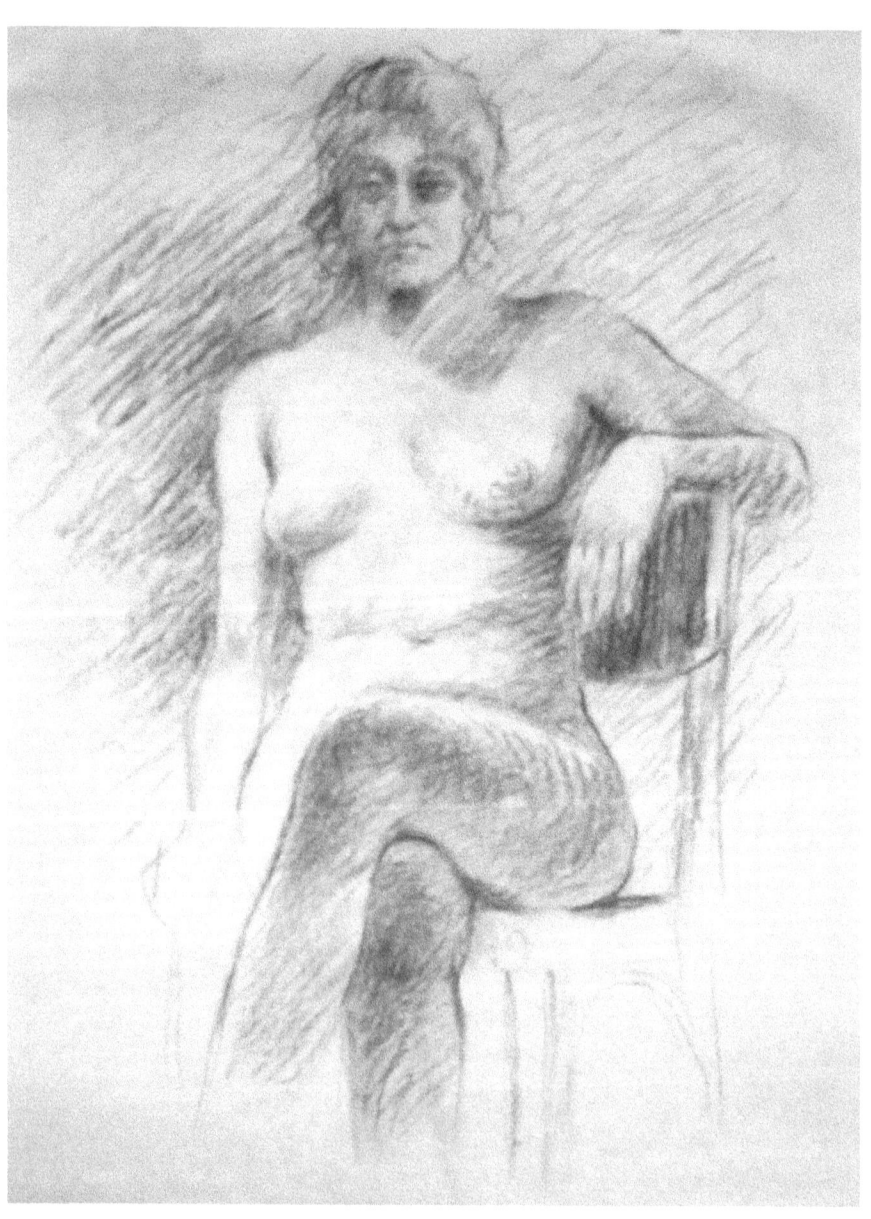

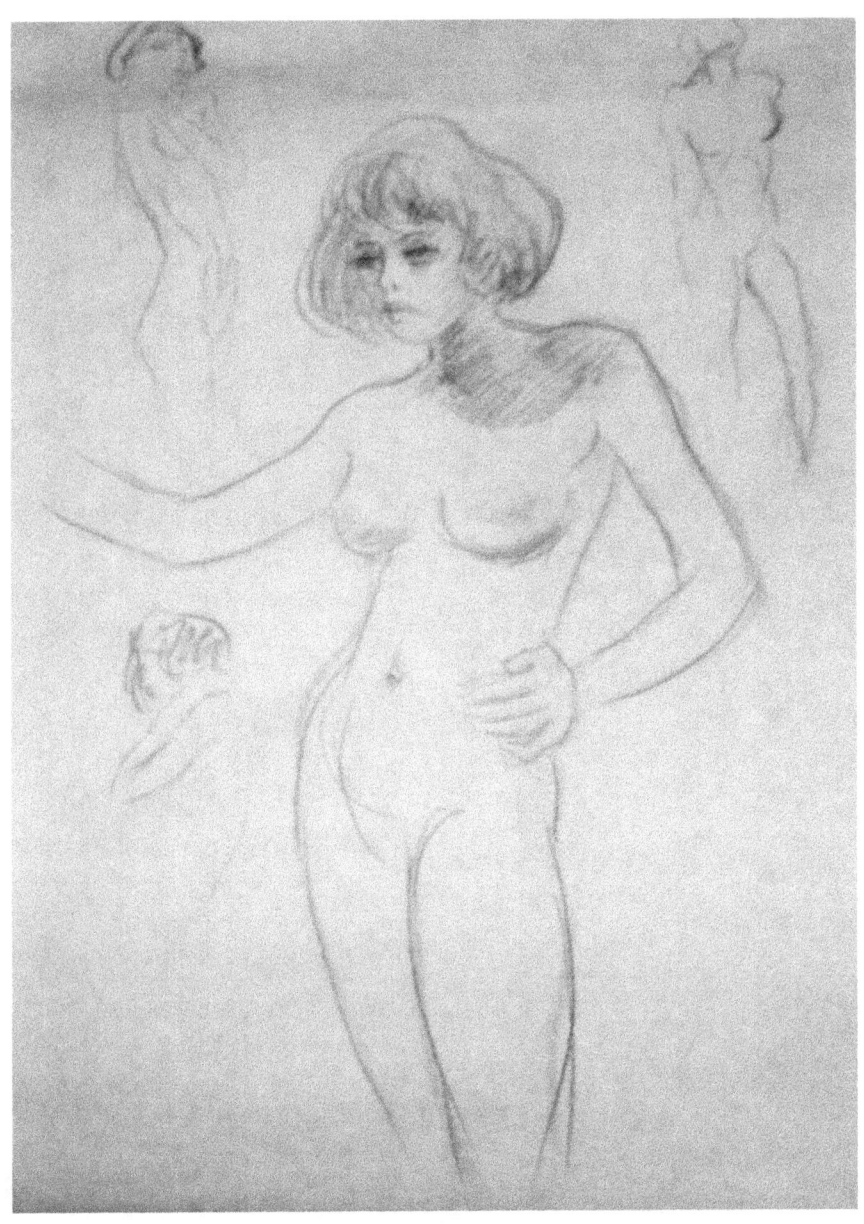

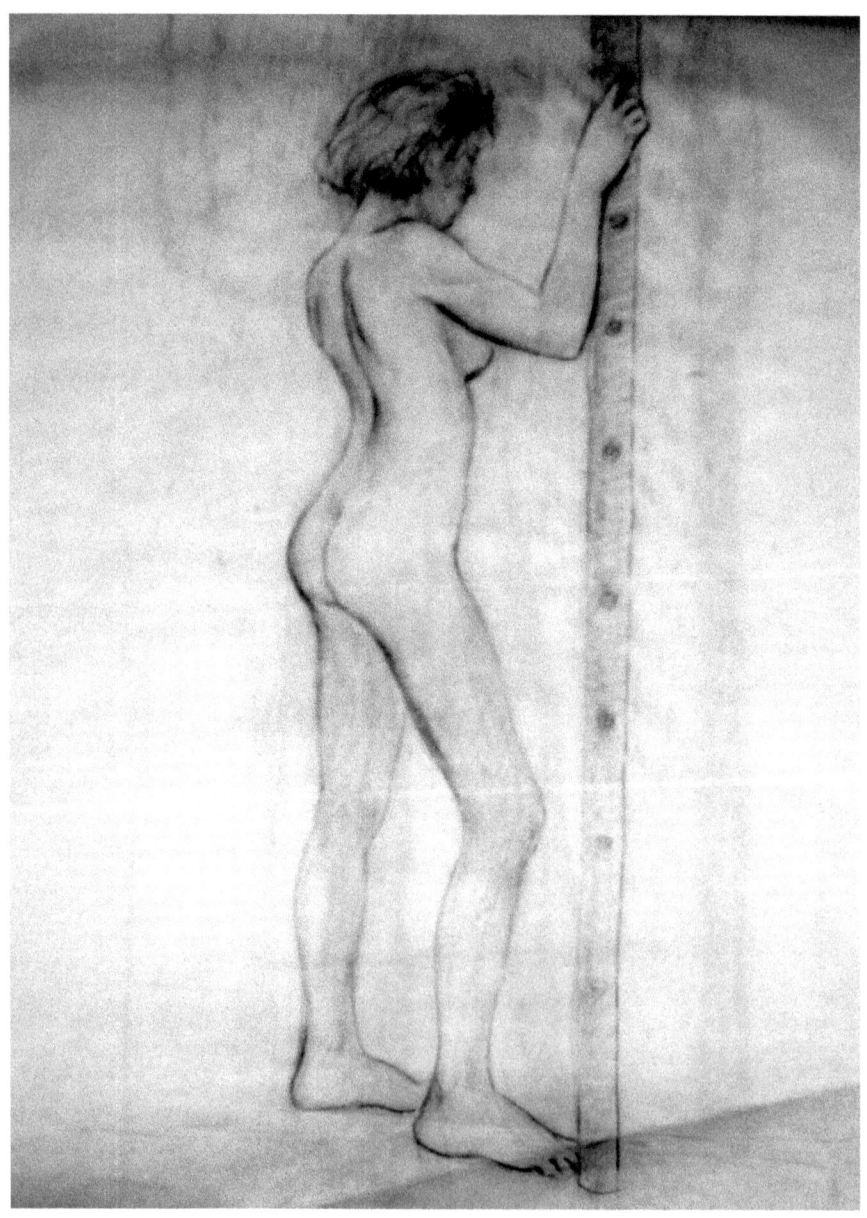

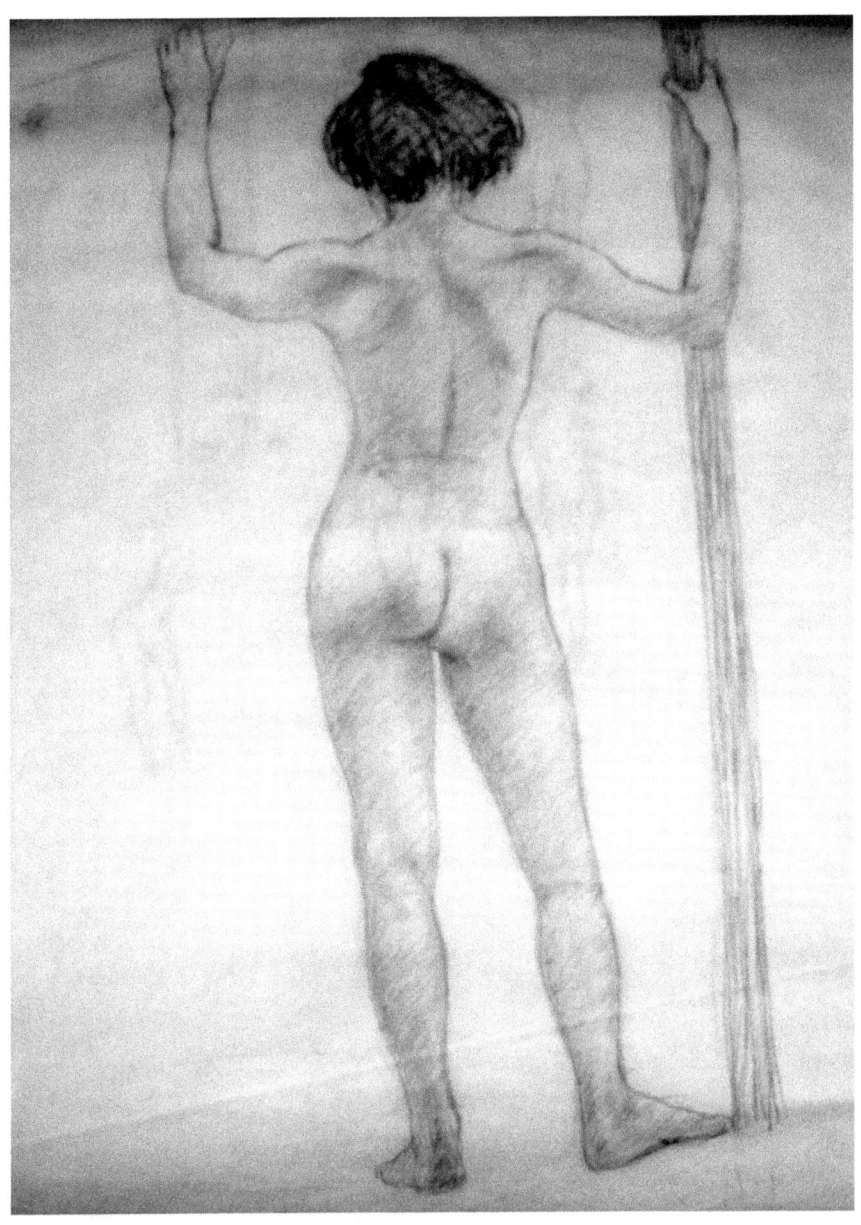

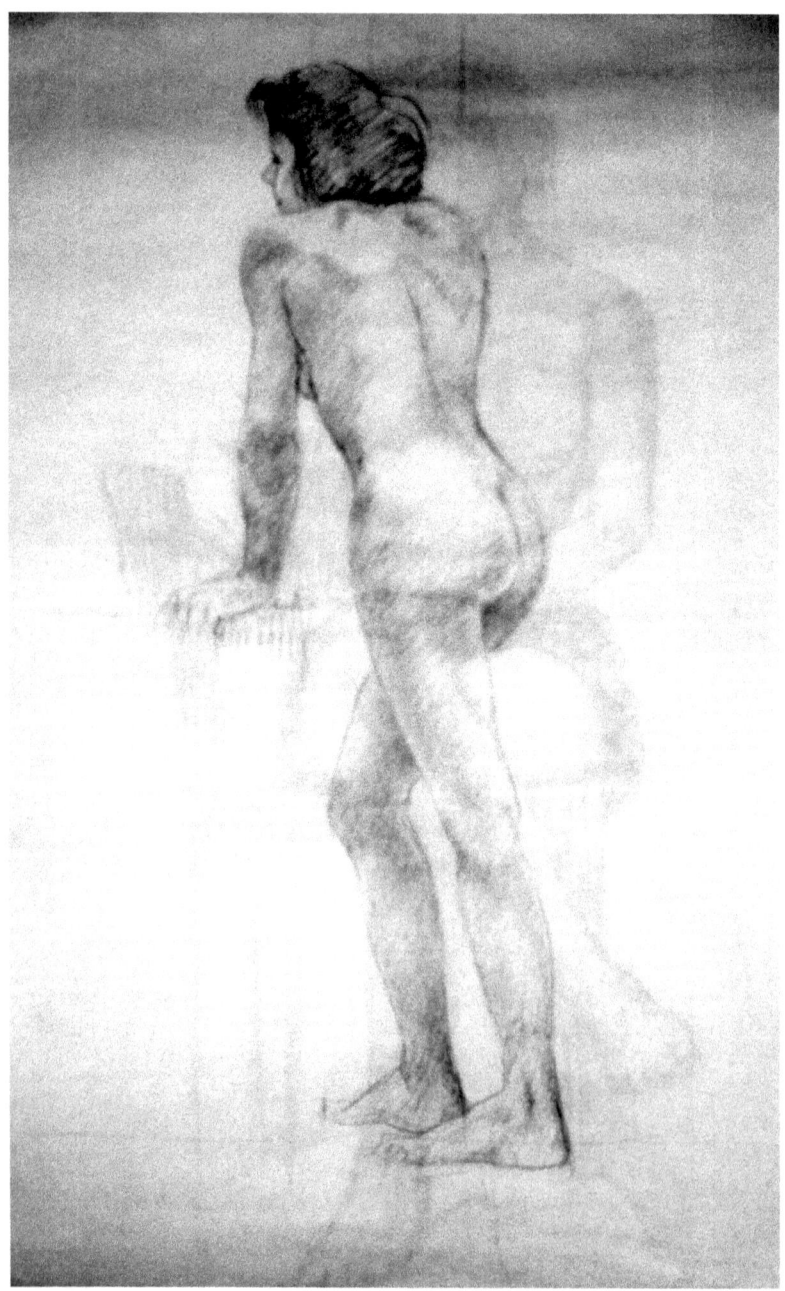

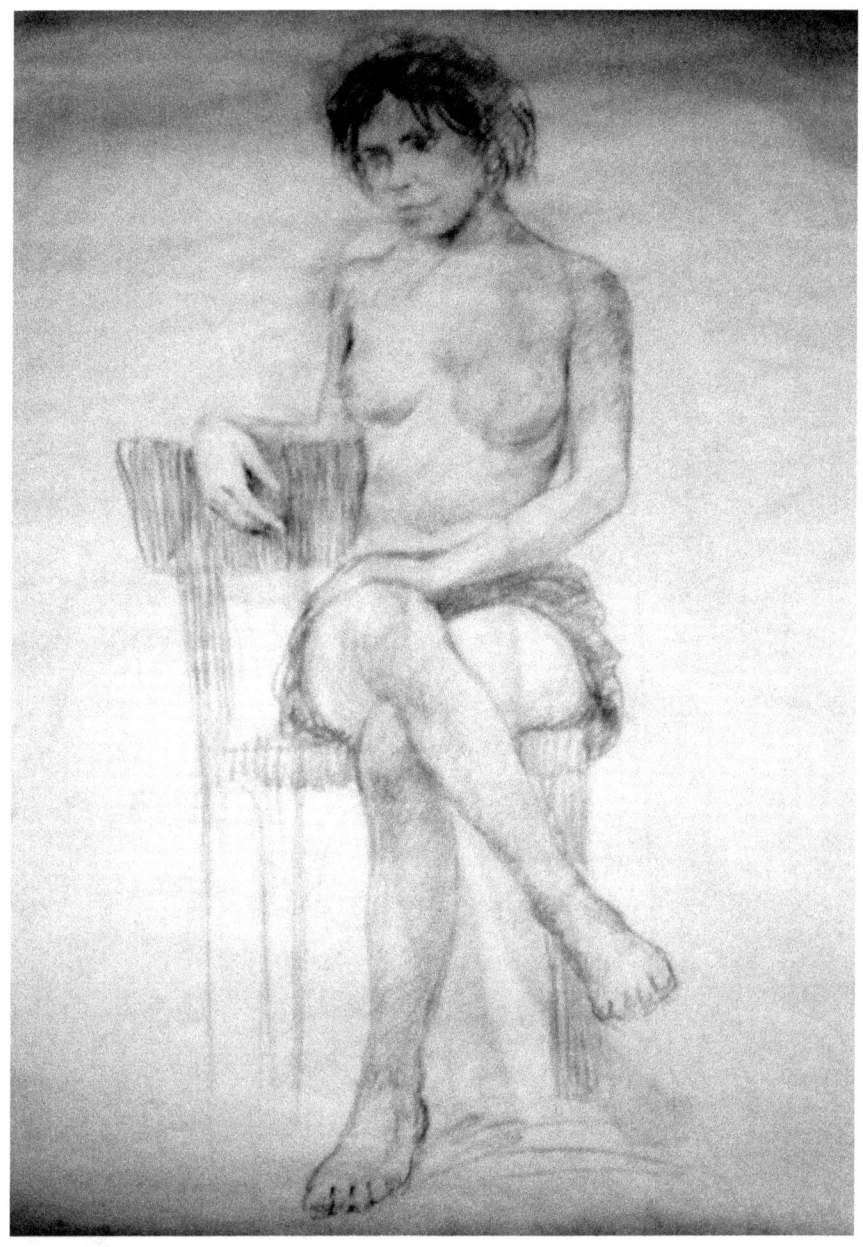

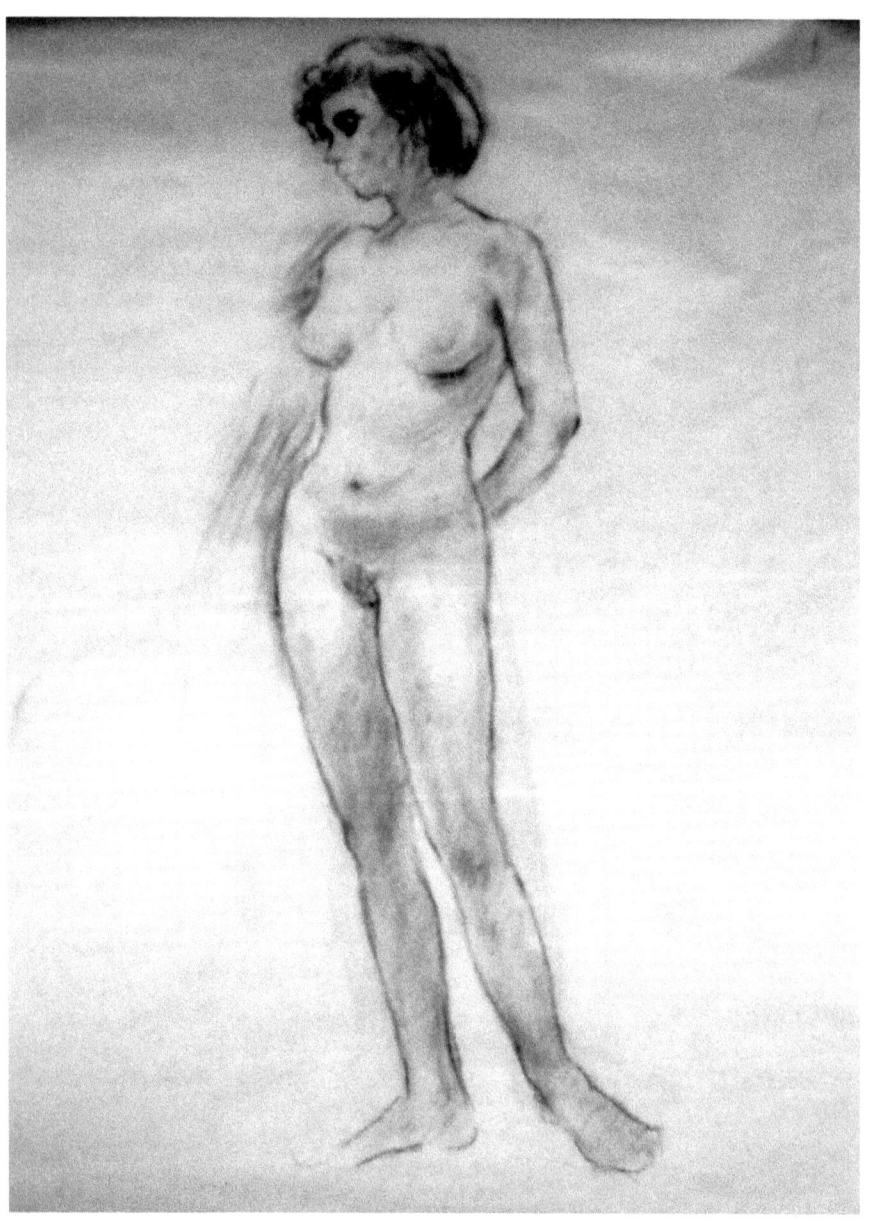

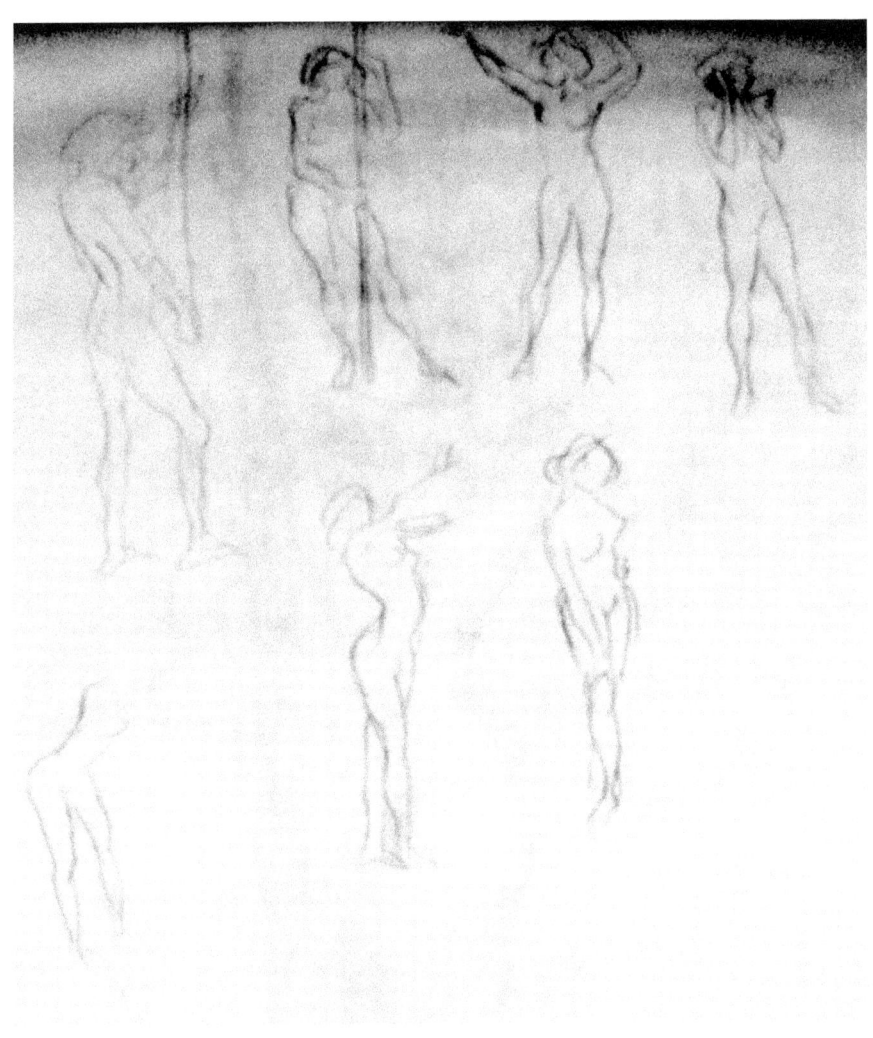

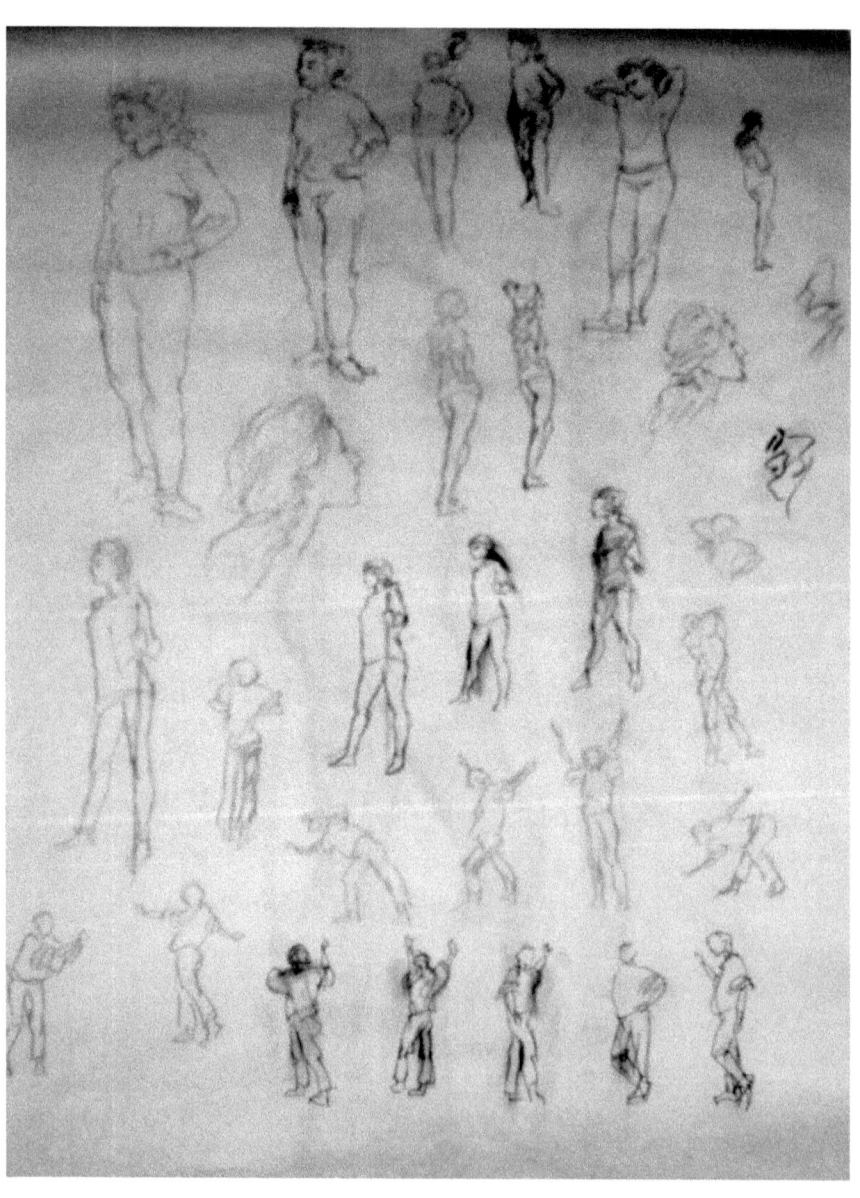

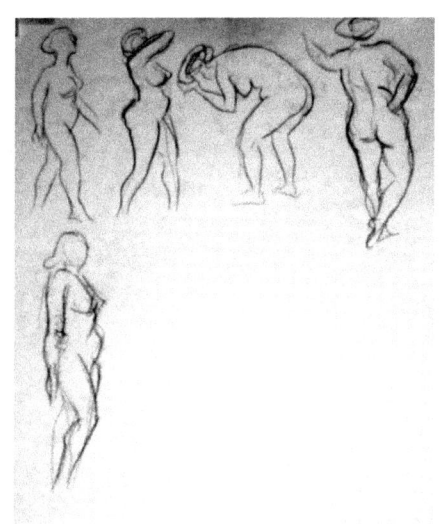

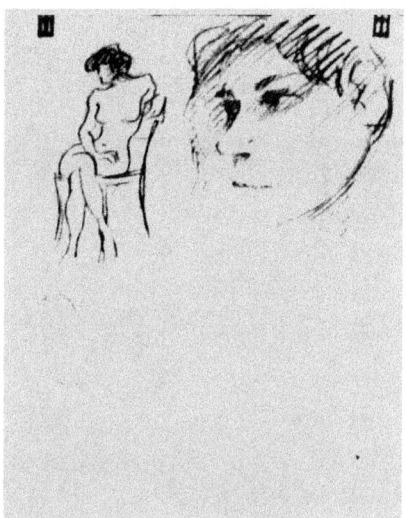

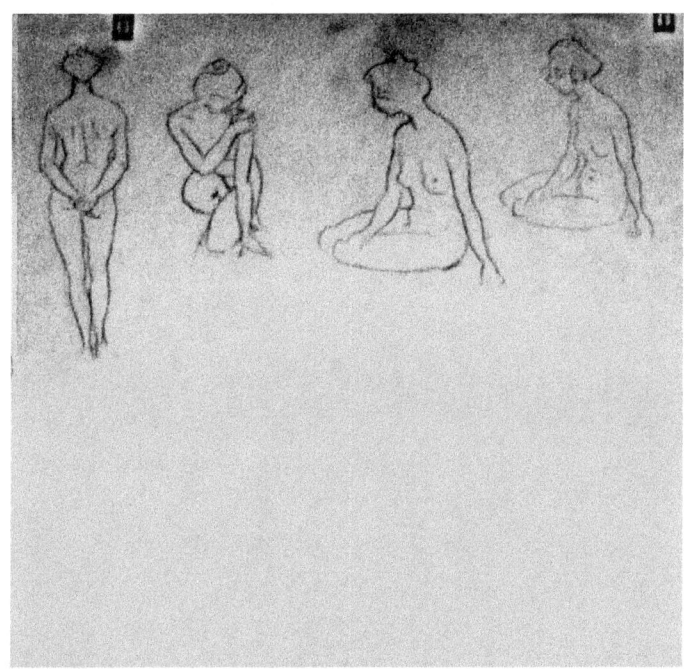

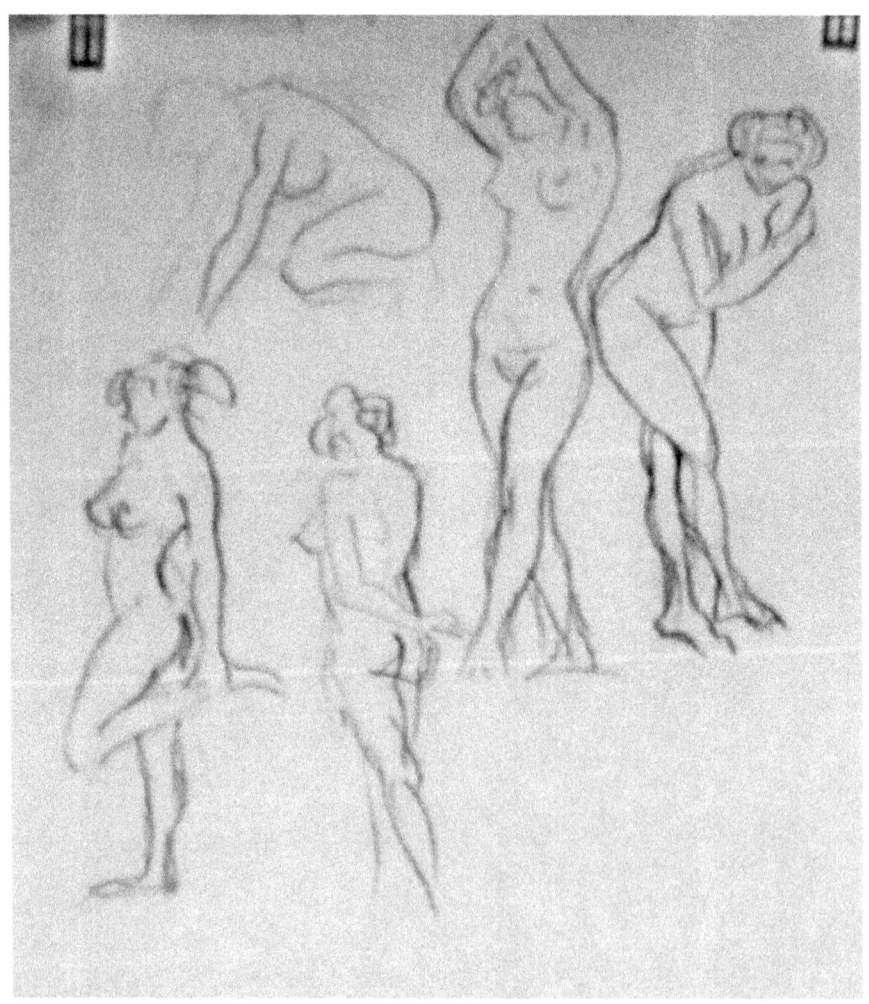

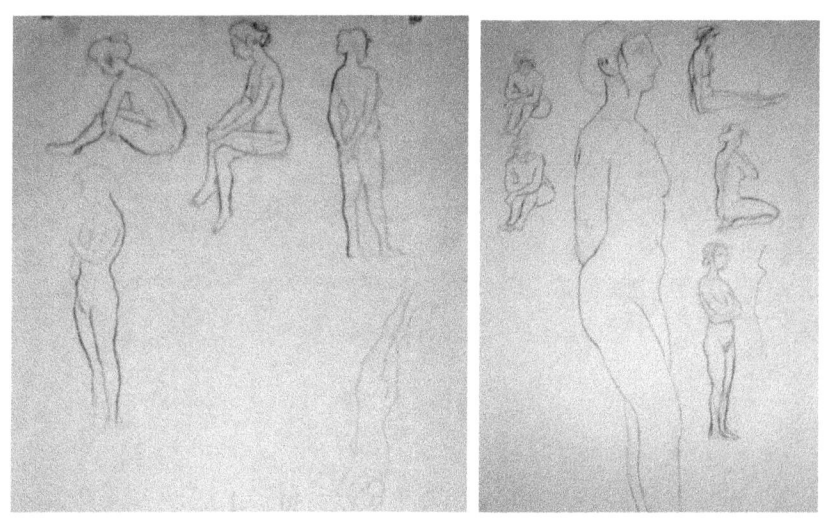

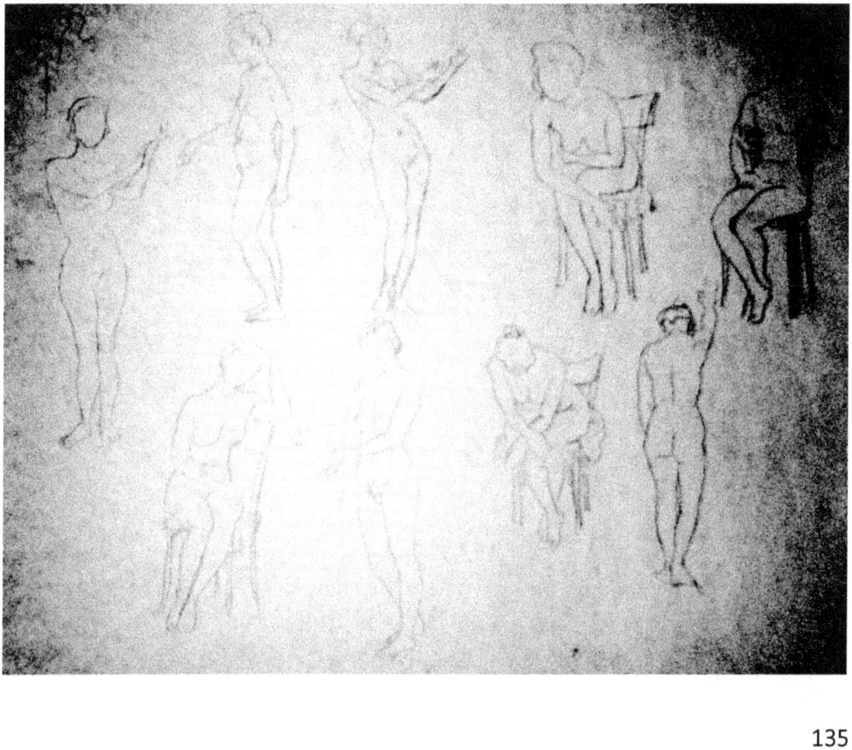

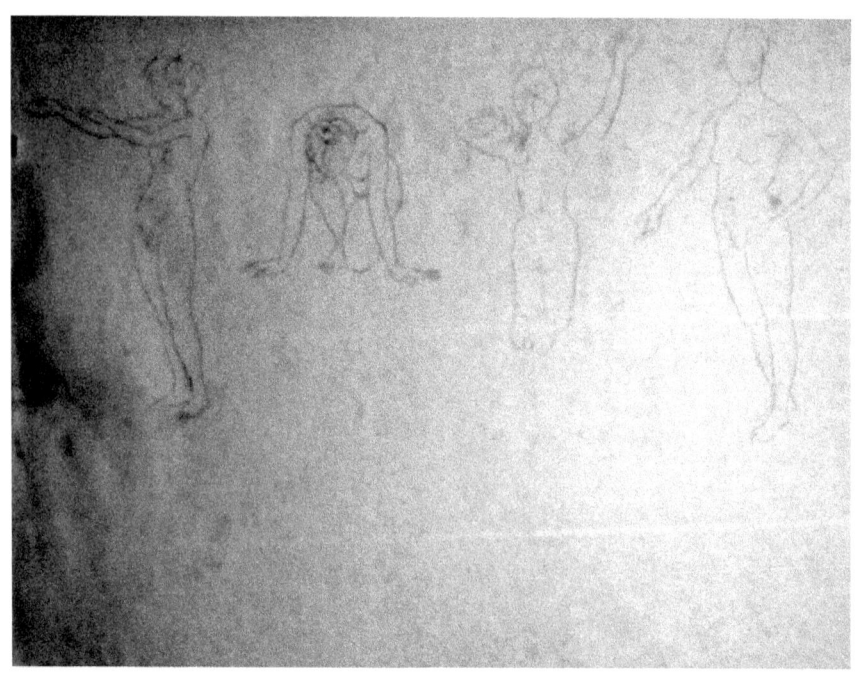

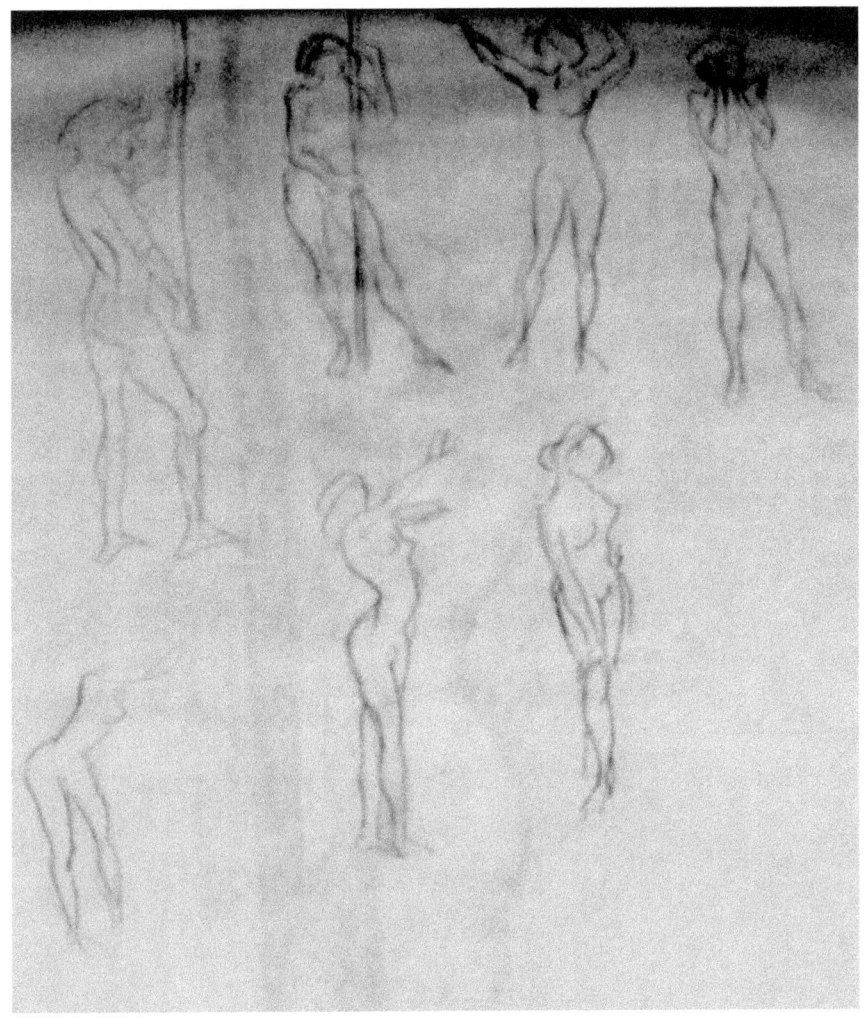

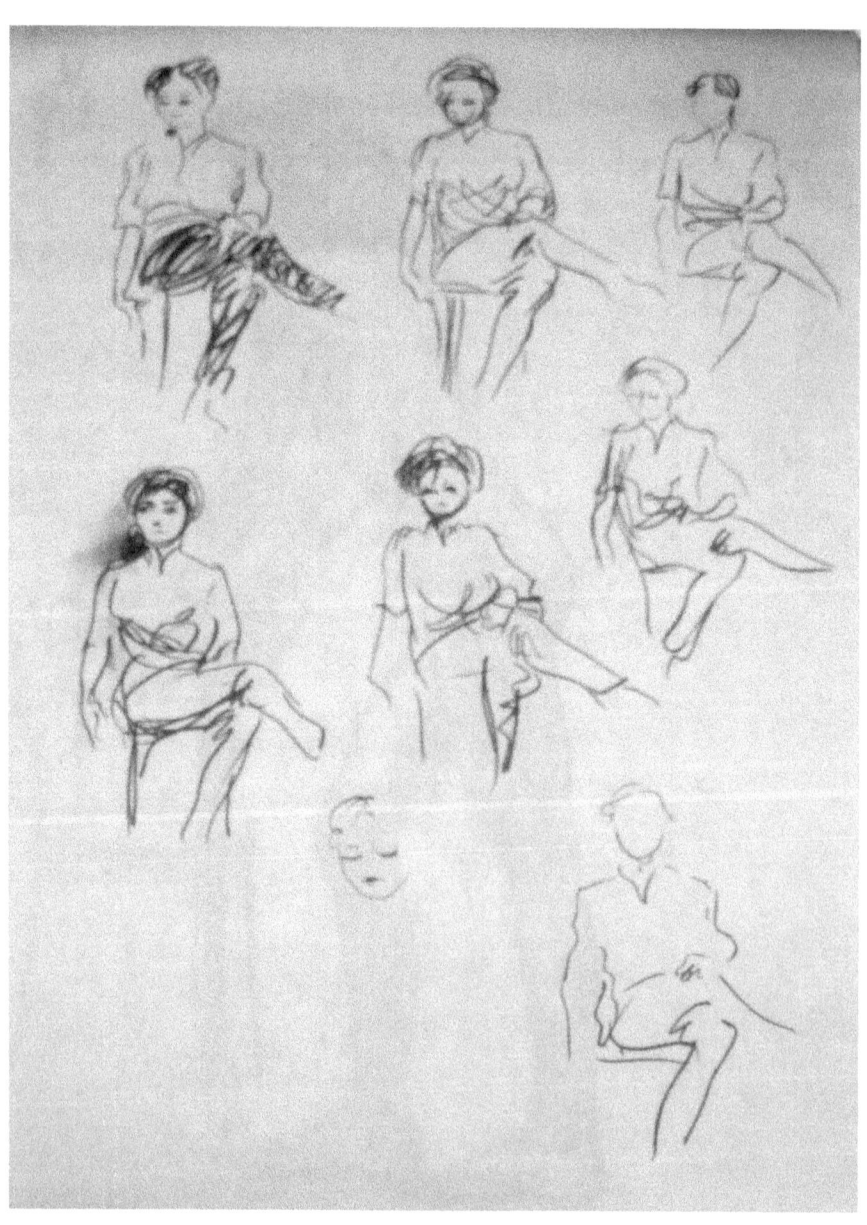

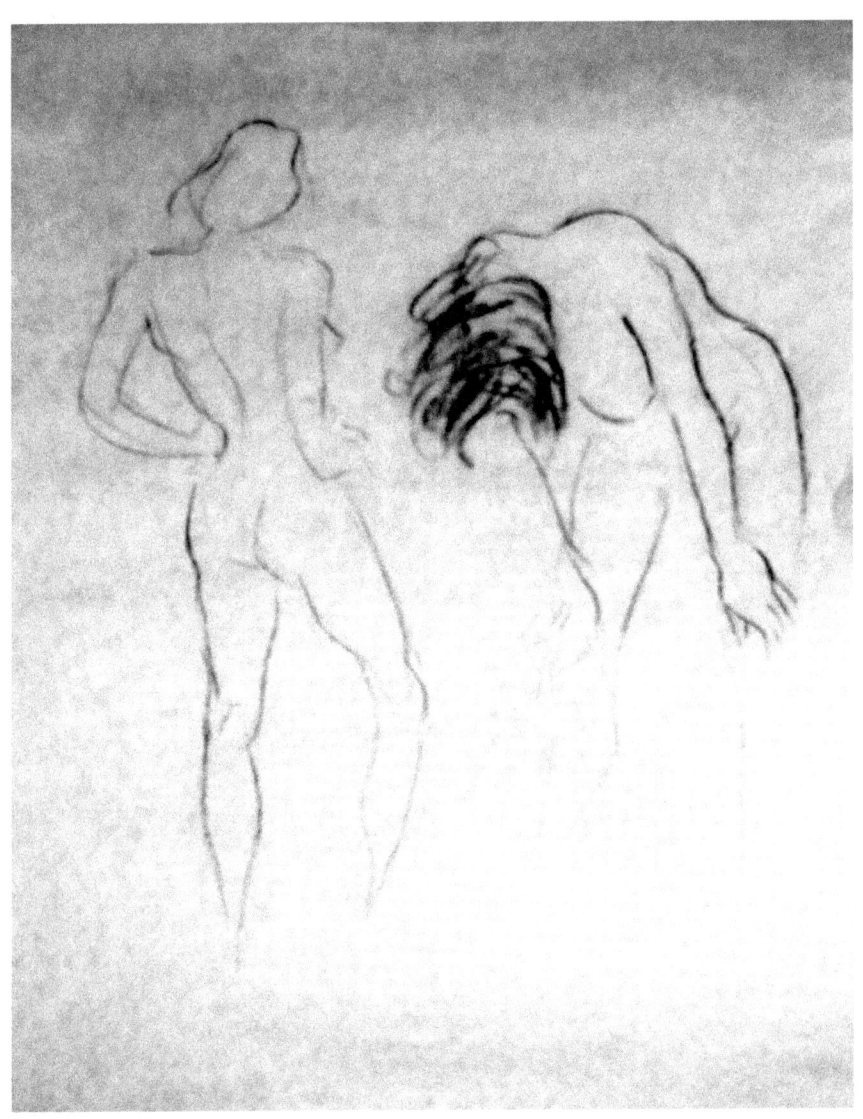

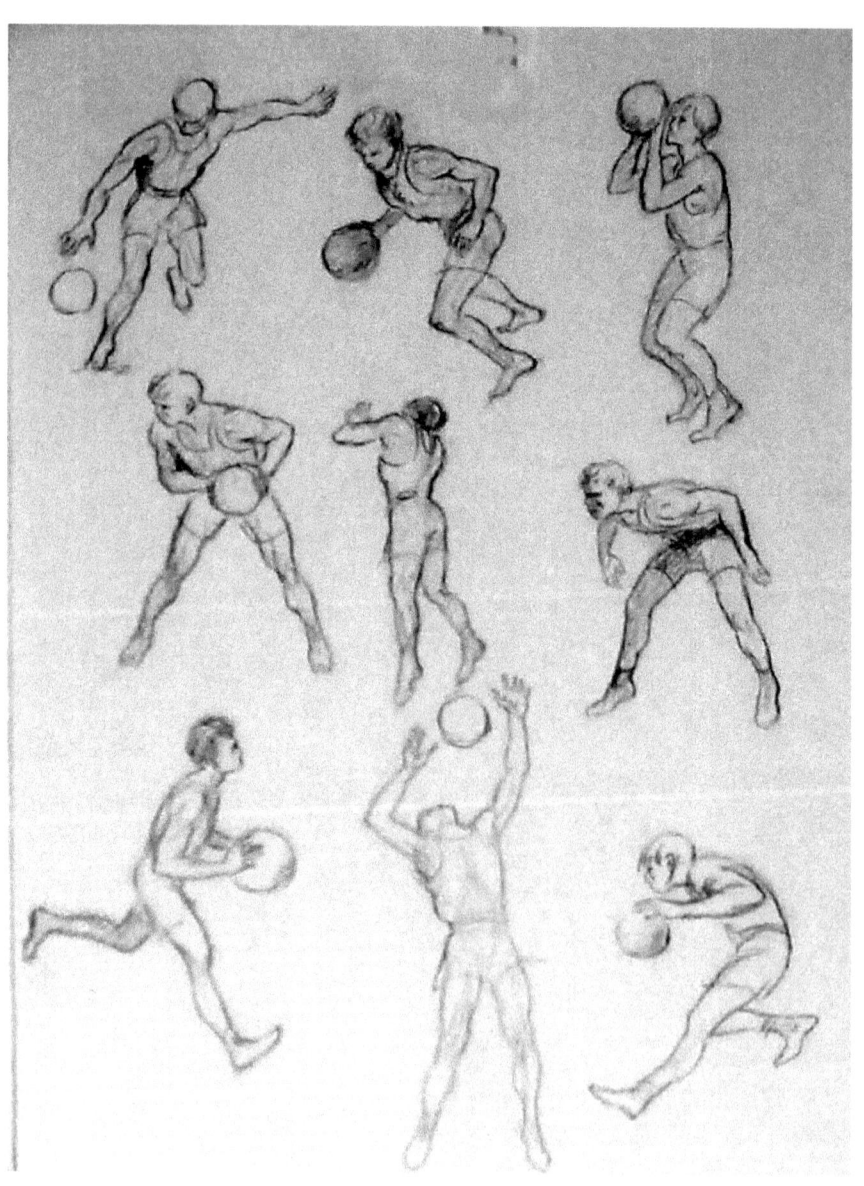

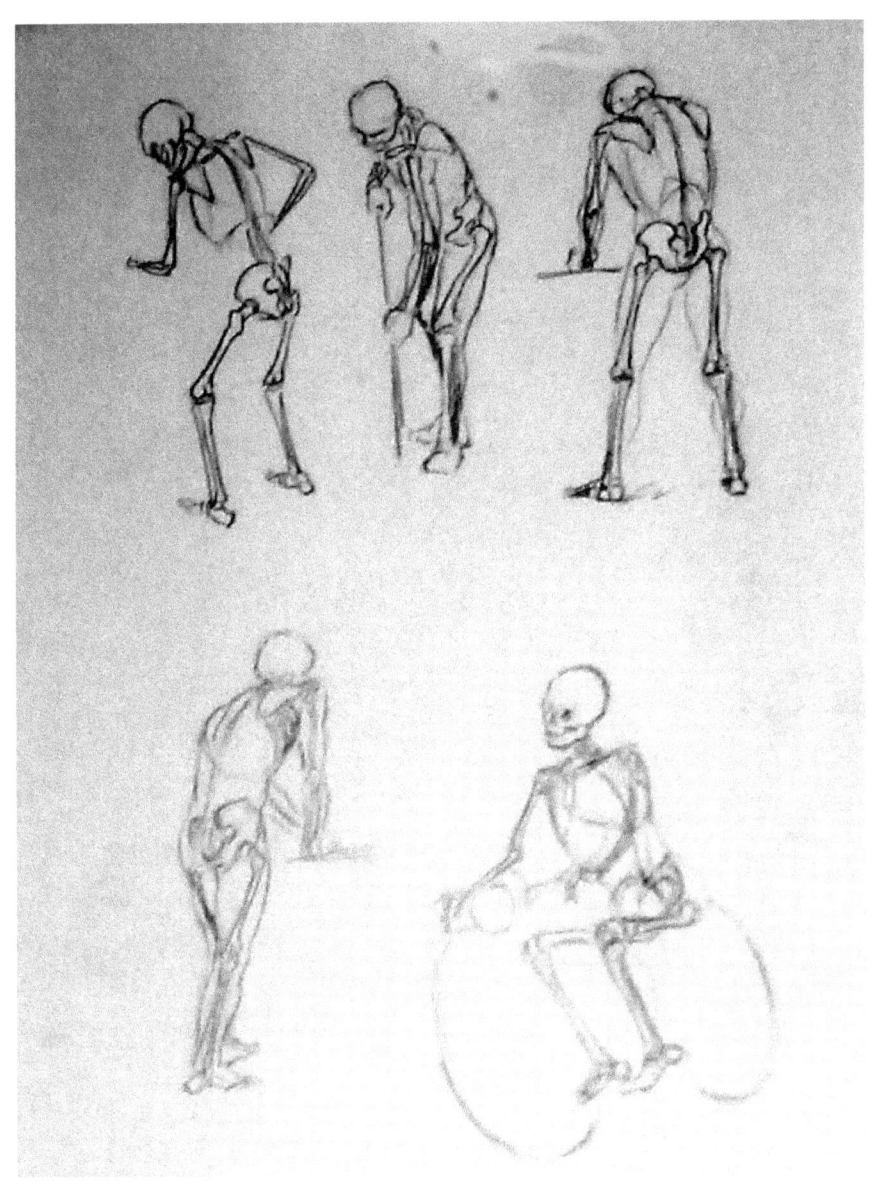

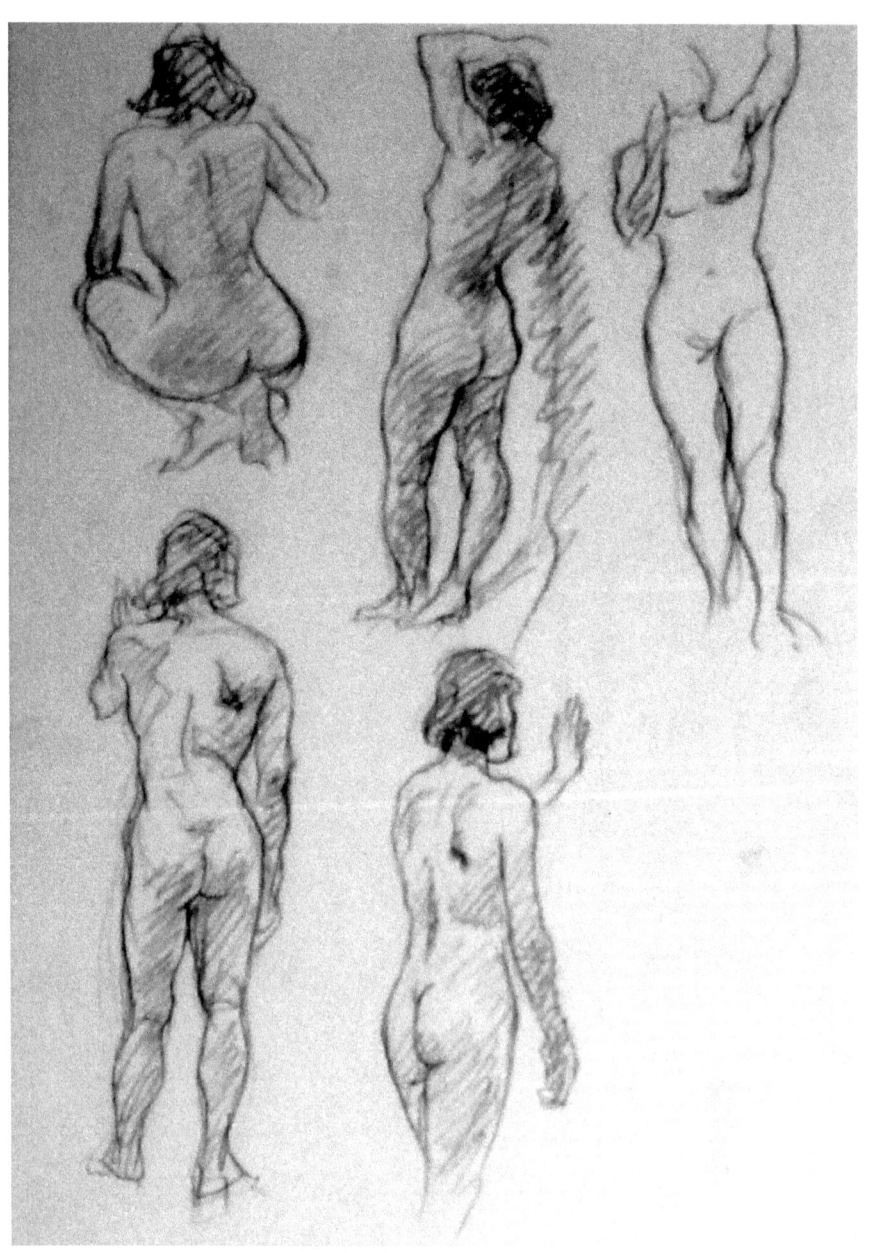

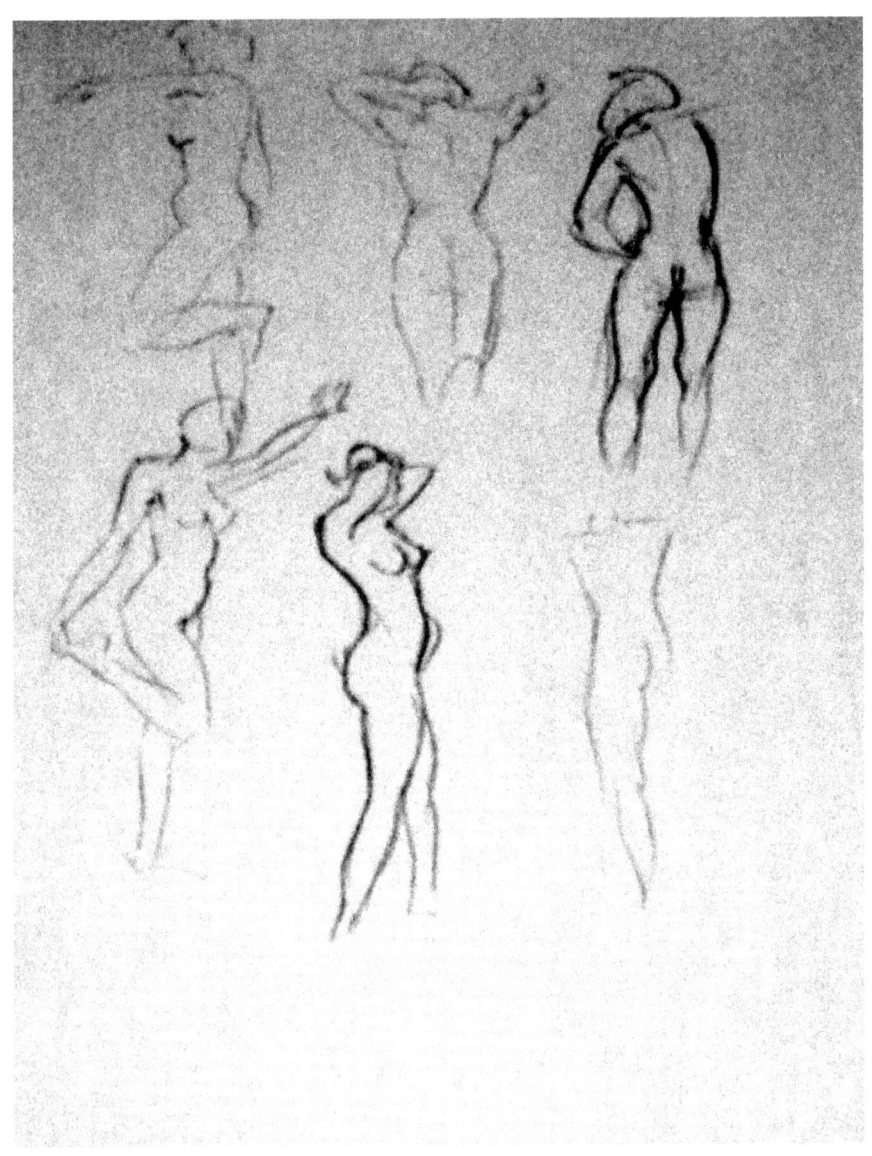

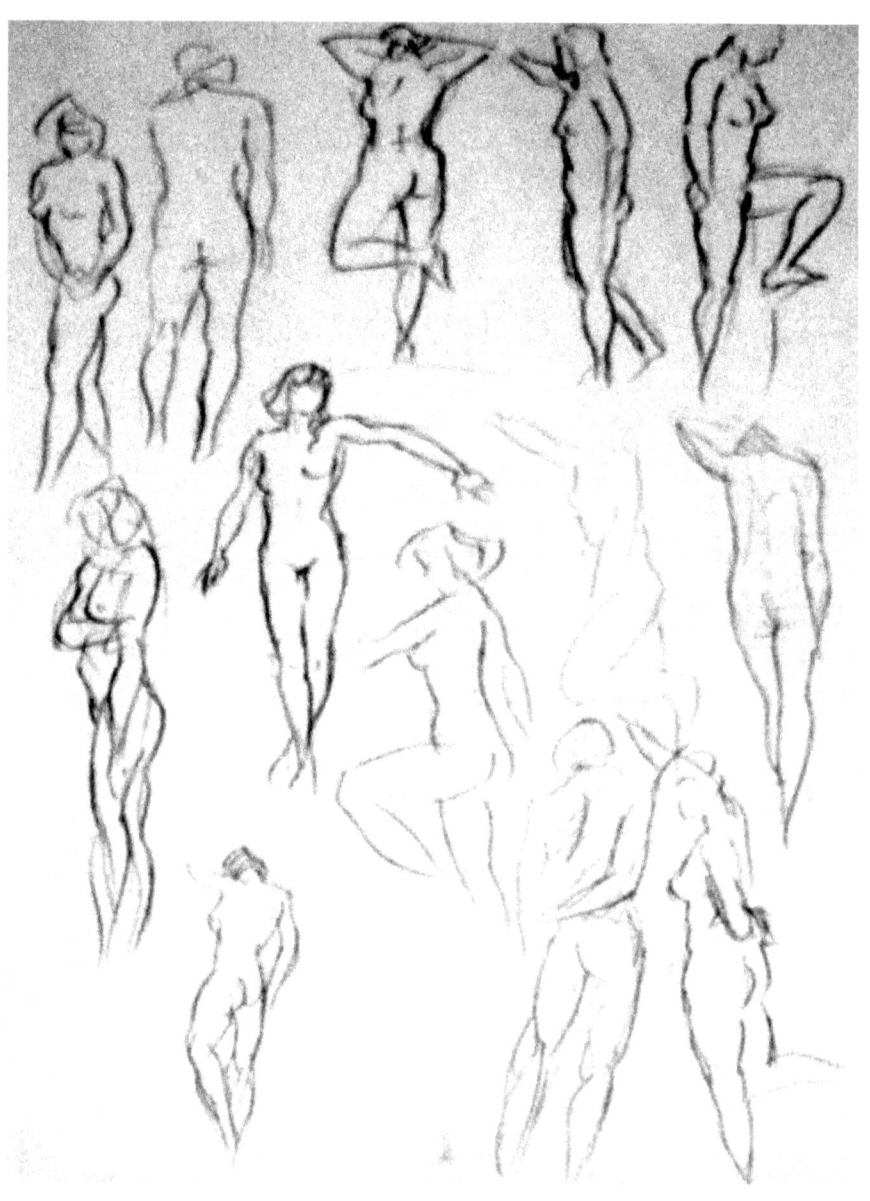

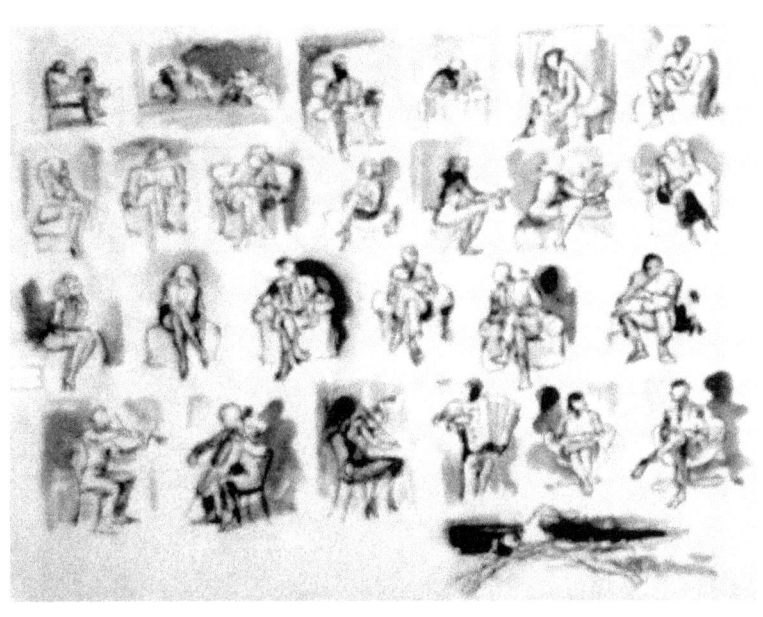

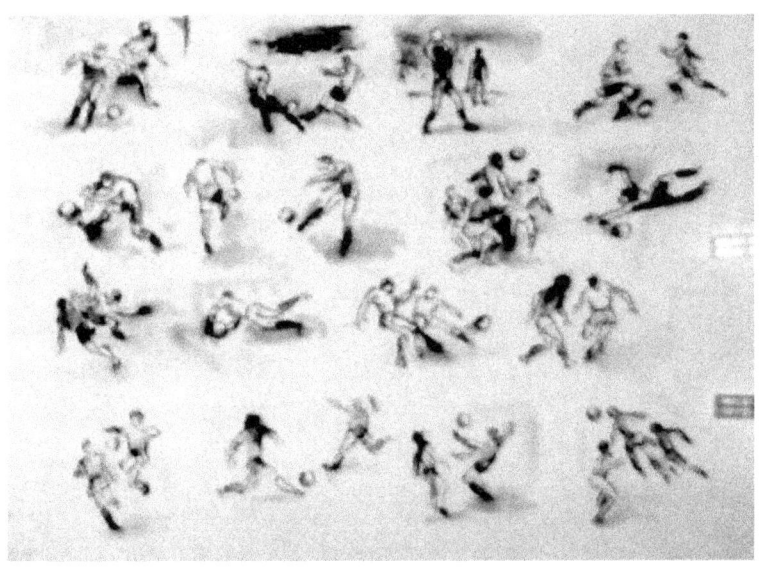

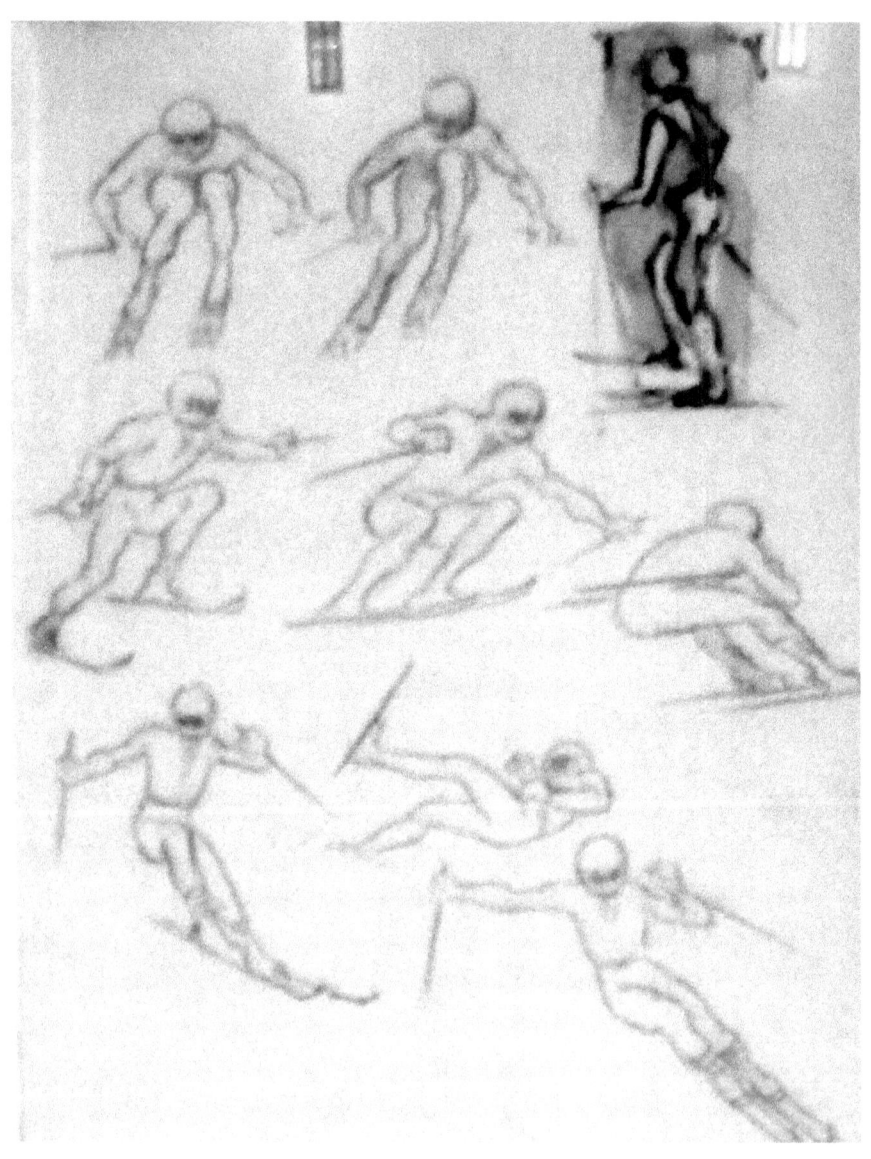

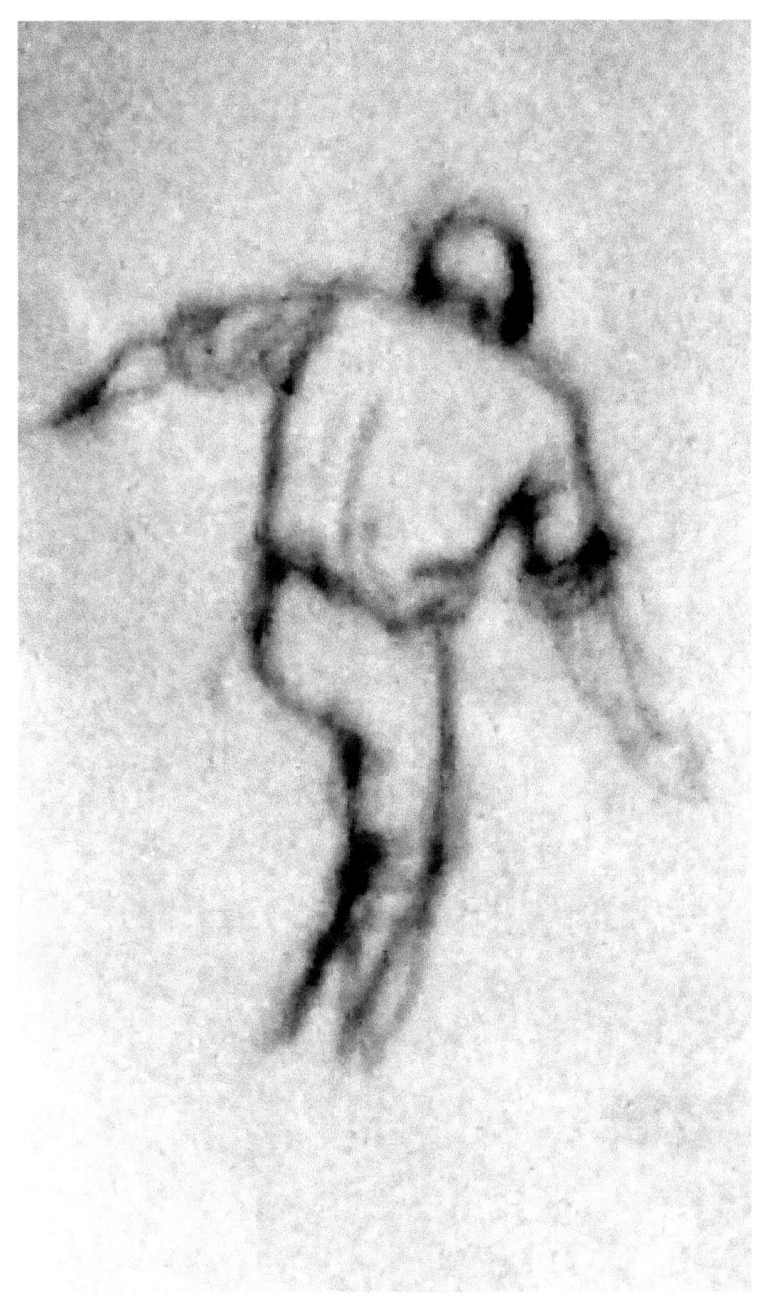

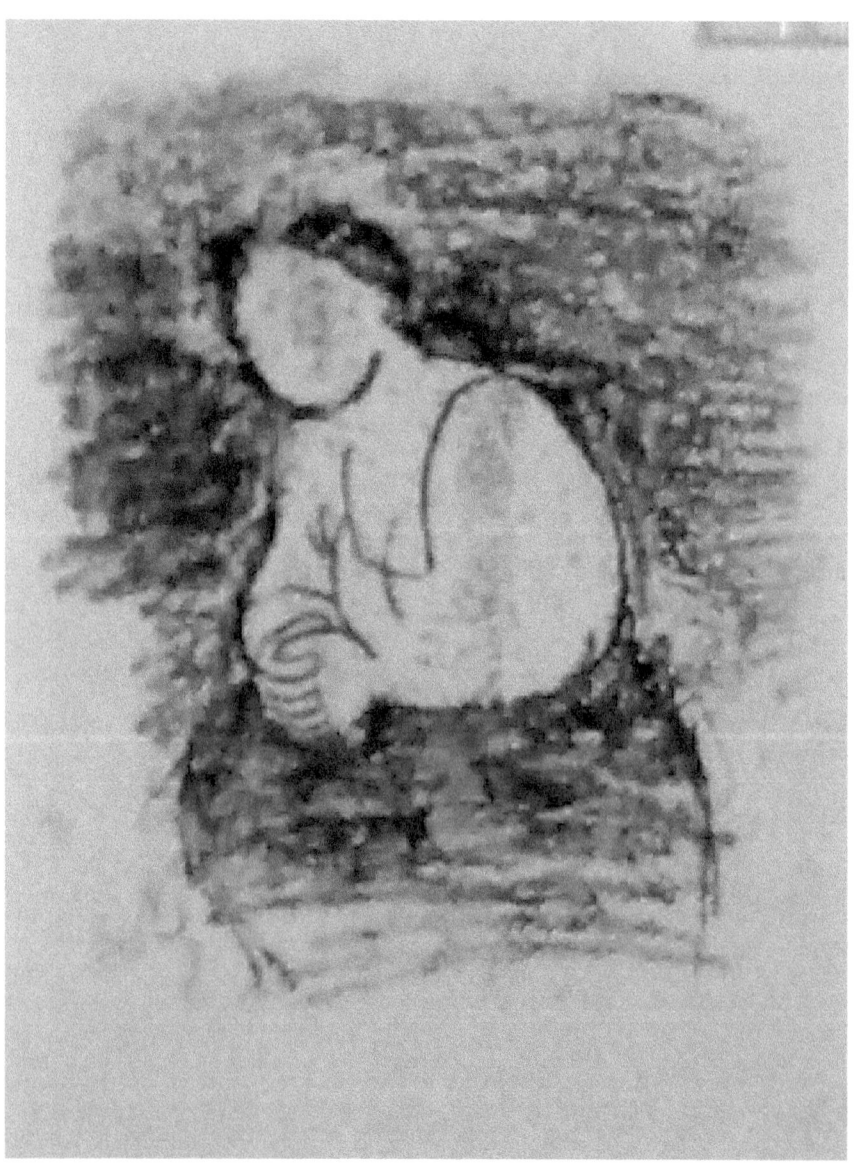

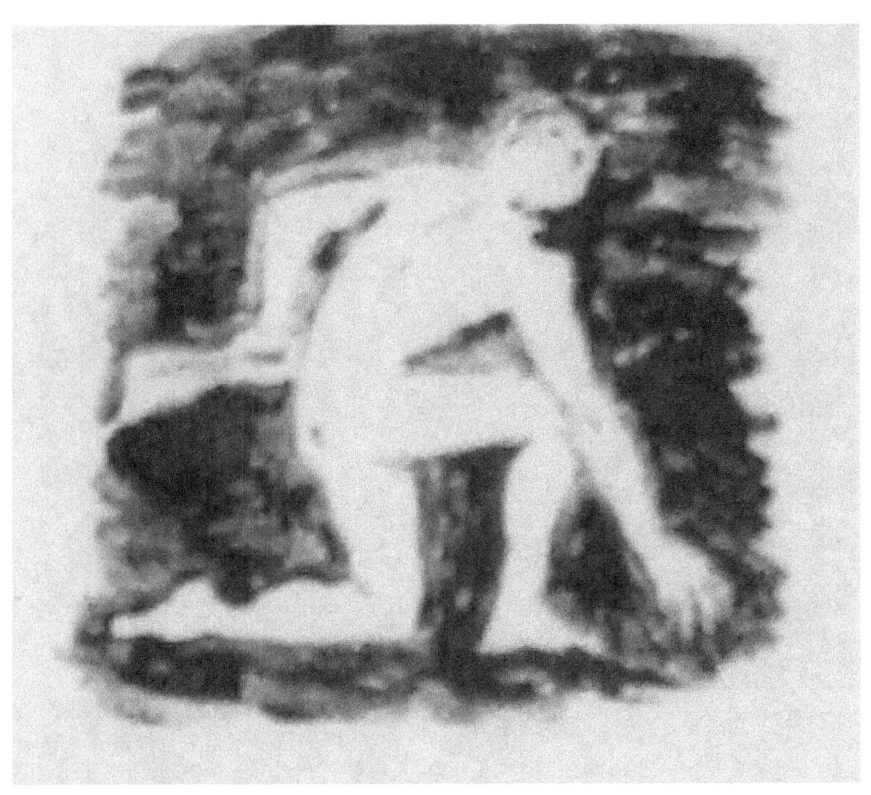

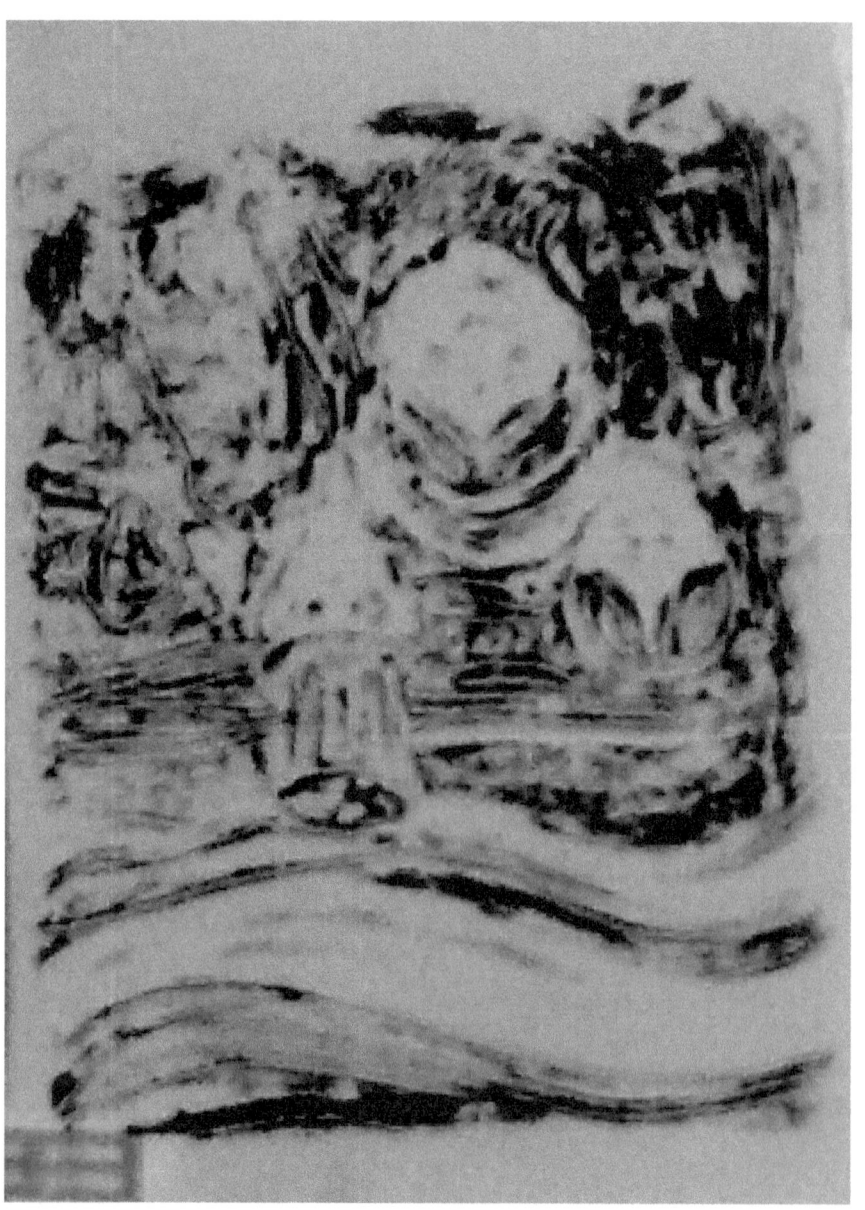

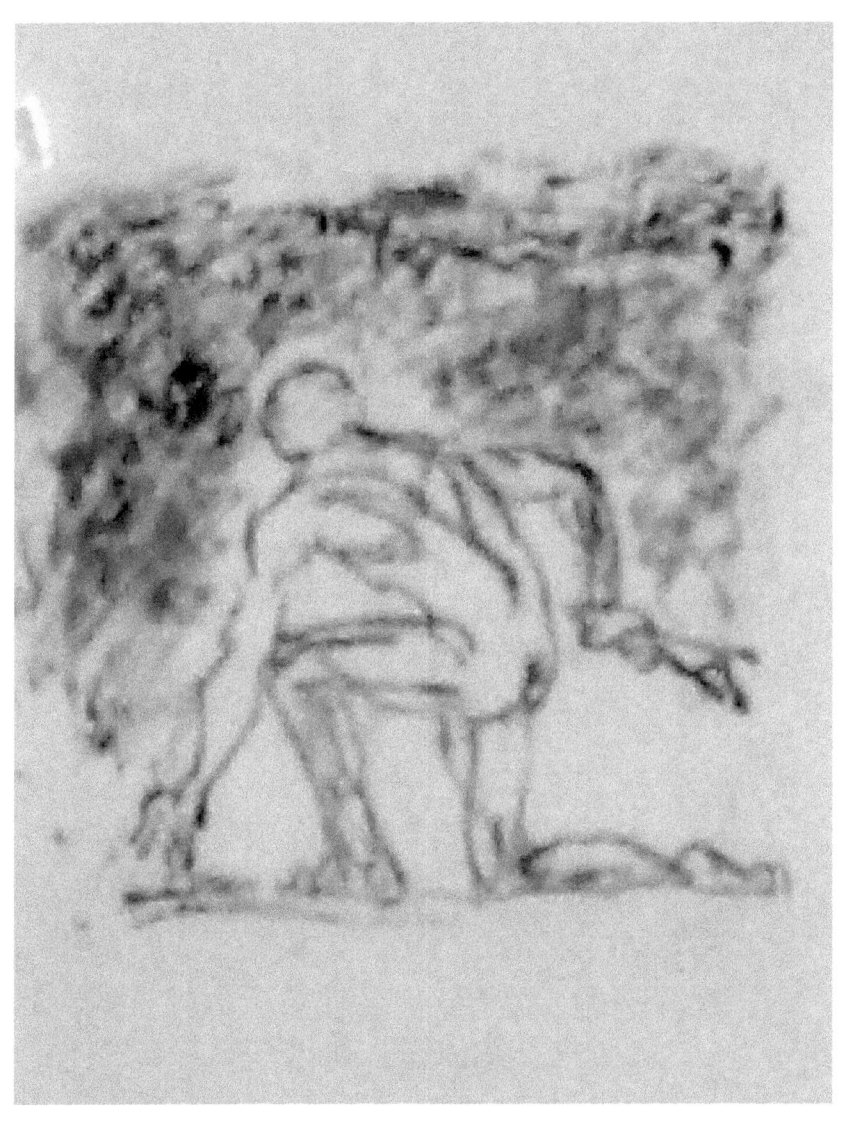

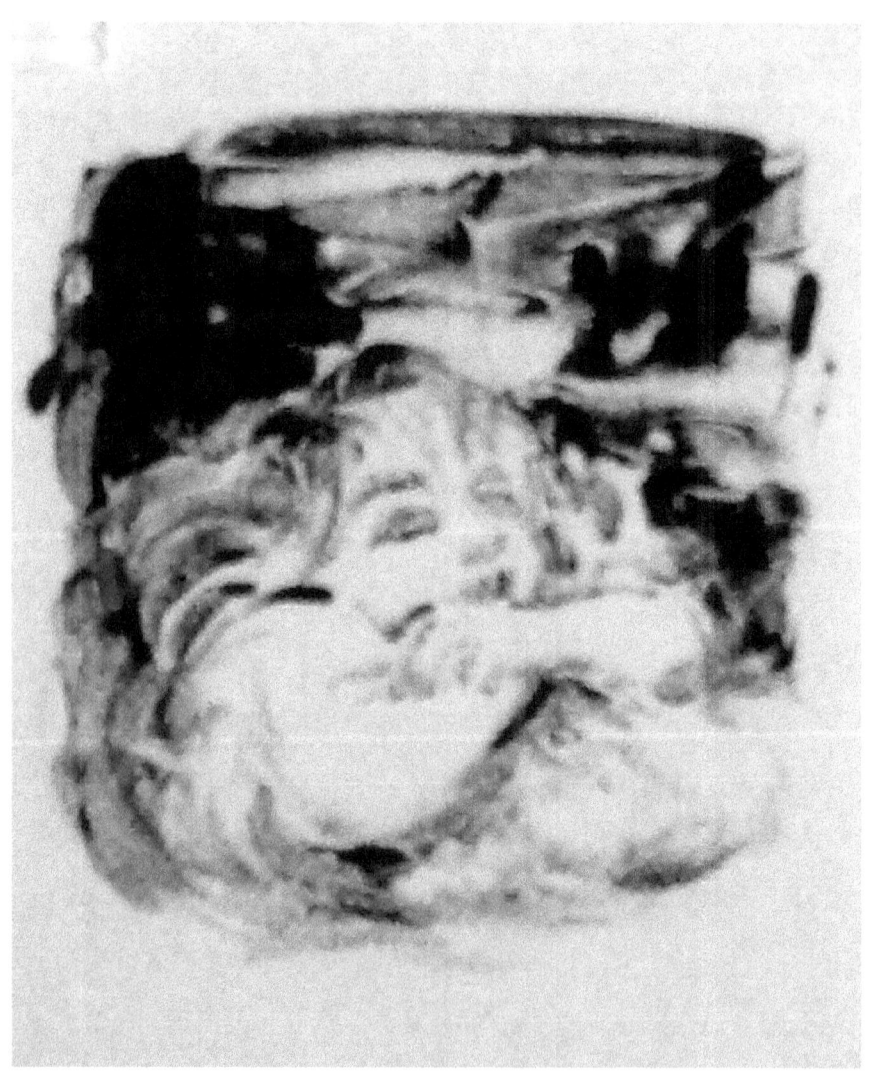

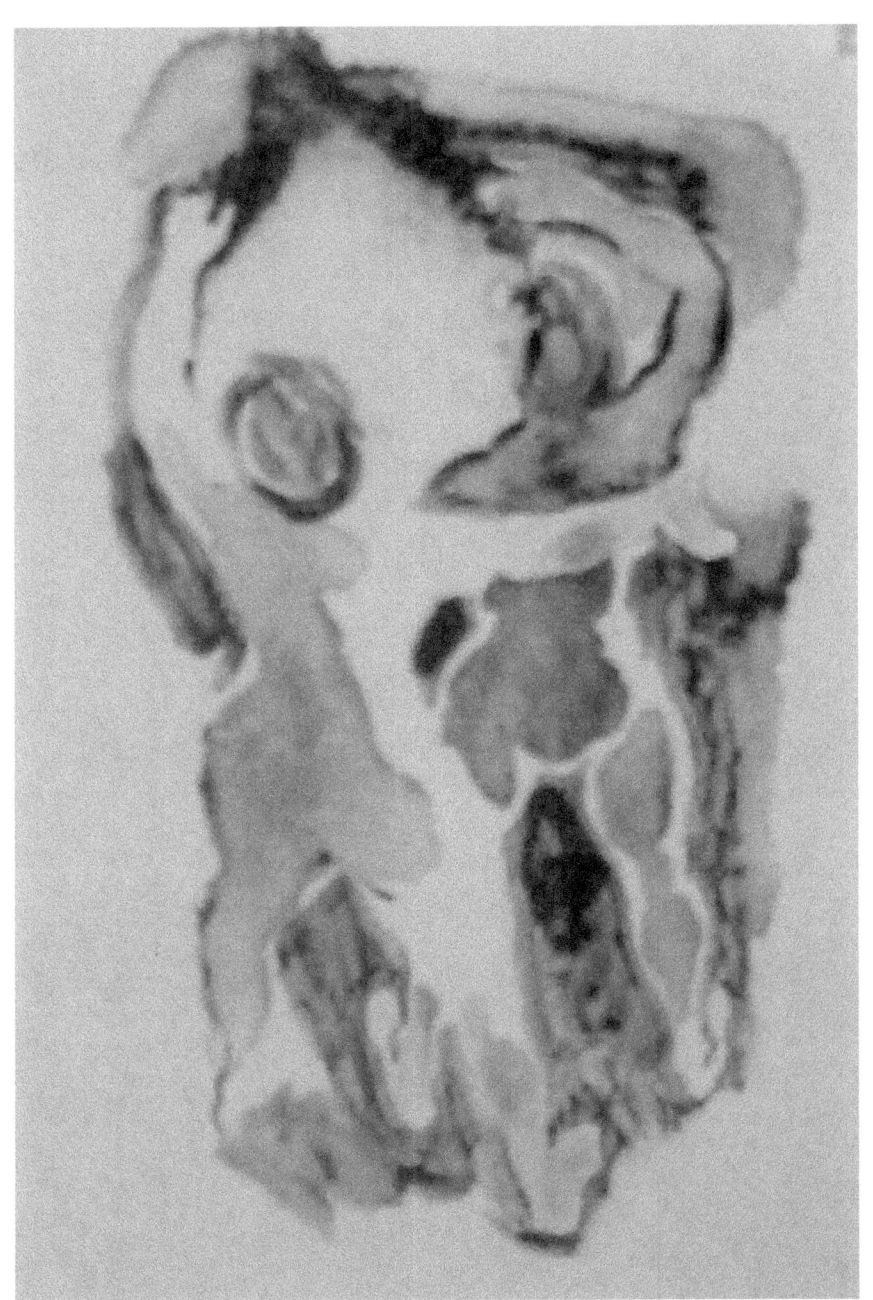

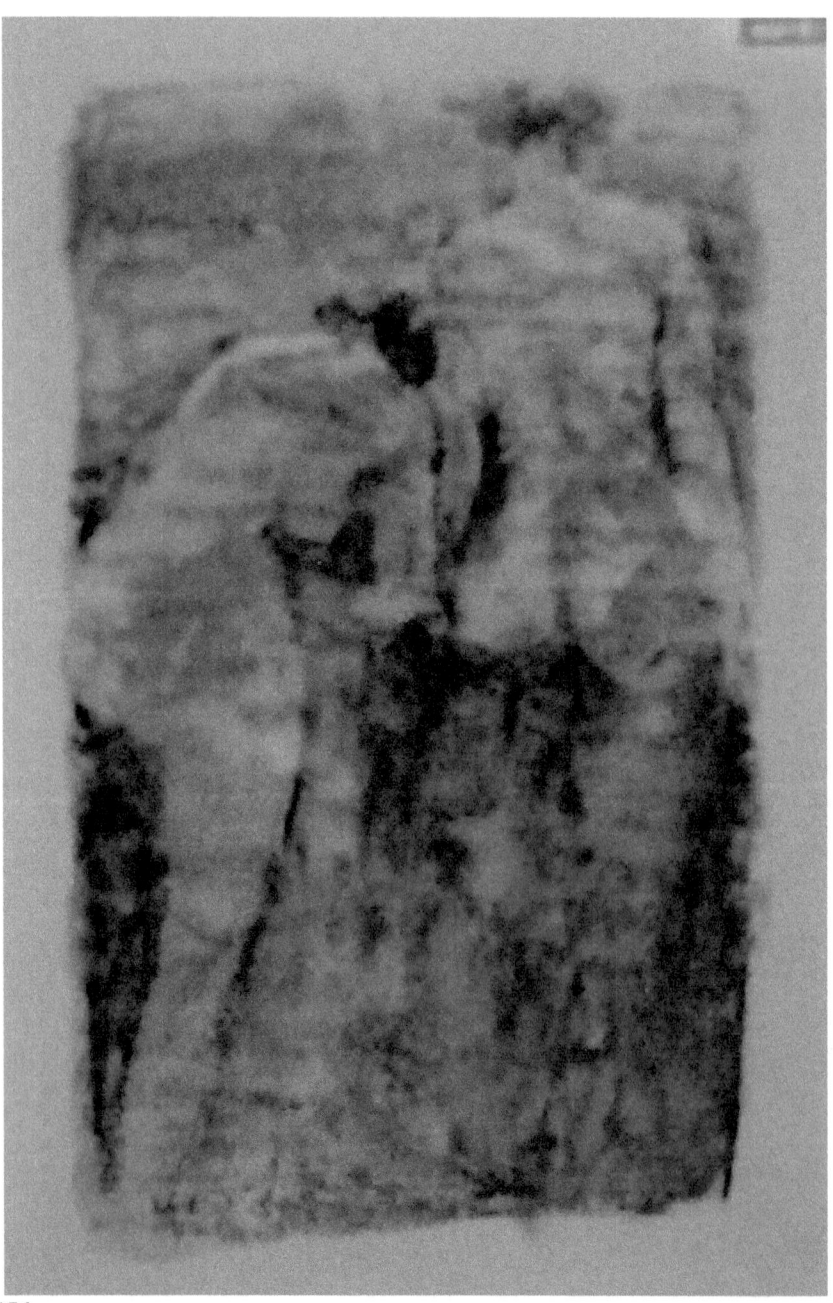

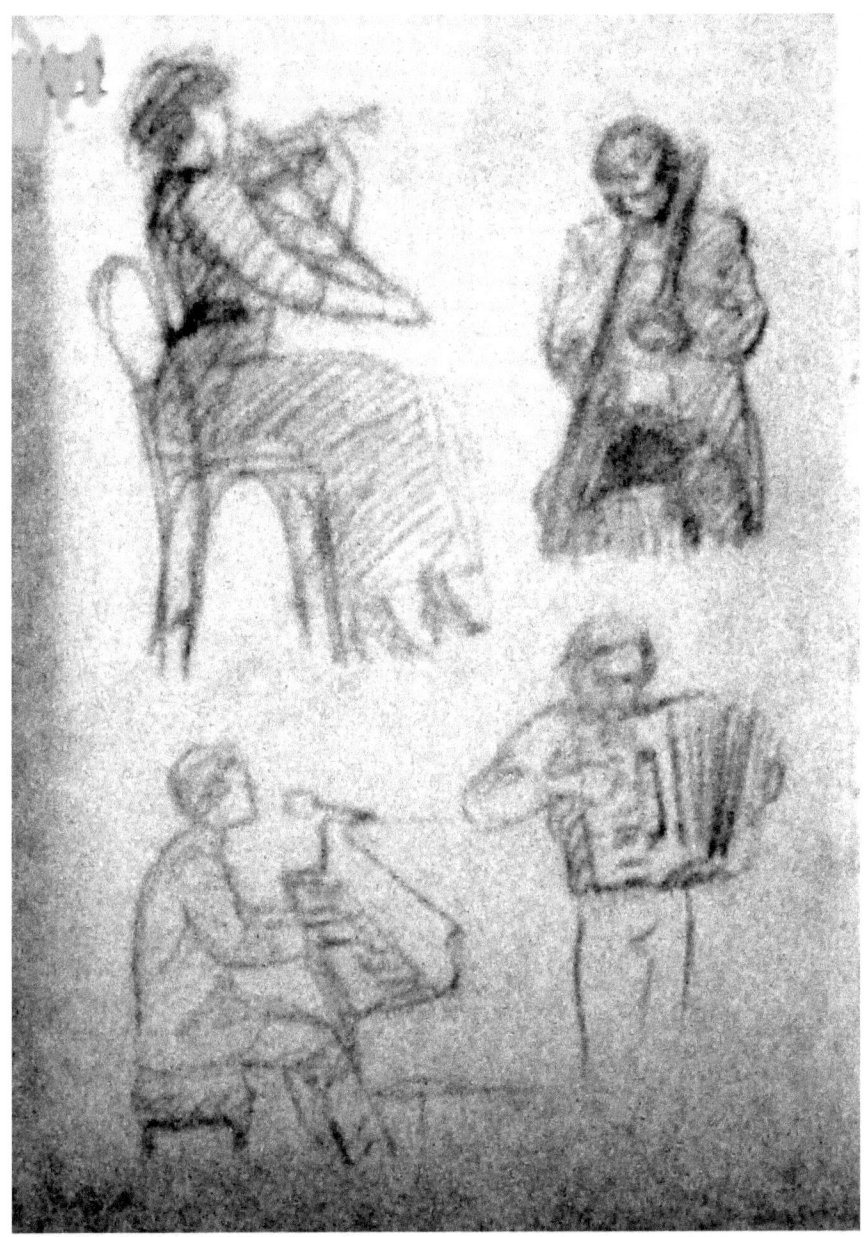

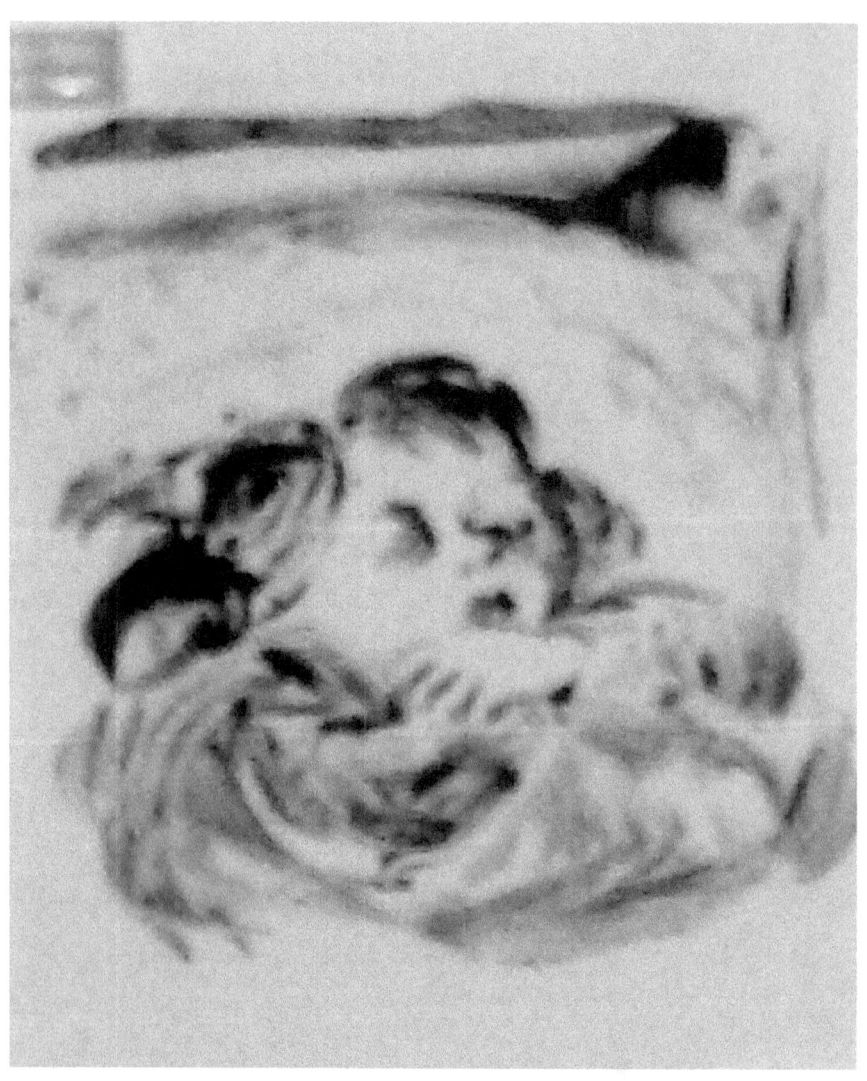

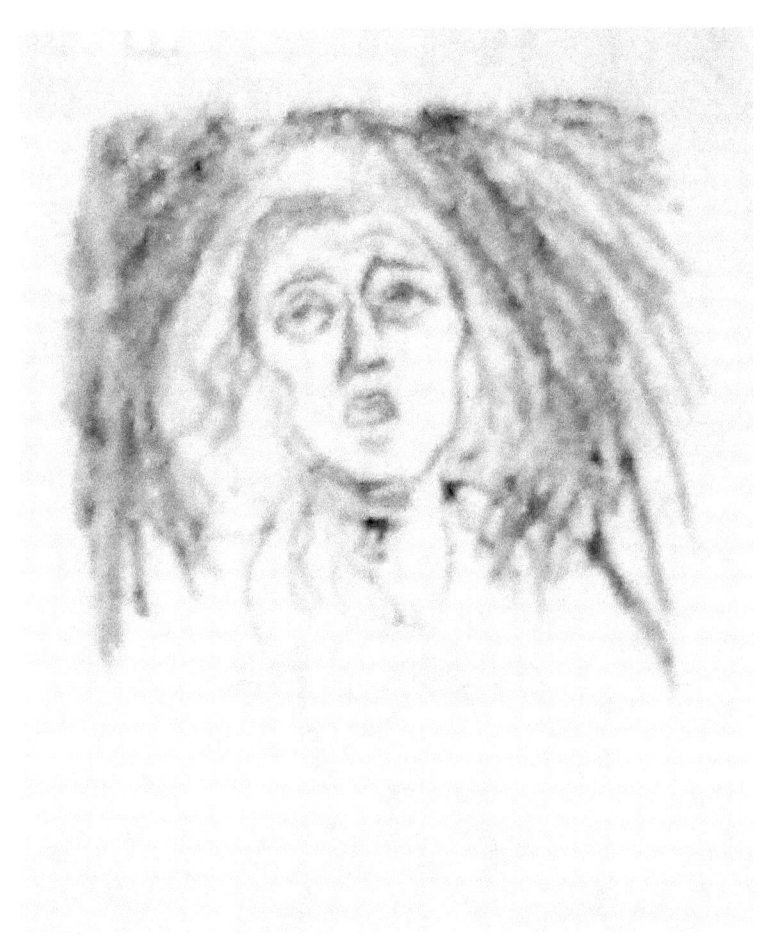

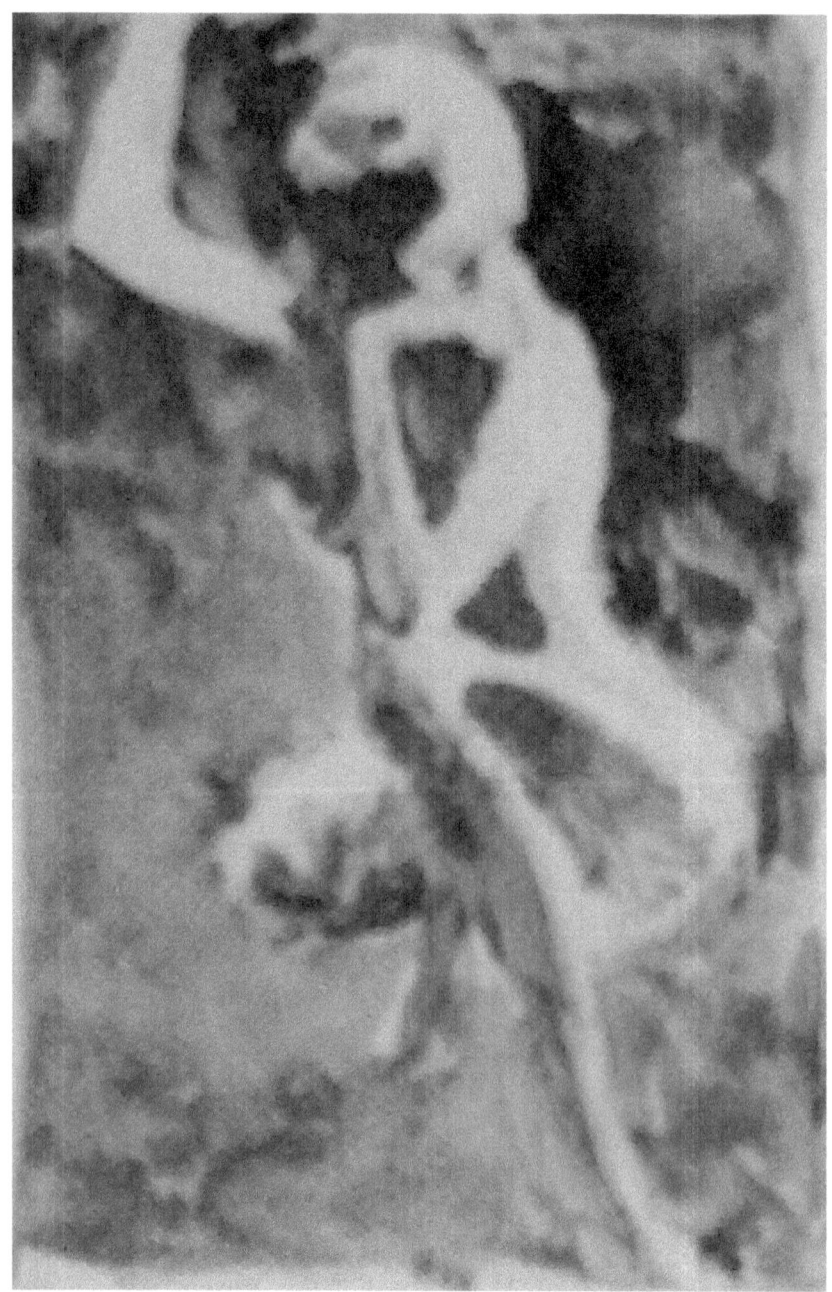

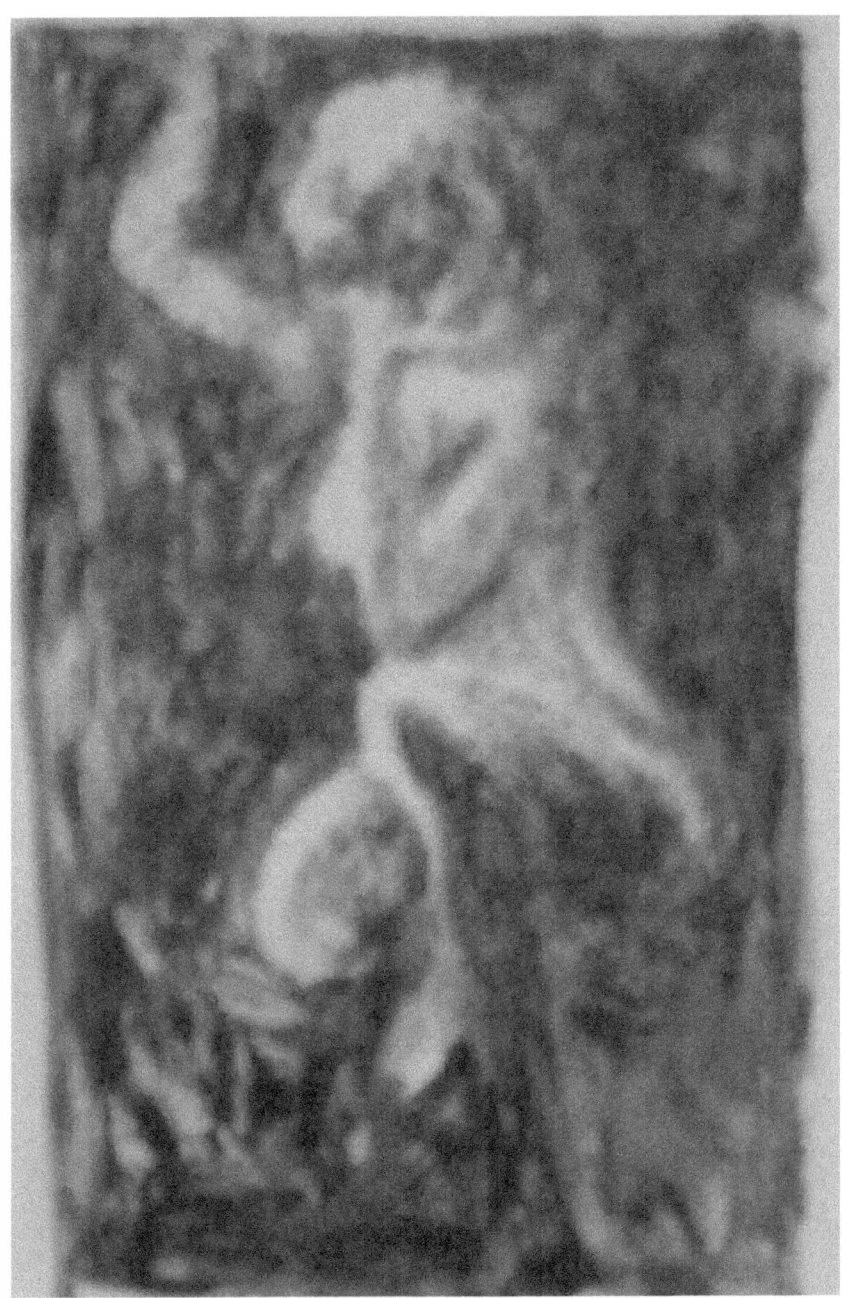

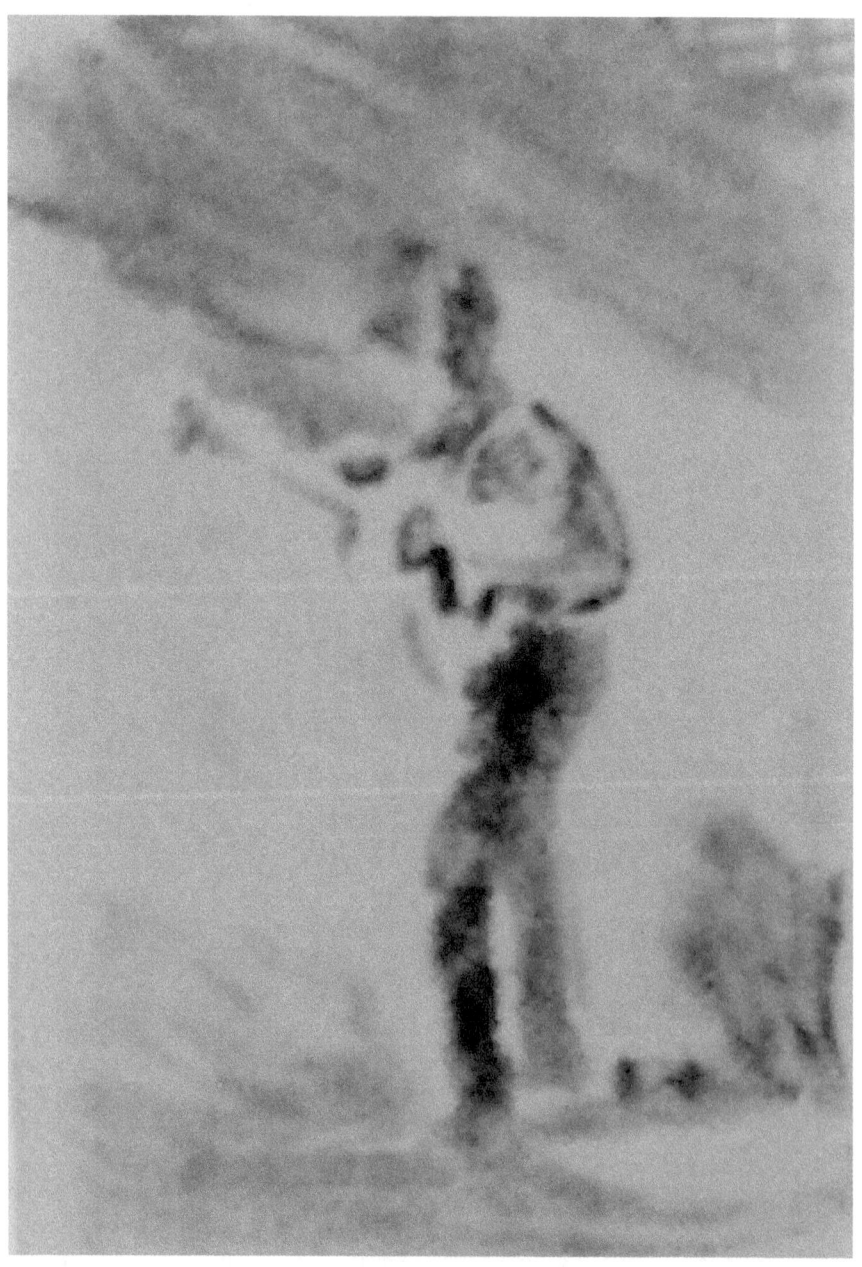

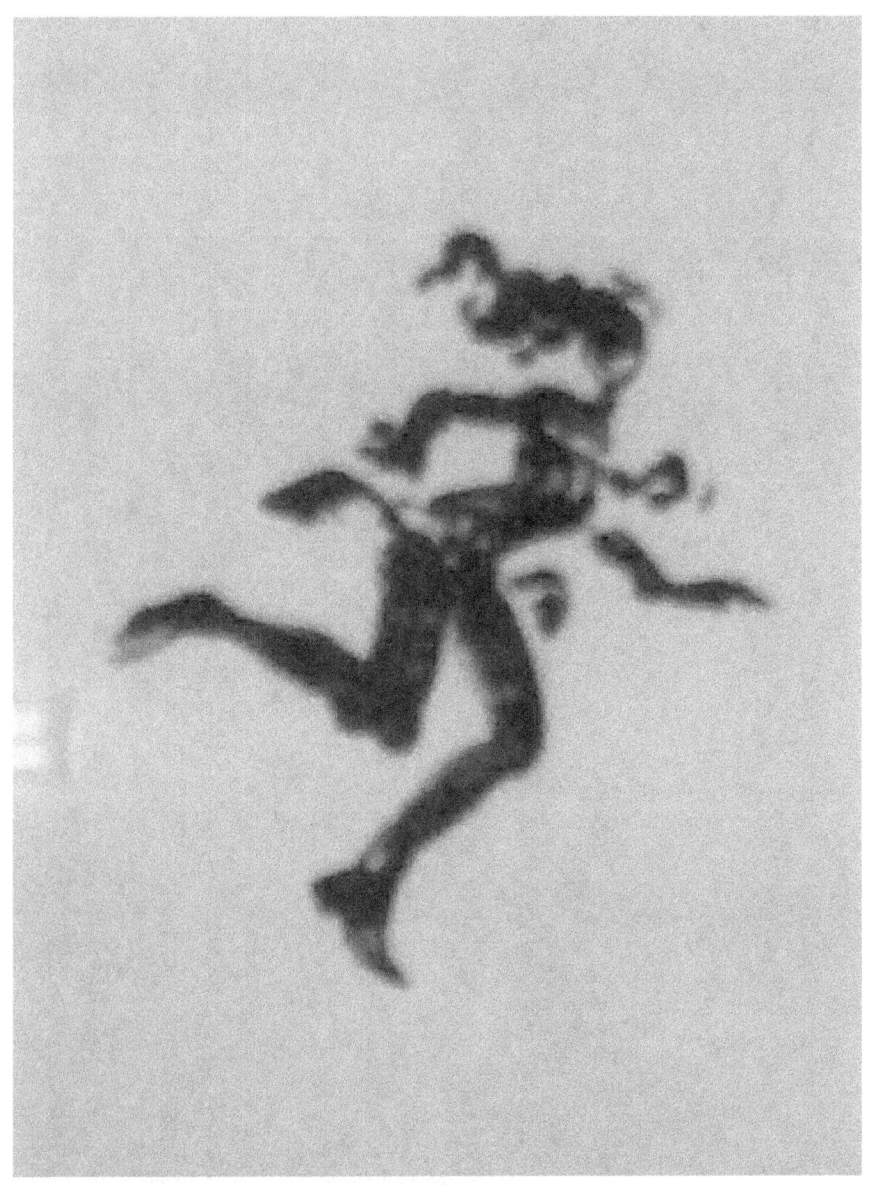

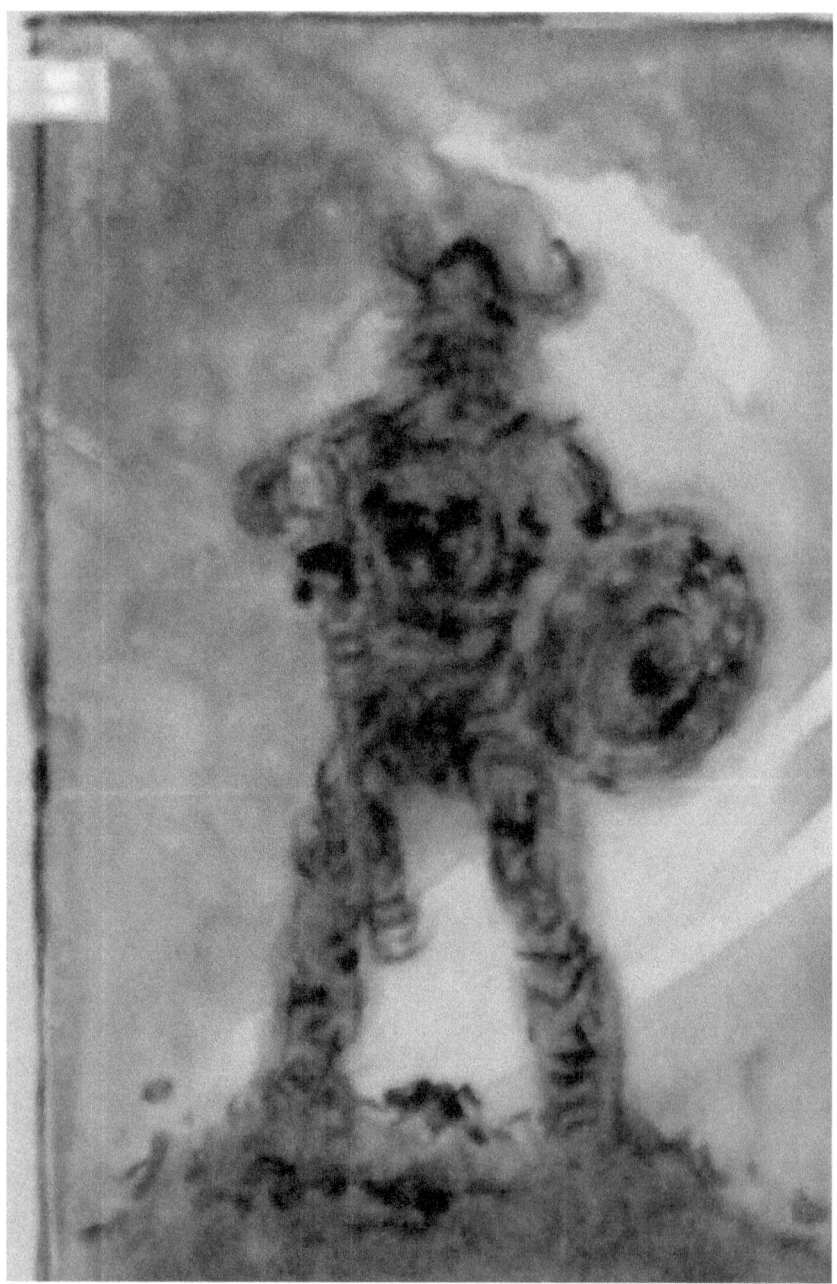

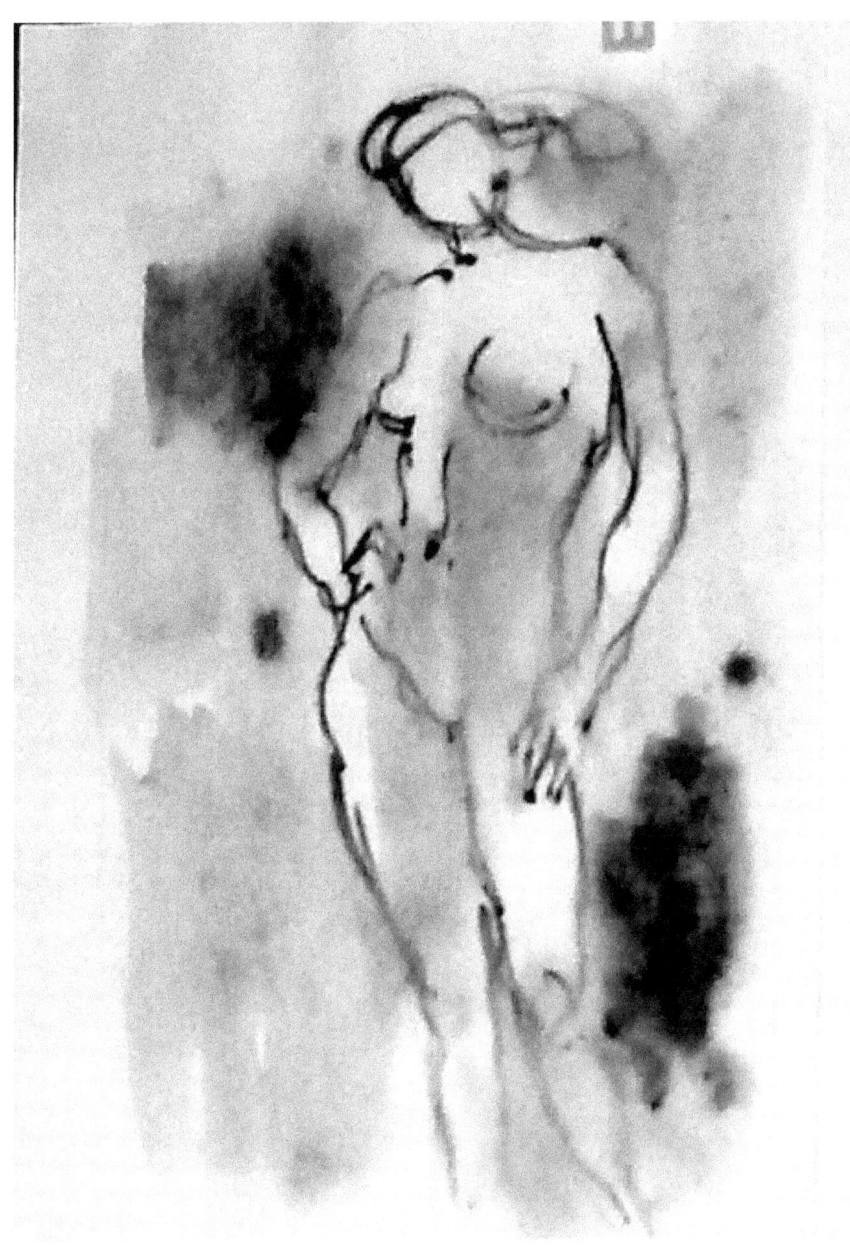

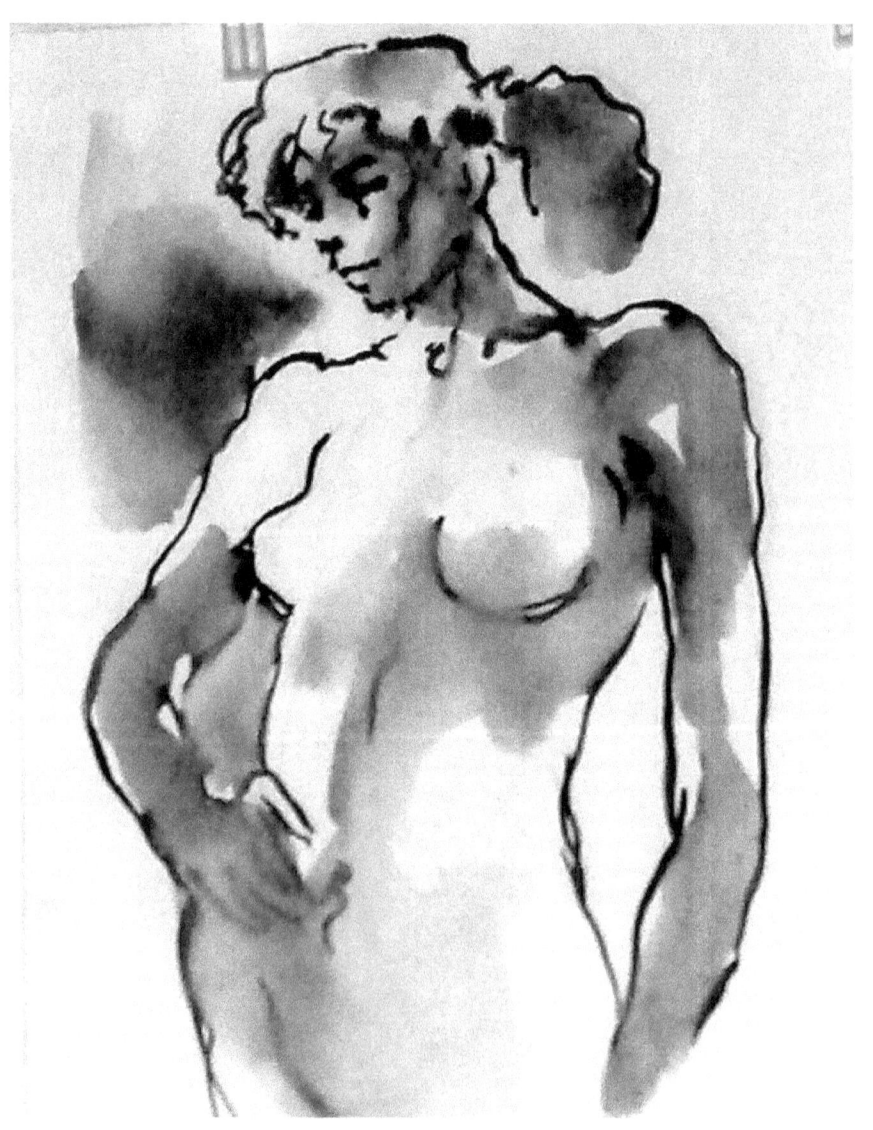

164

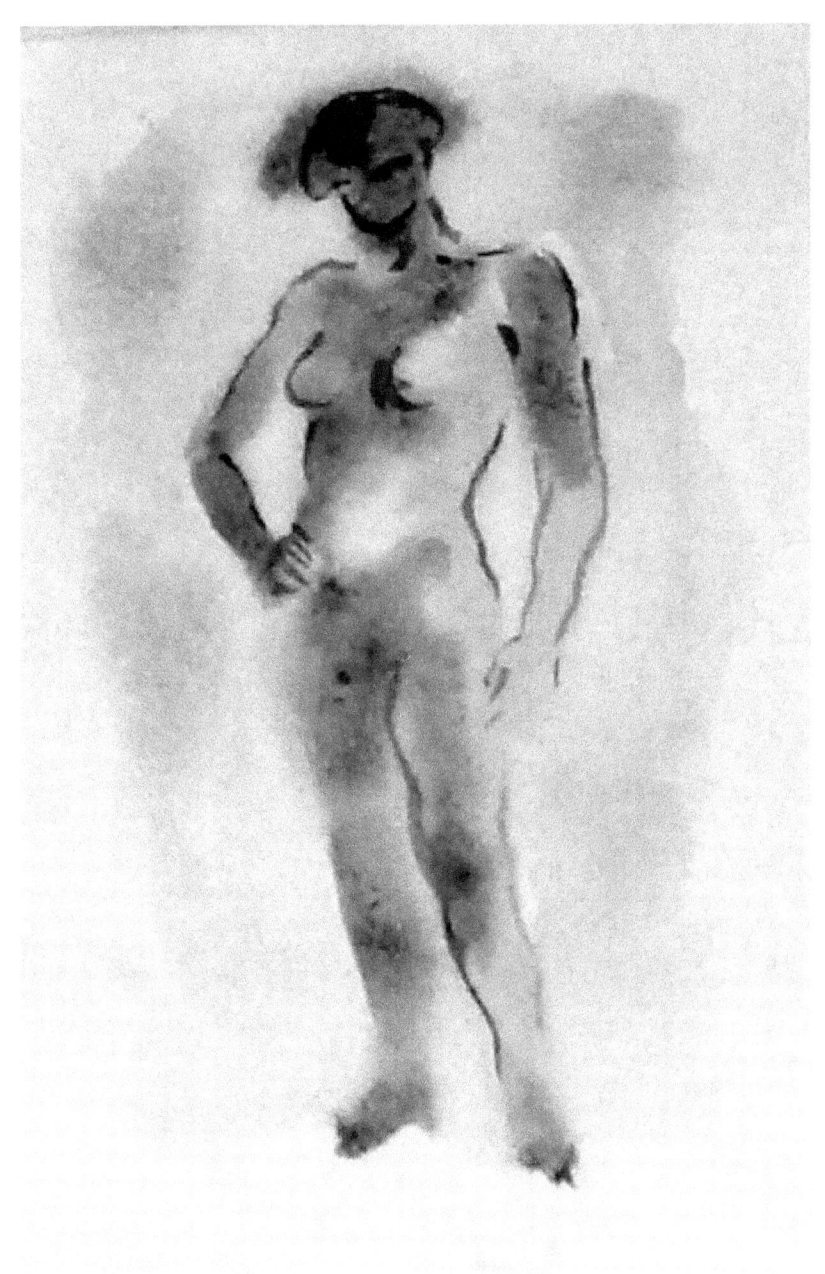

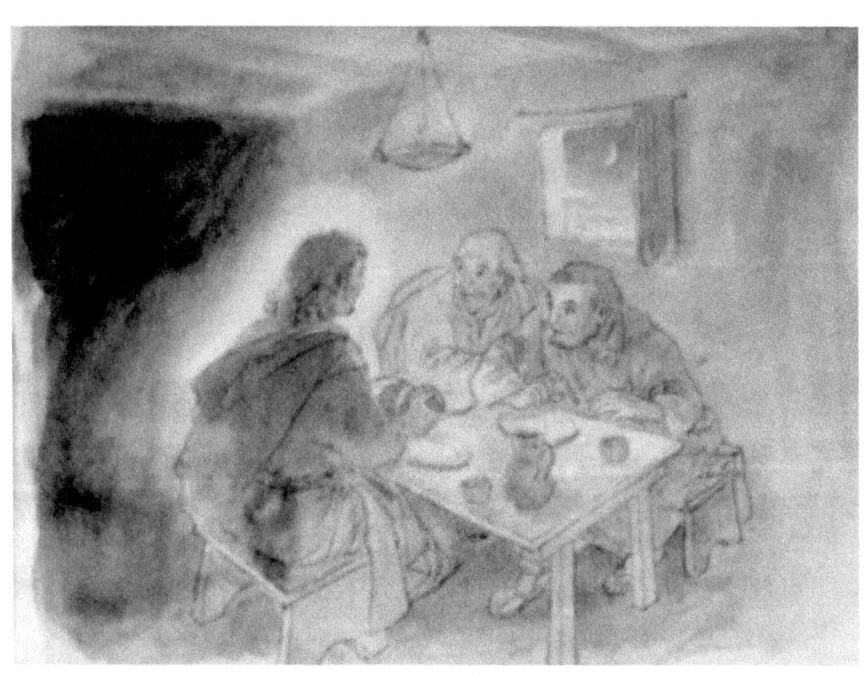

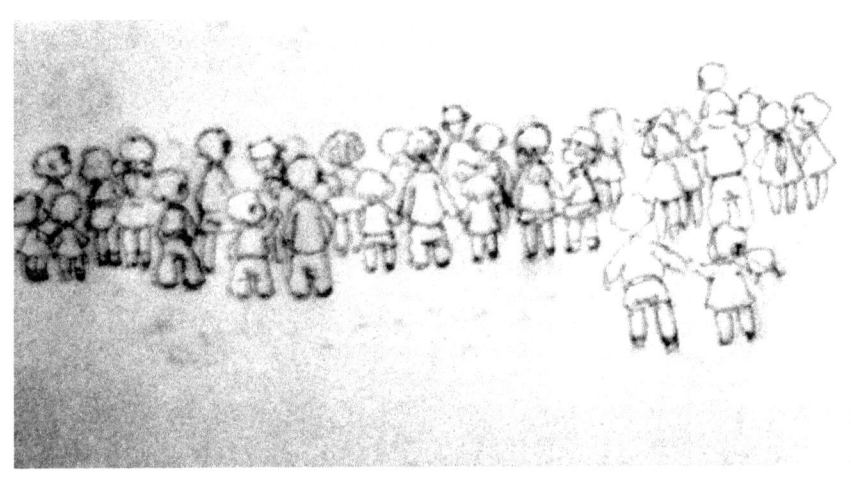

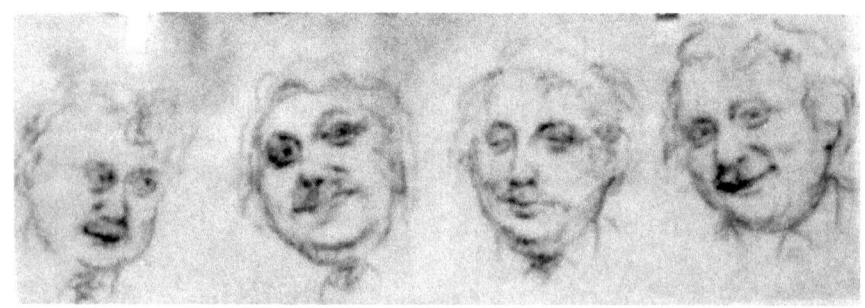

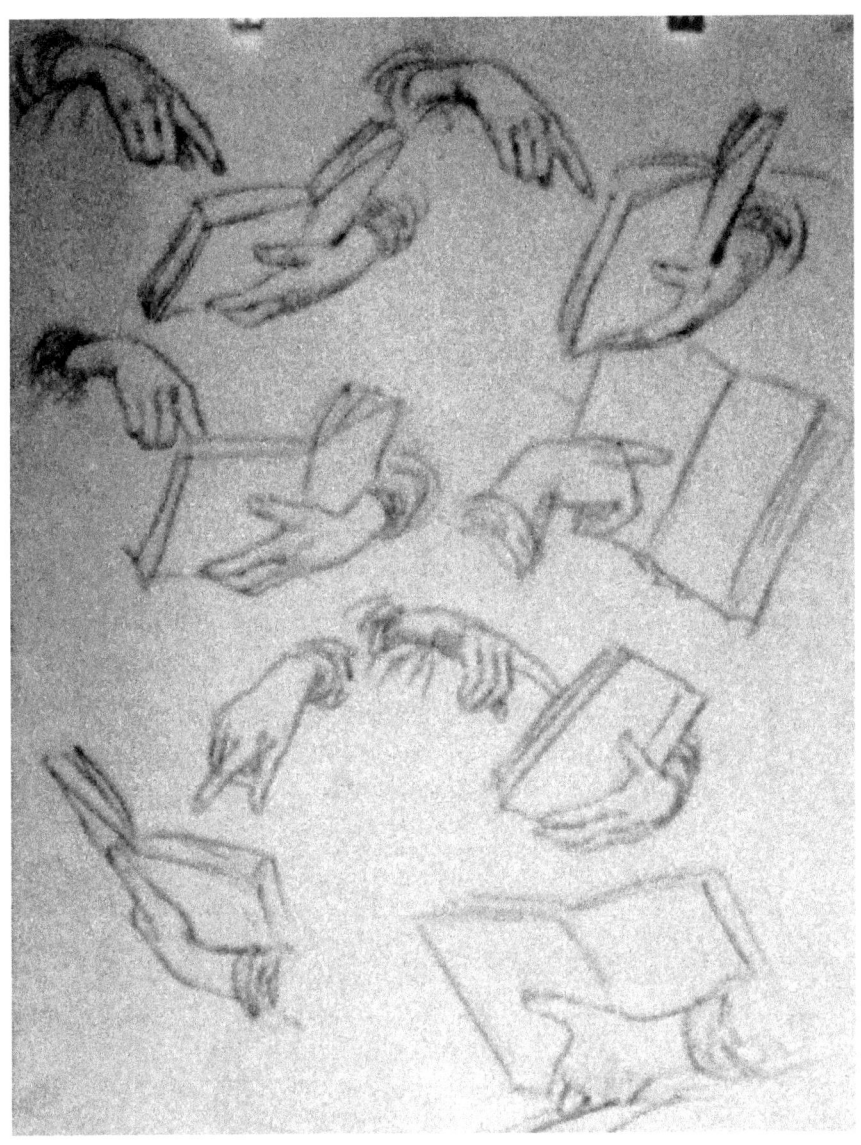

169

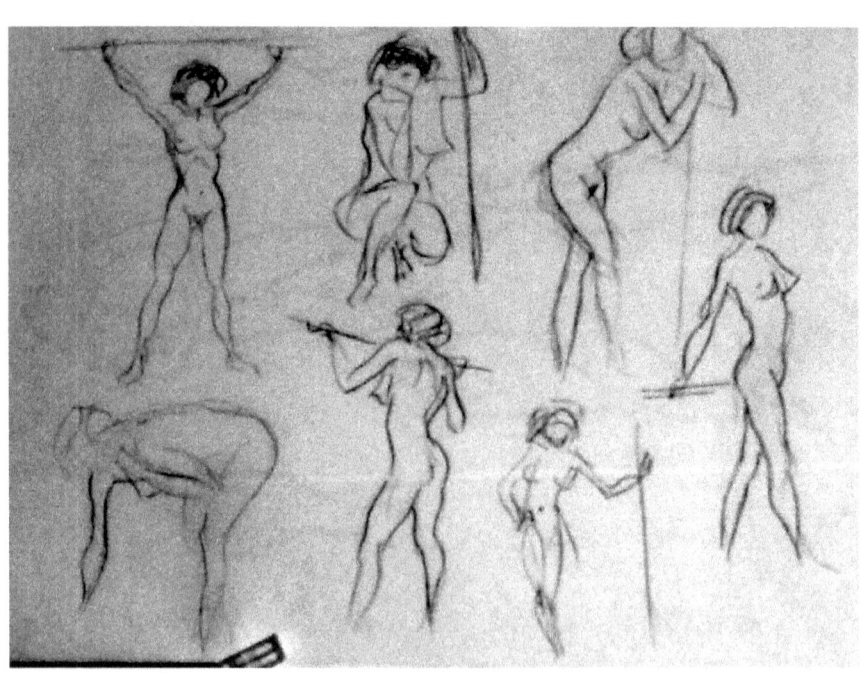

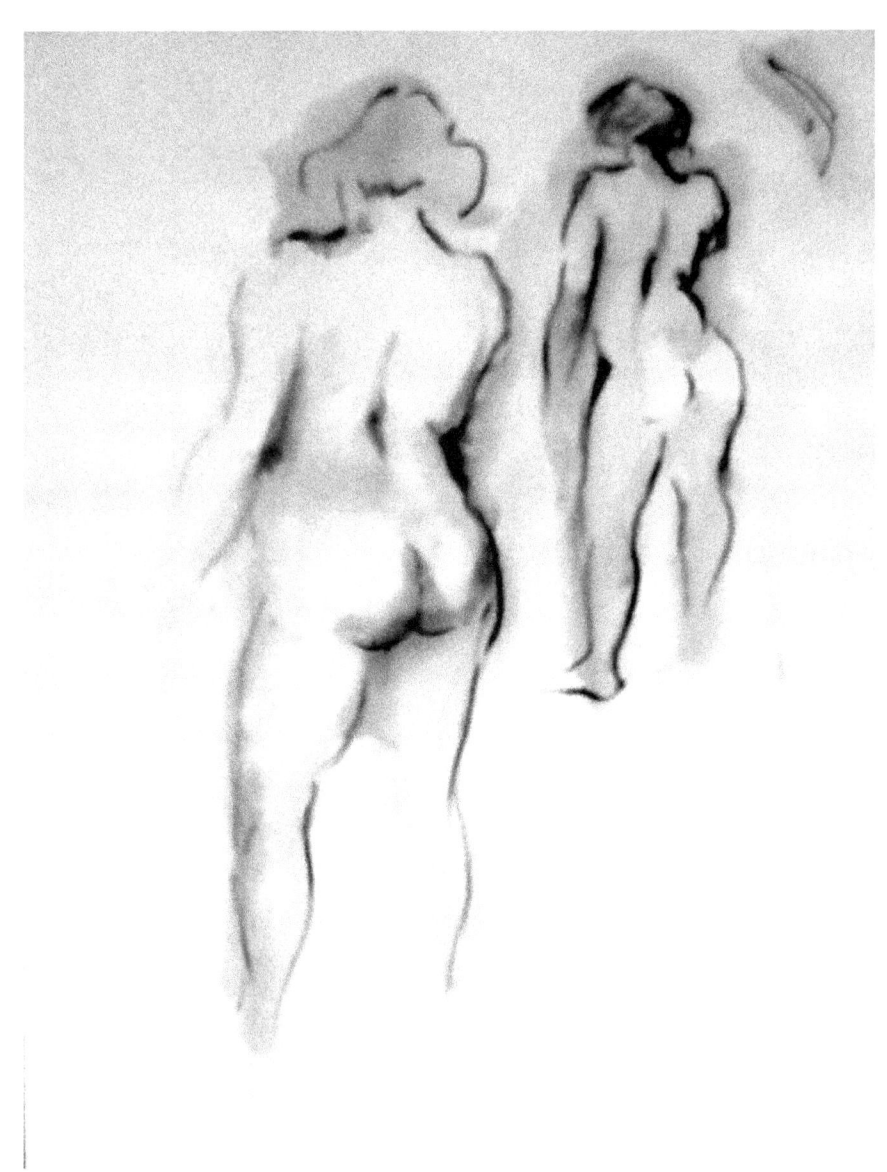

RITRATTI

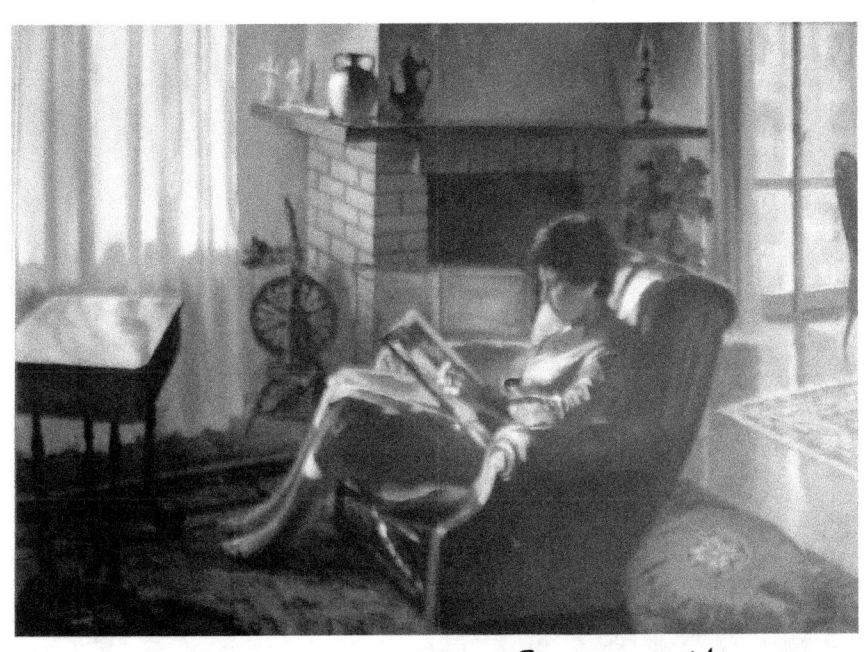

Franca Novajra

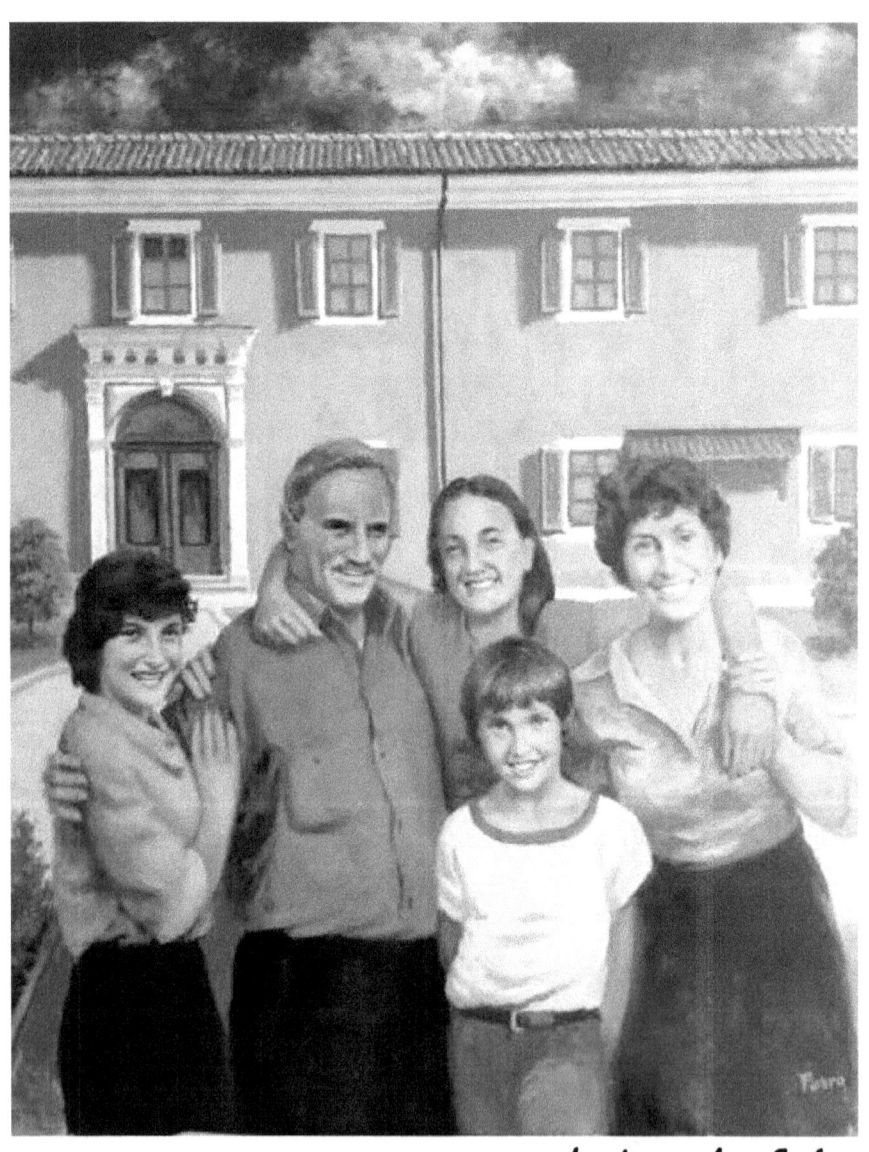

La famiglia Fabro

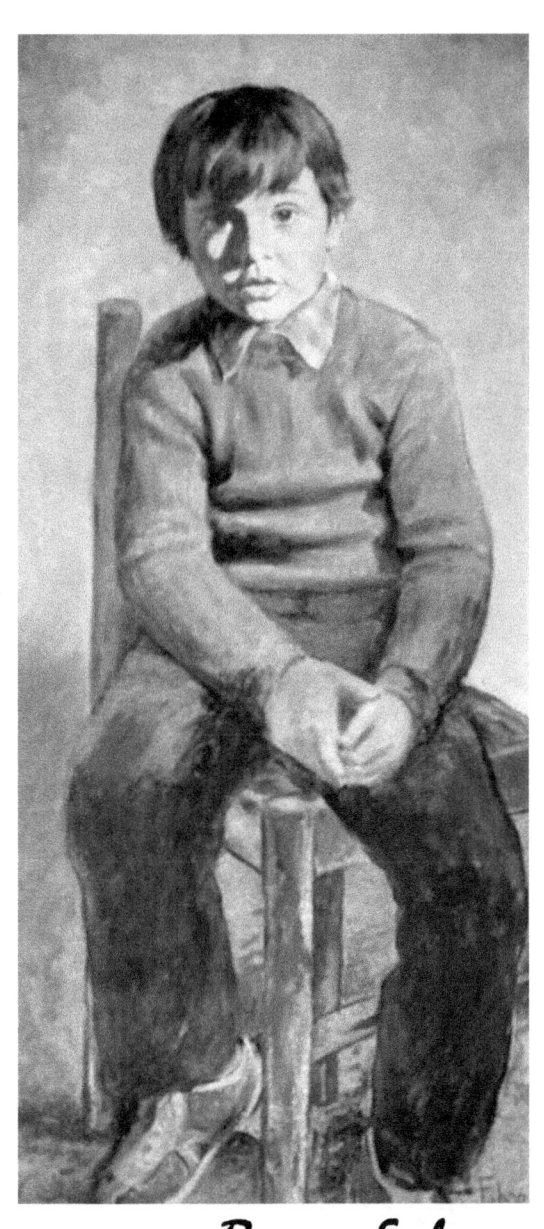

Bruno Fabro

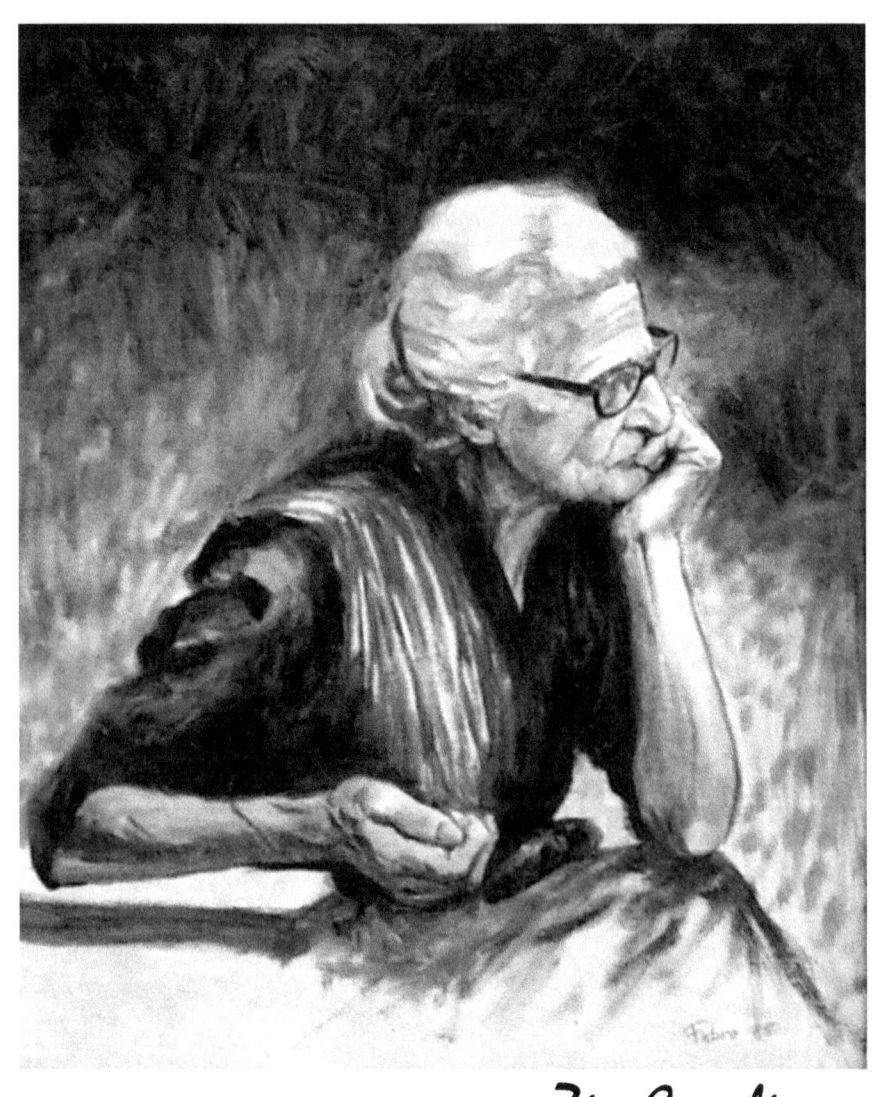

Zia Carolina

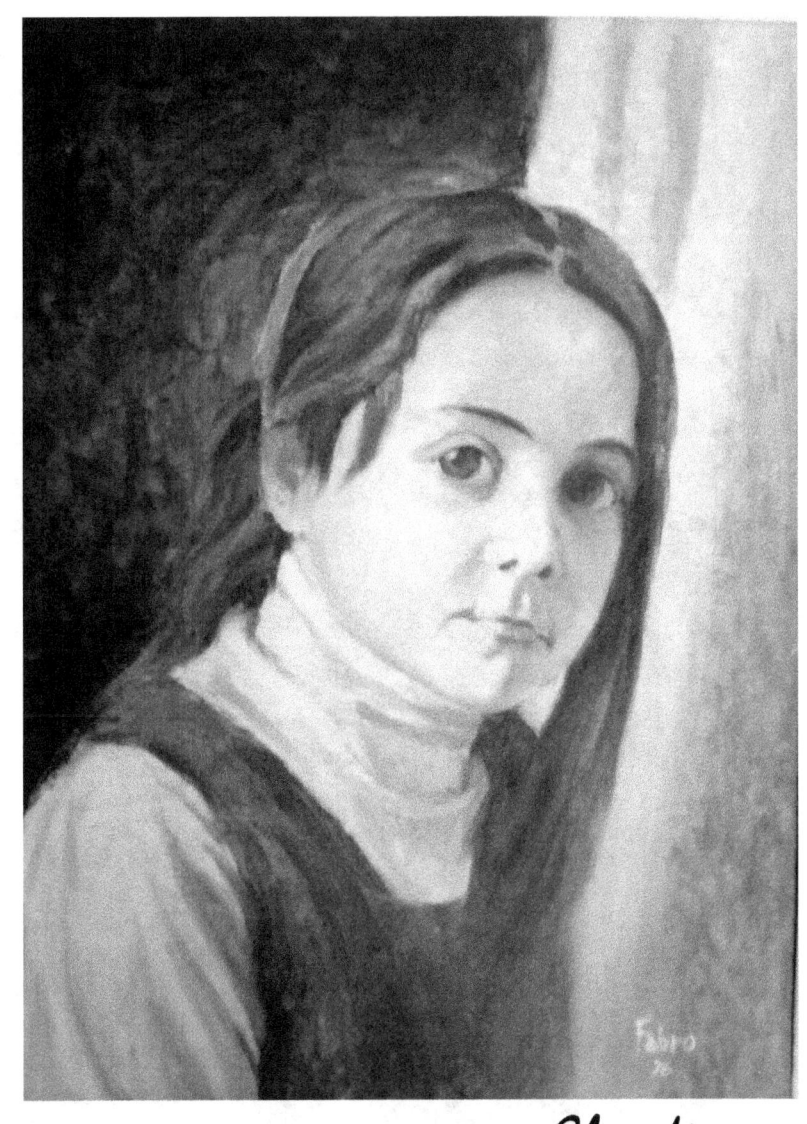

Claudia

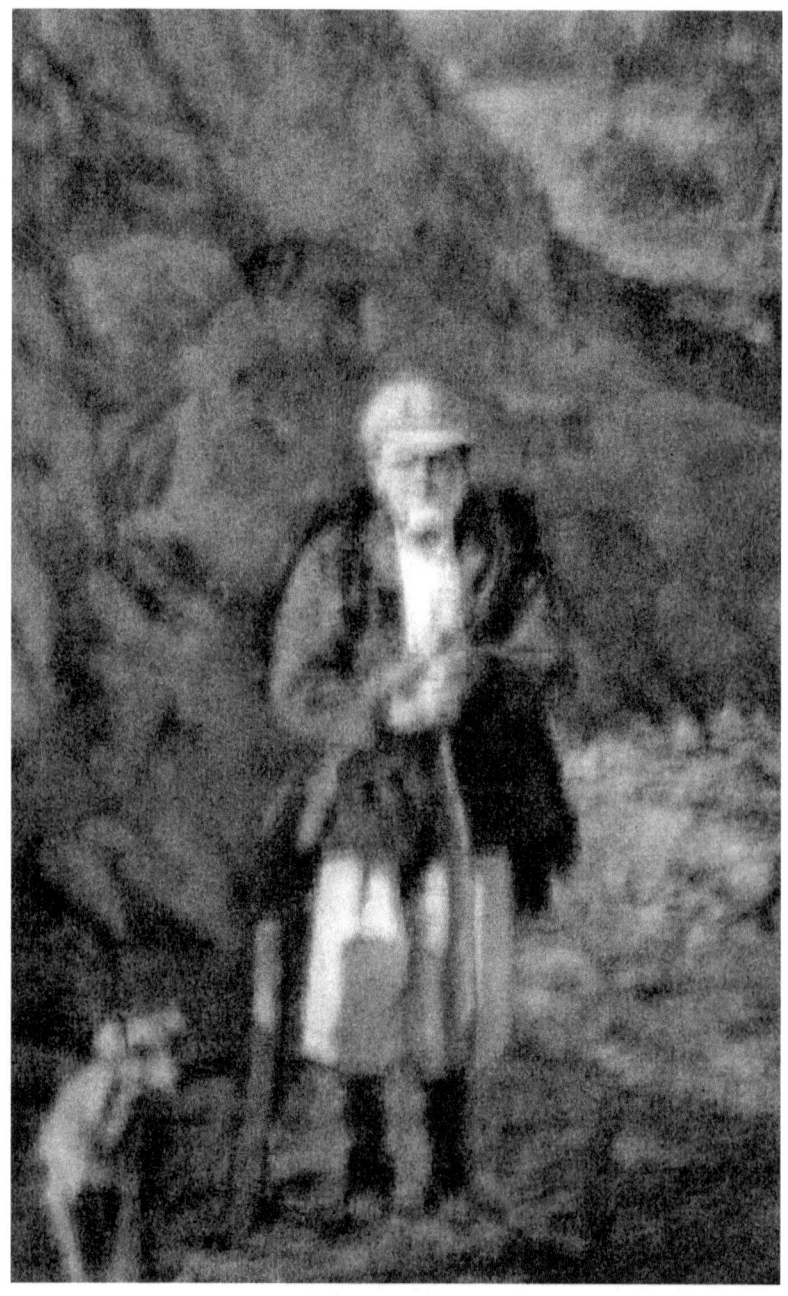

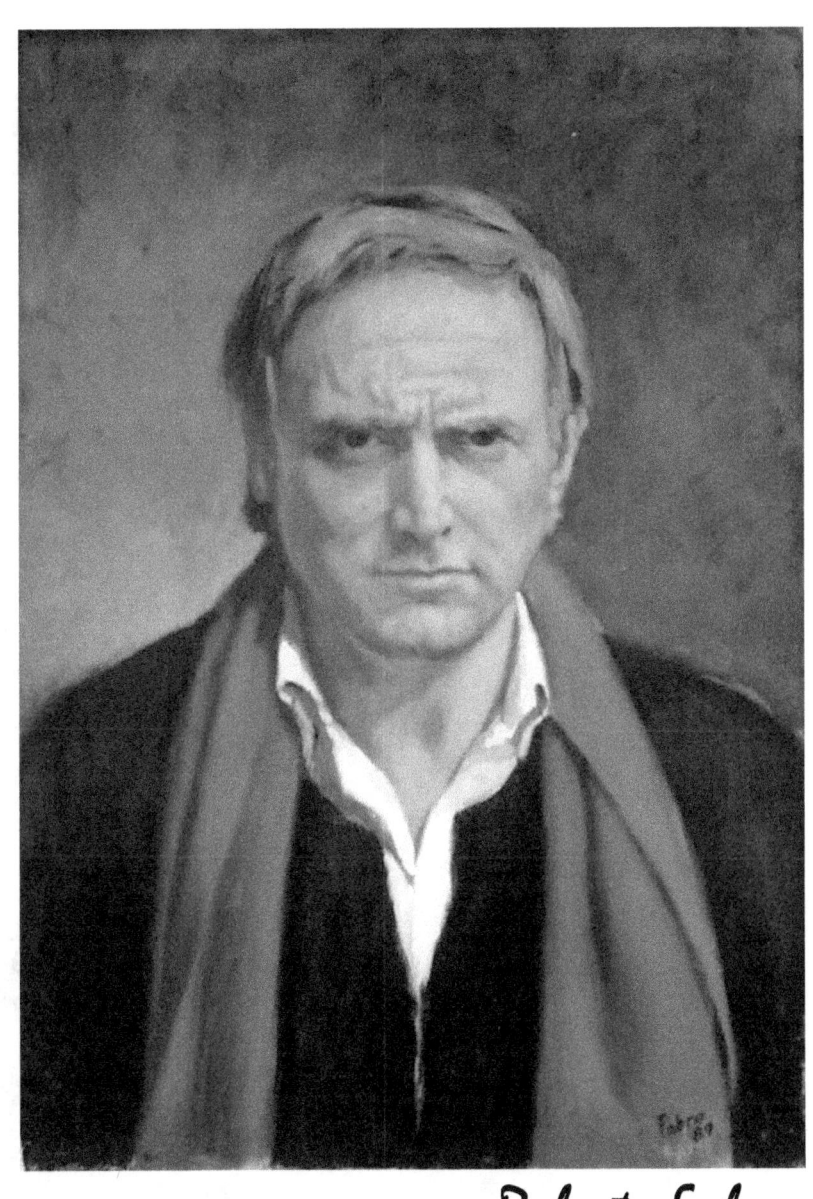

Roberto Fabro

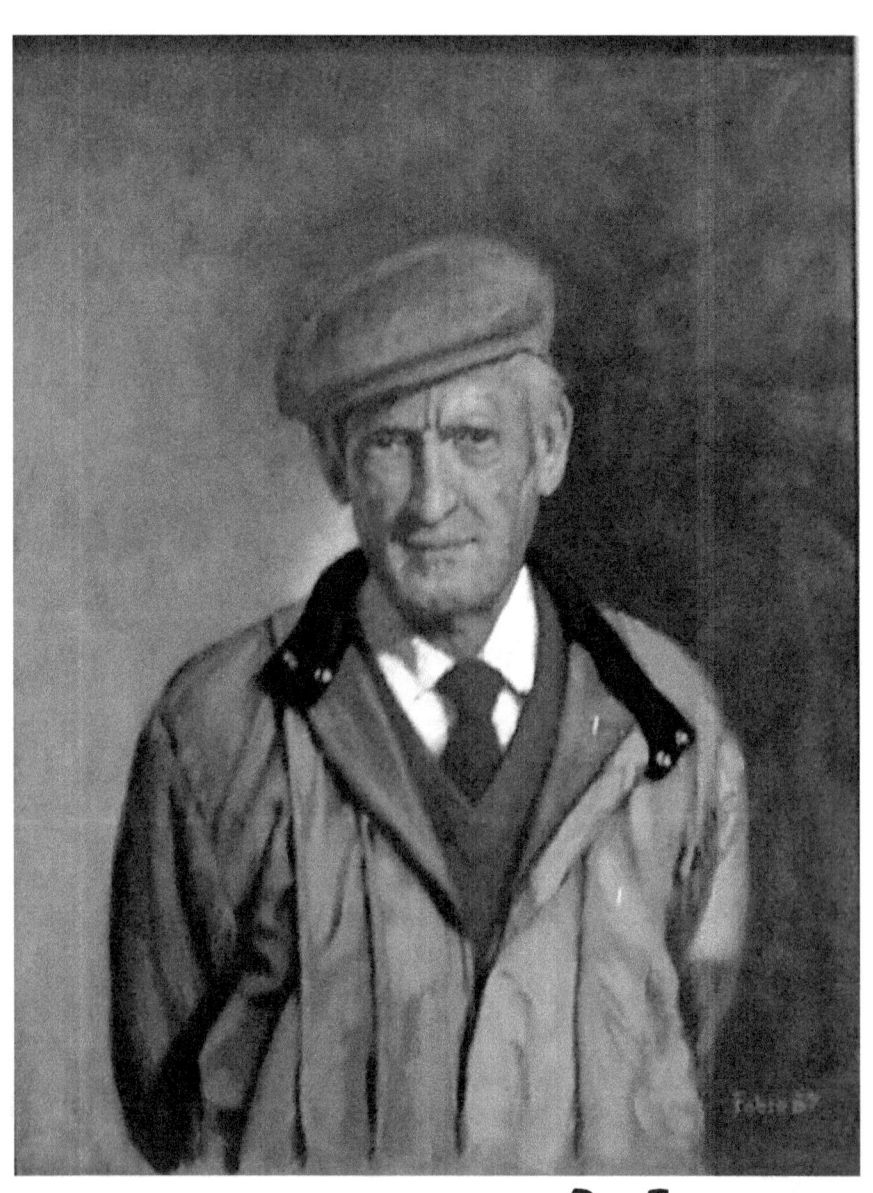

Zio Tommaso

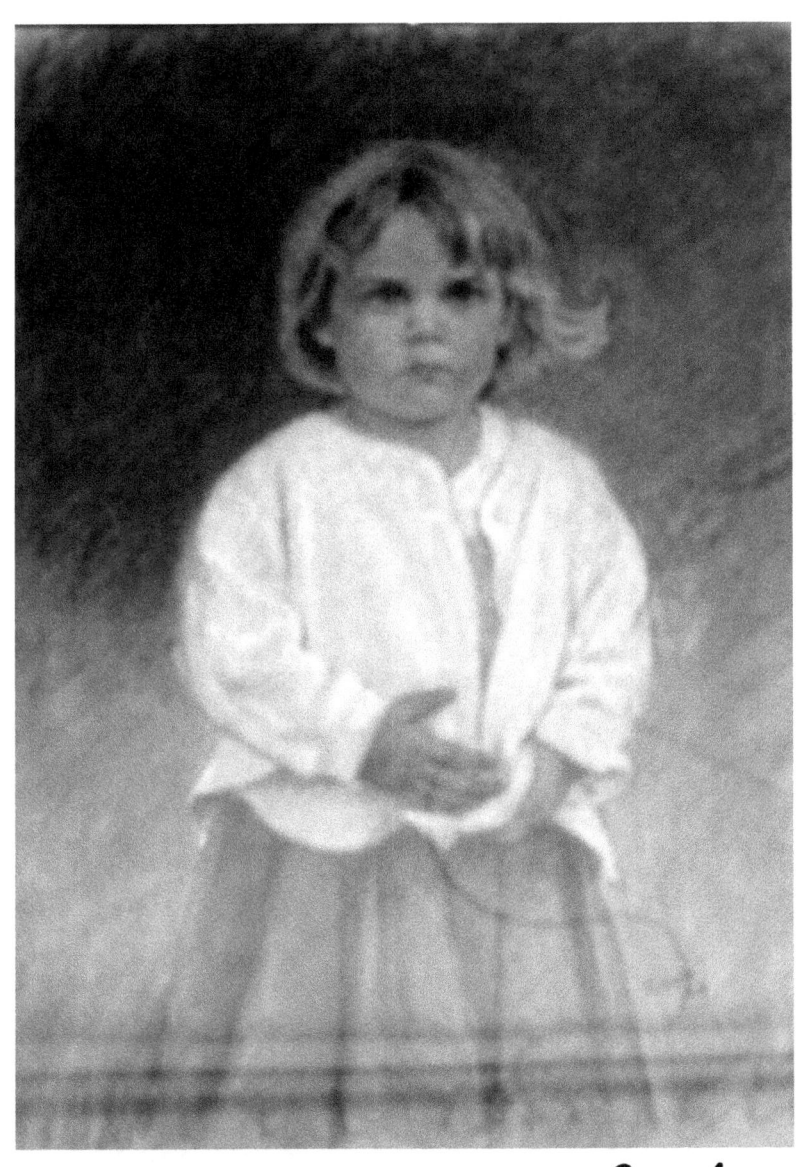

Carola

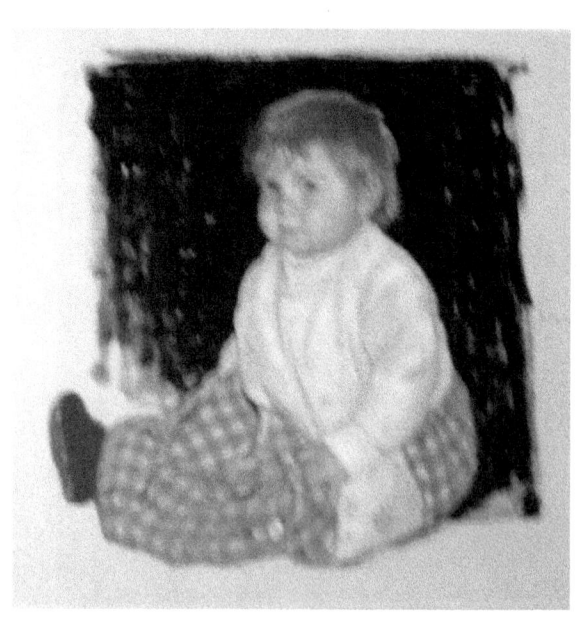

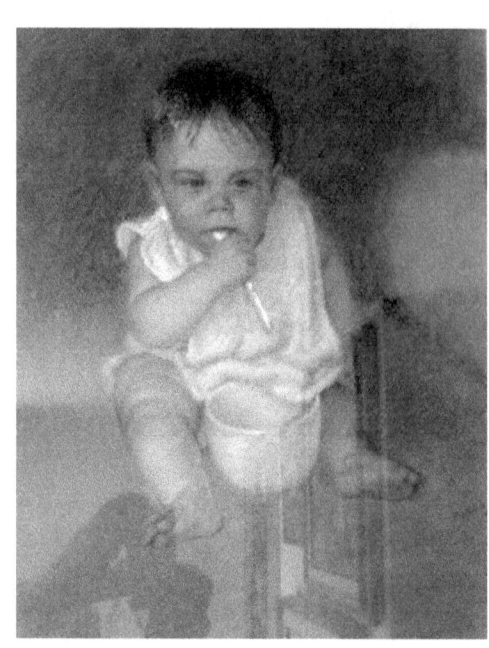

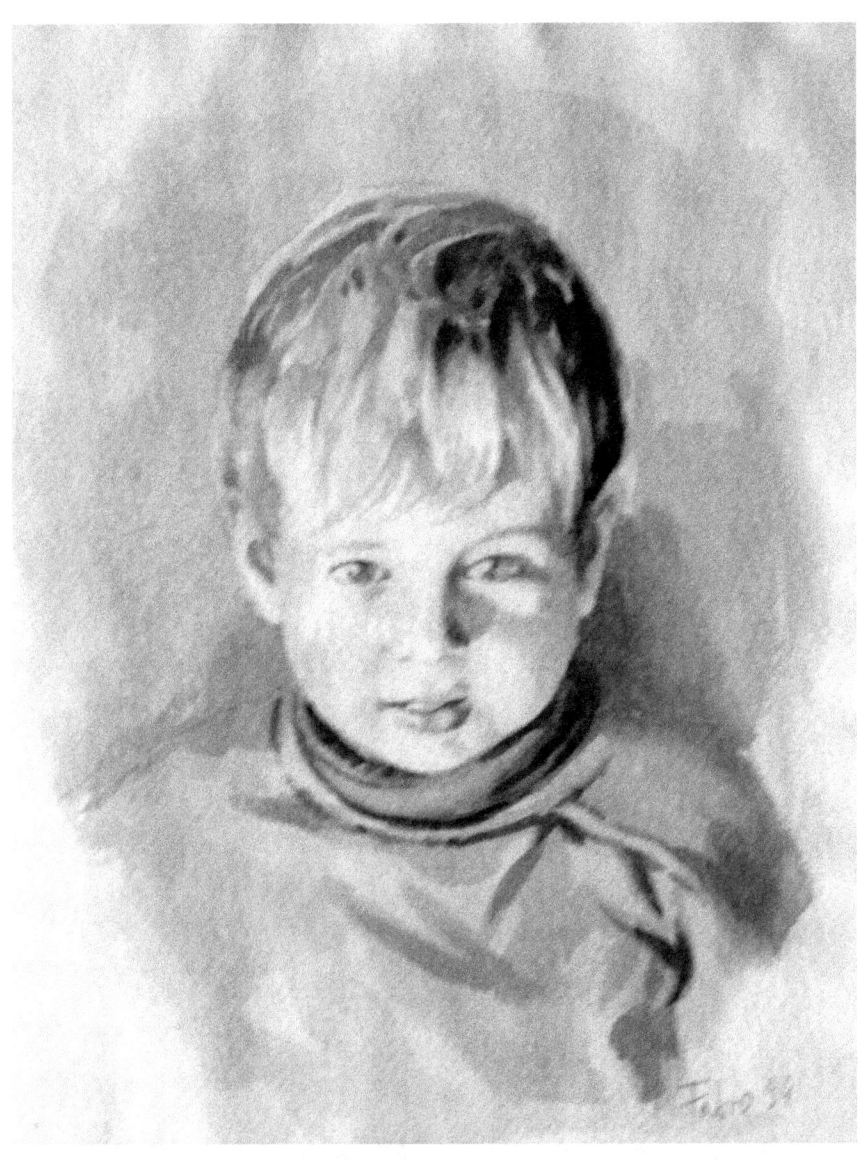

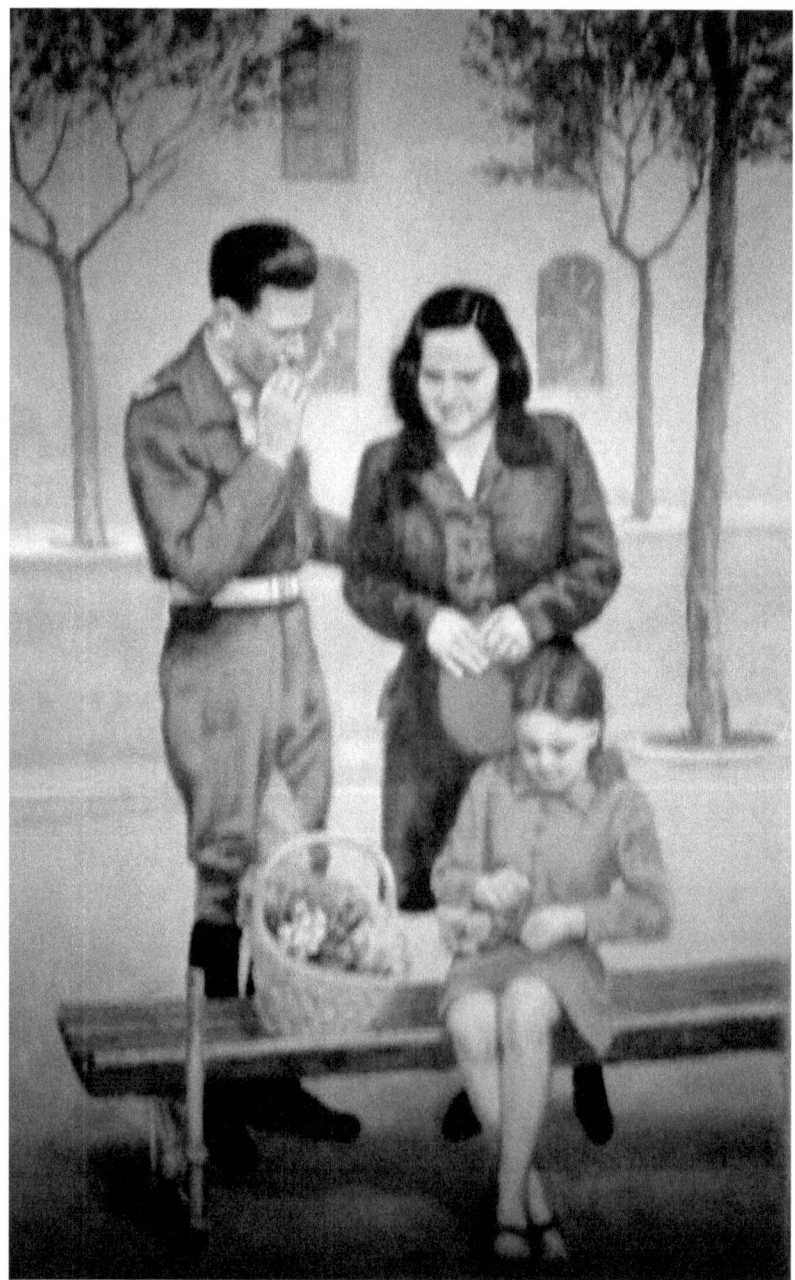

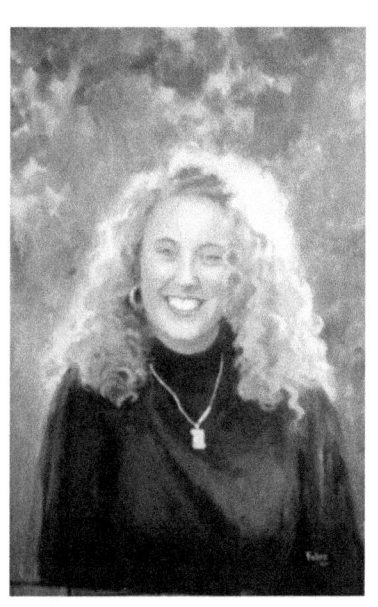

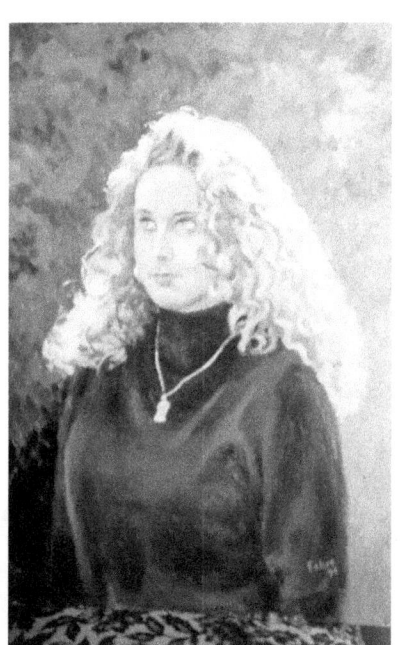

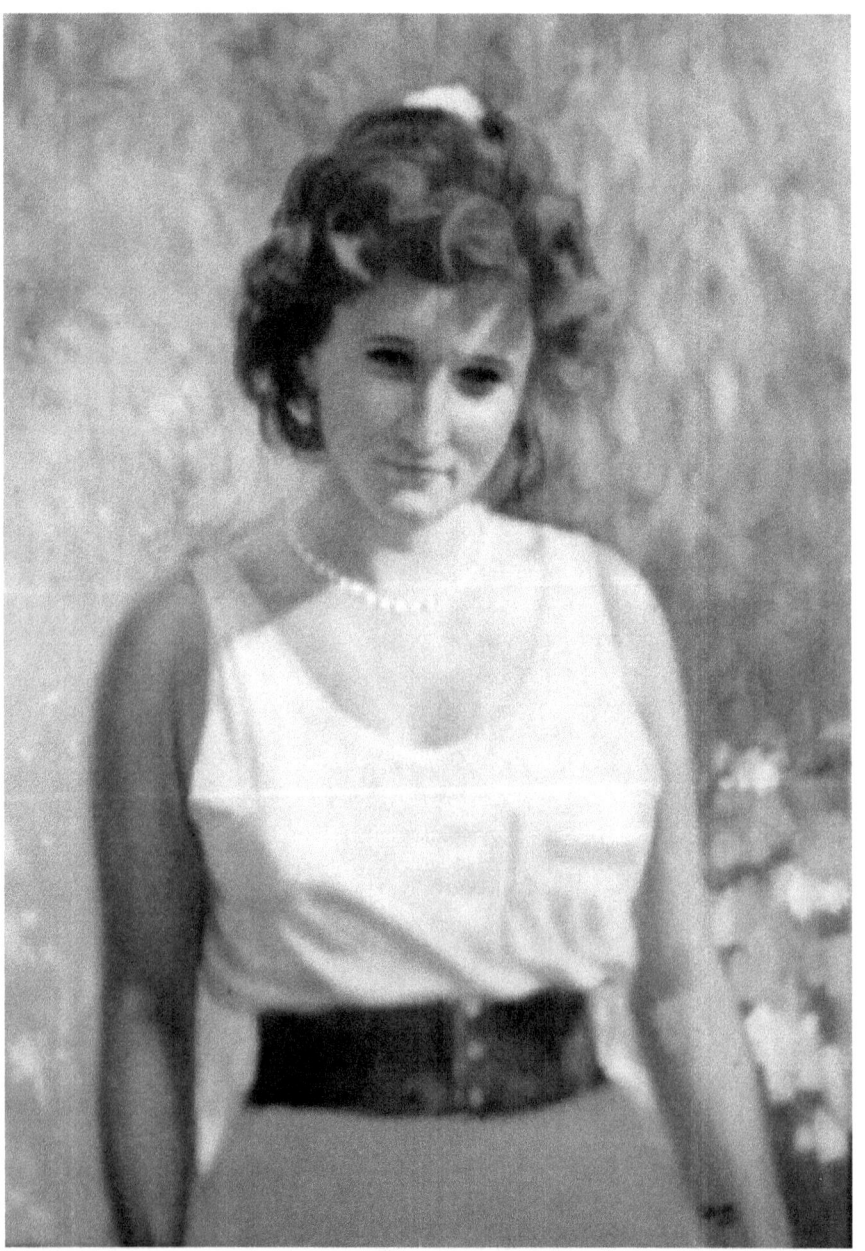

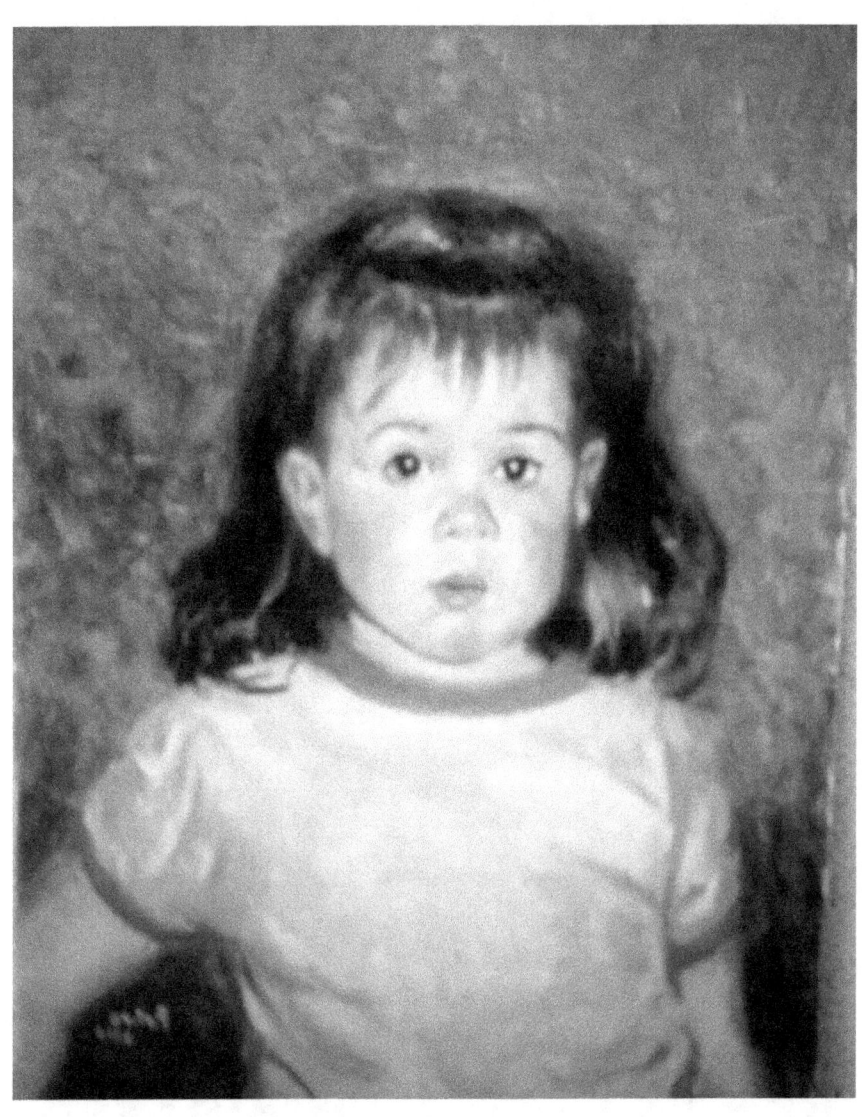

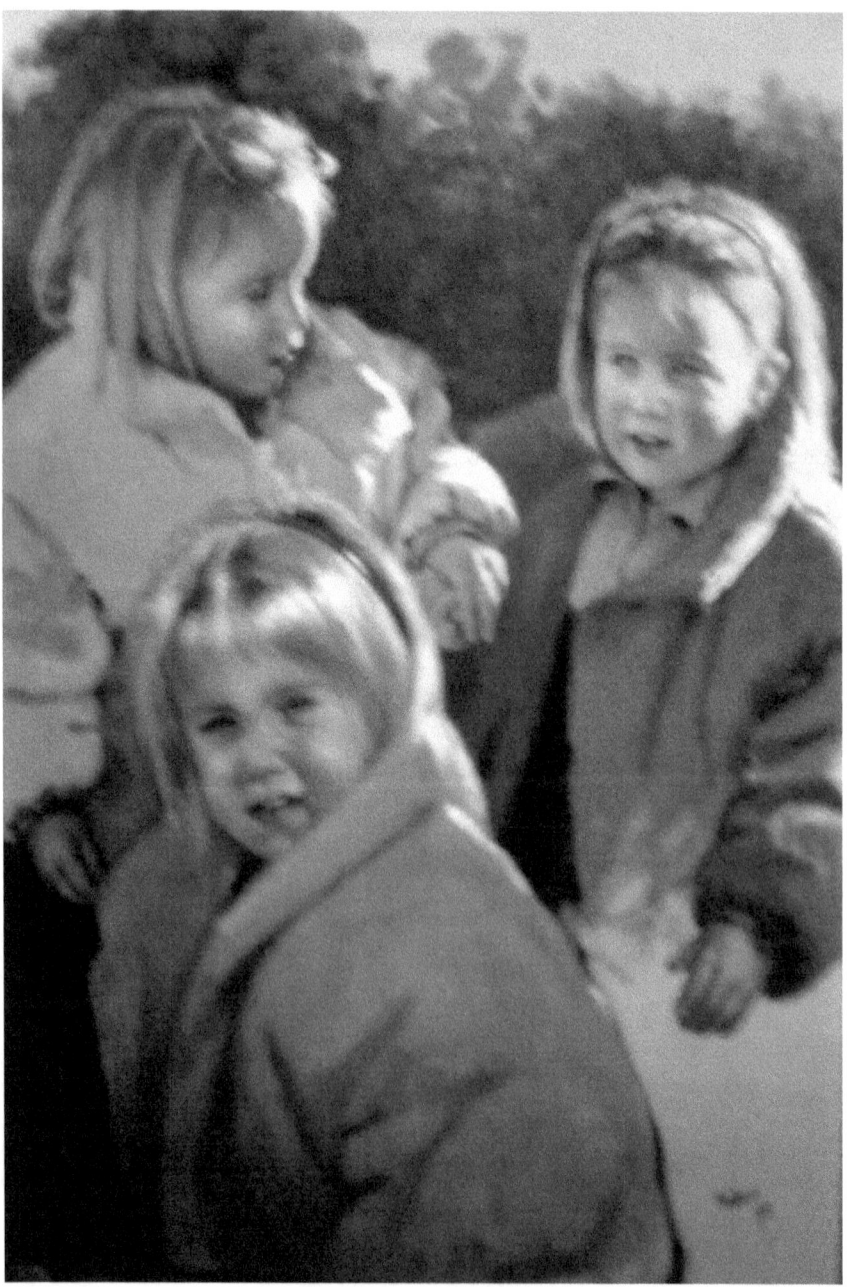

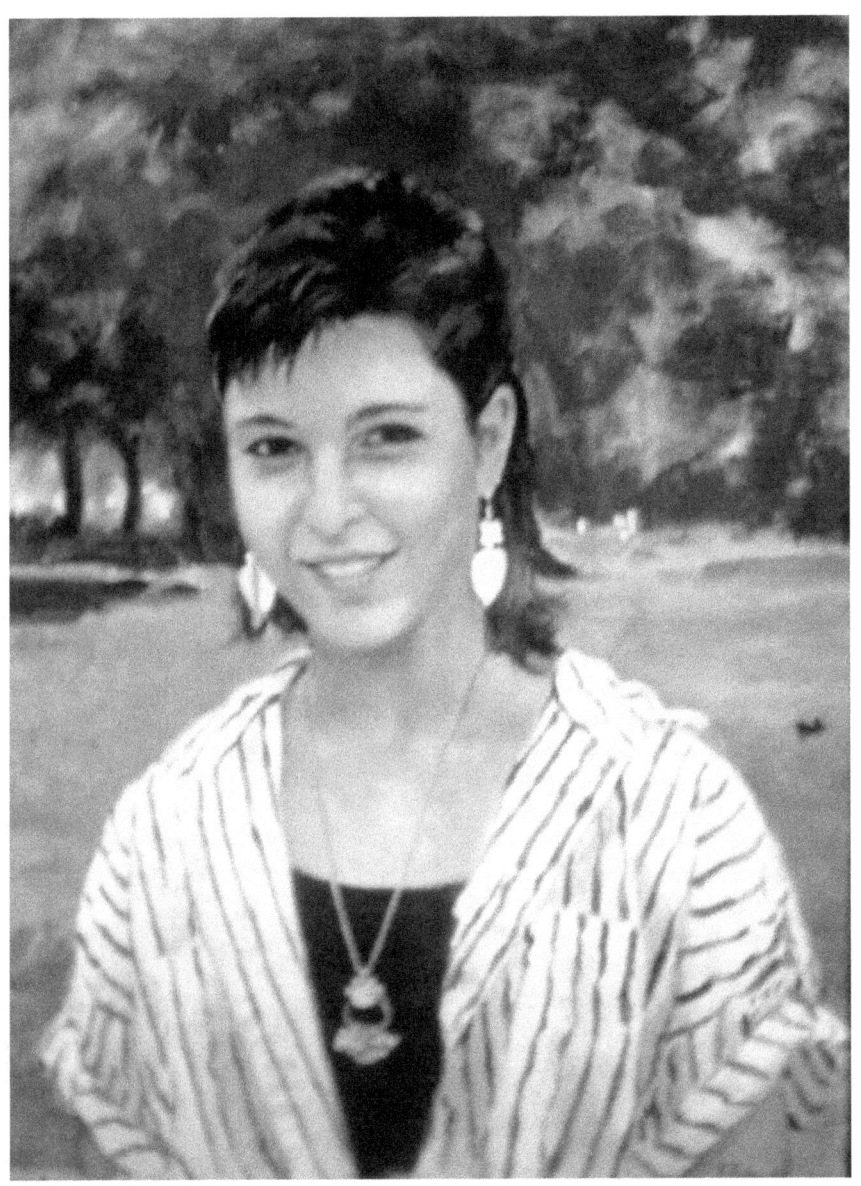

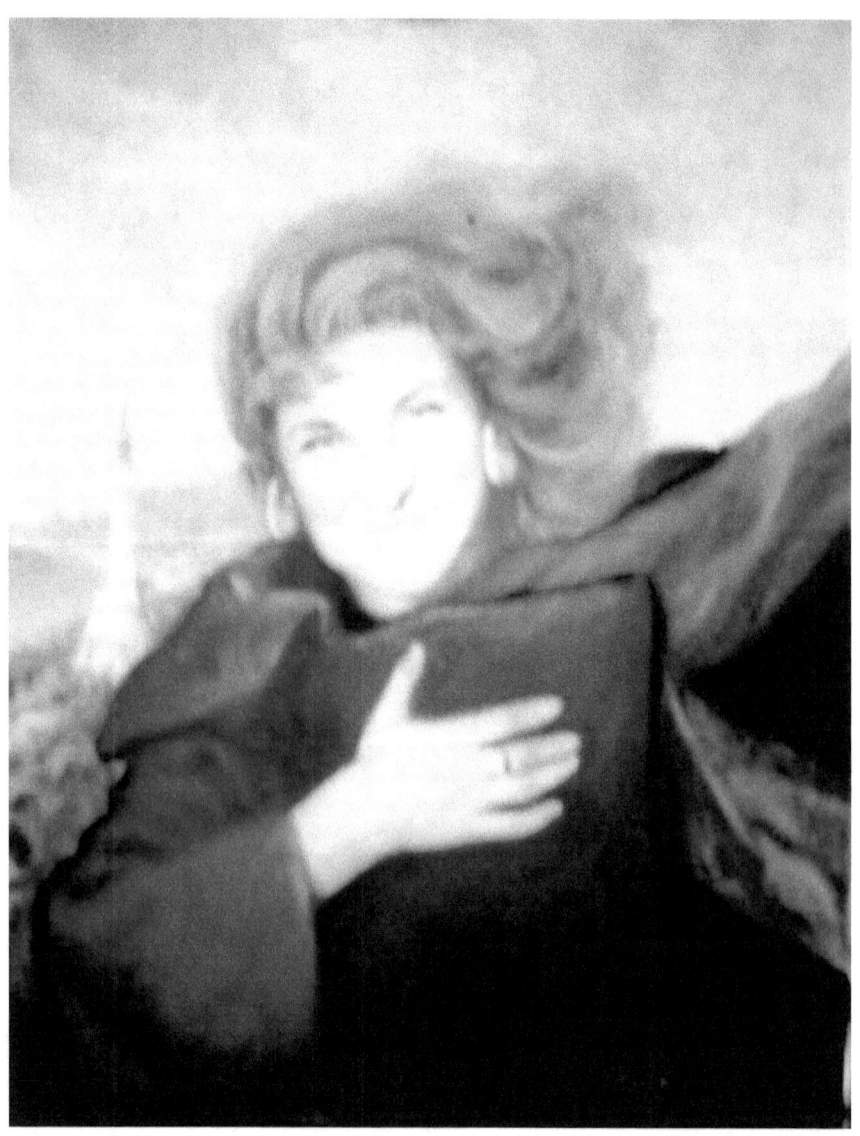

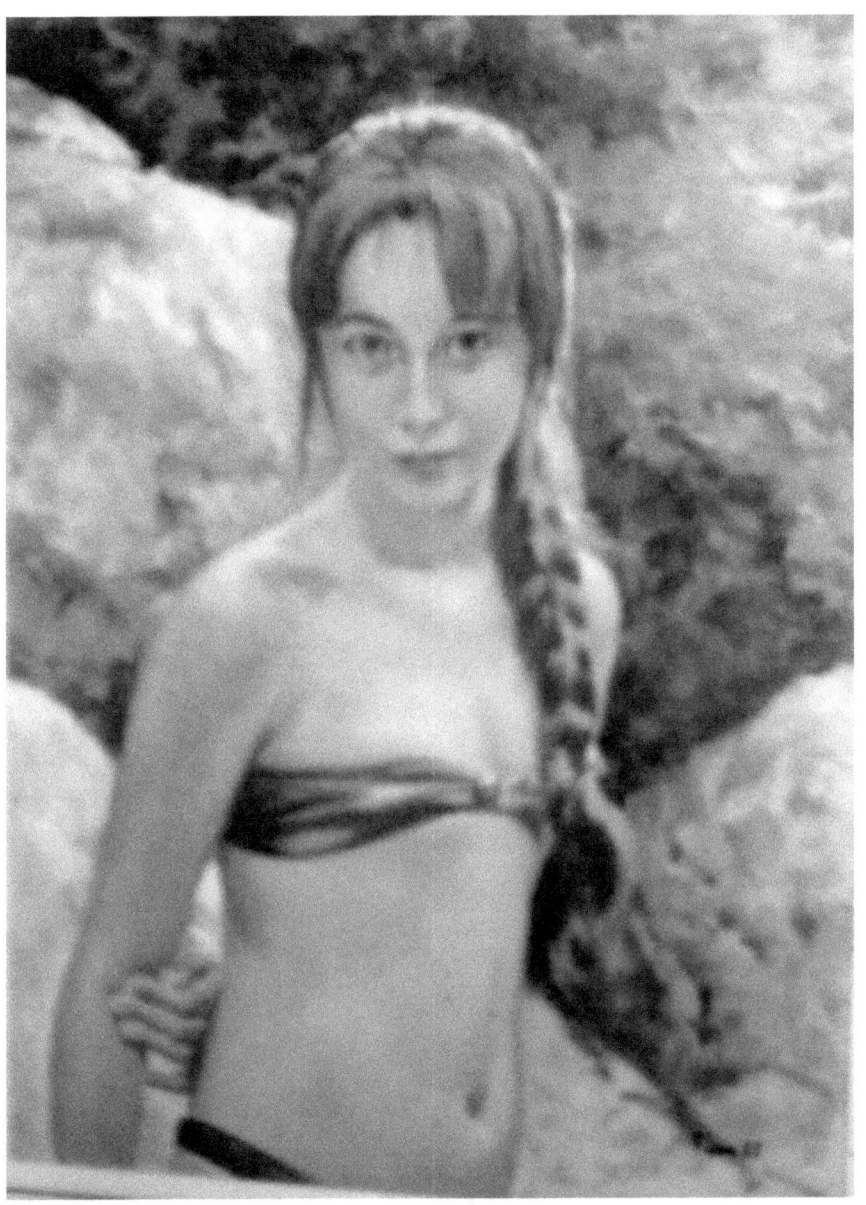

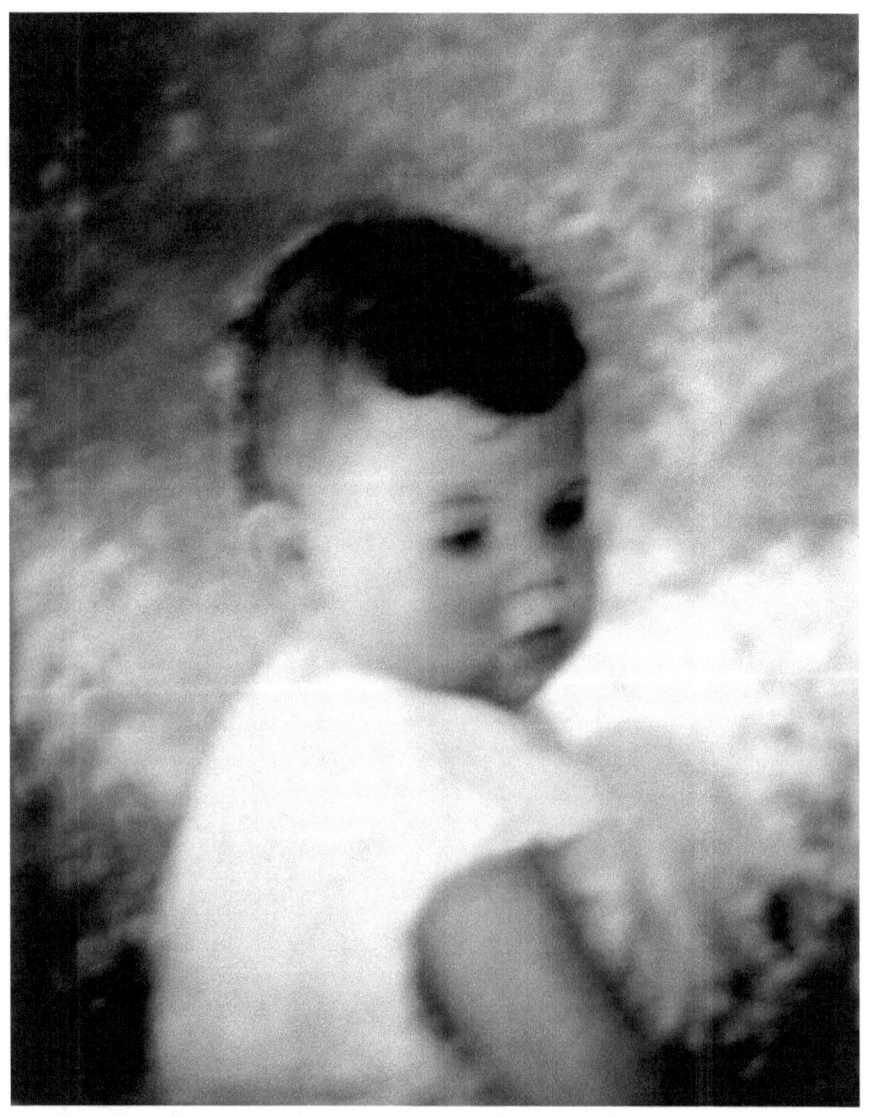

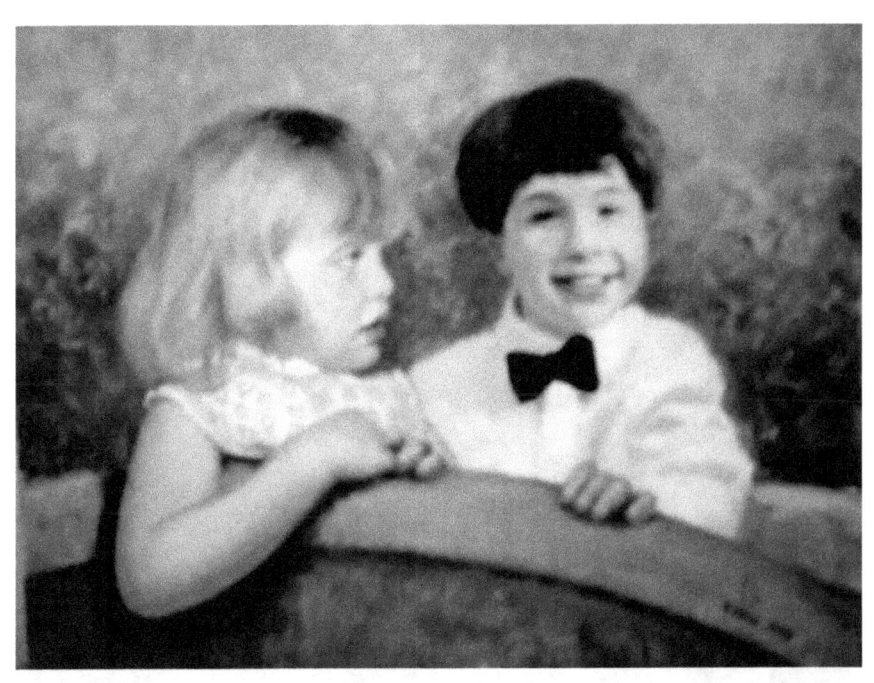

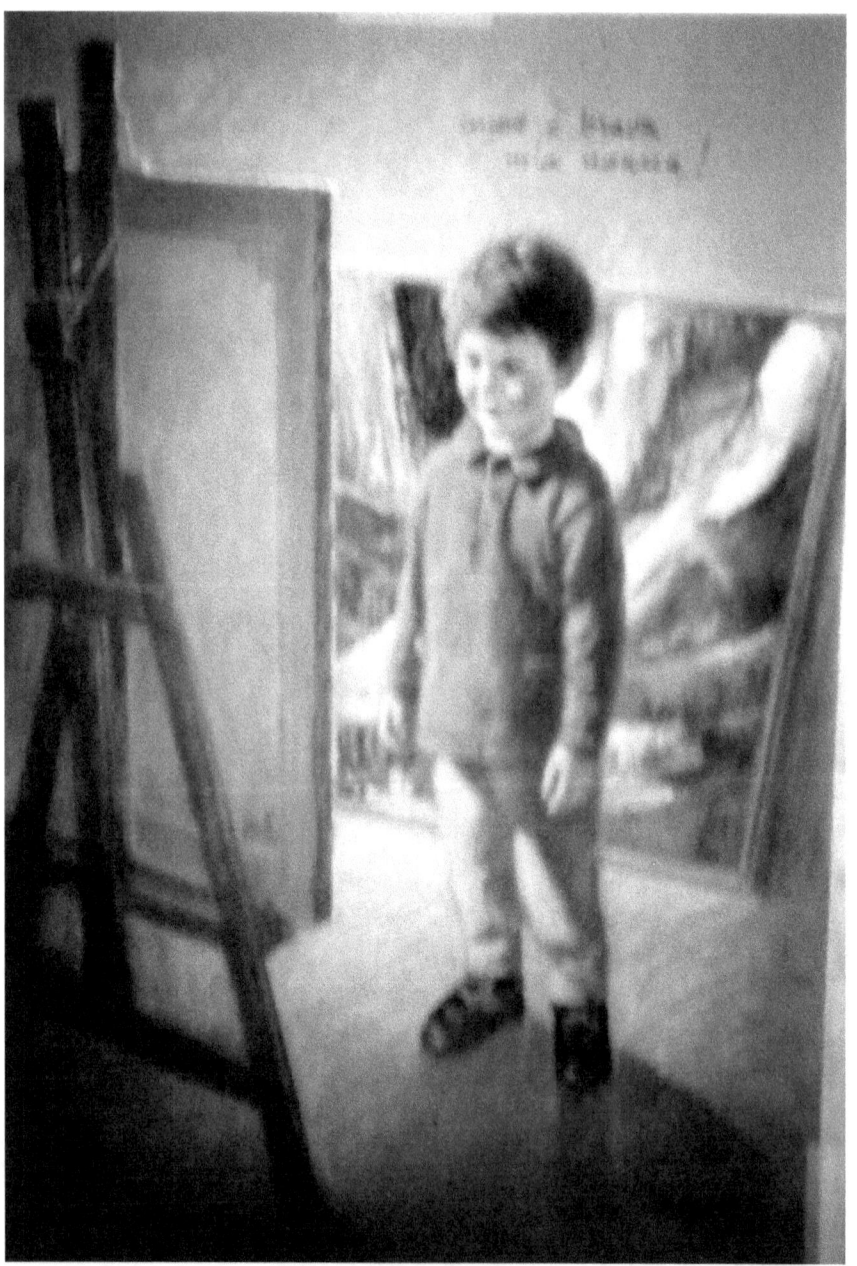

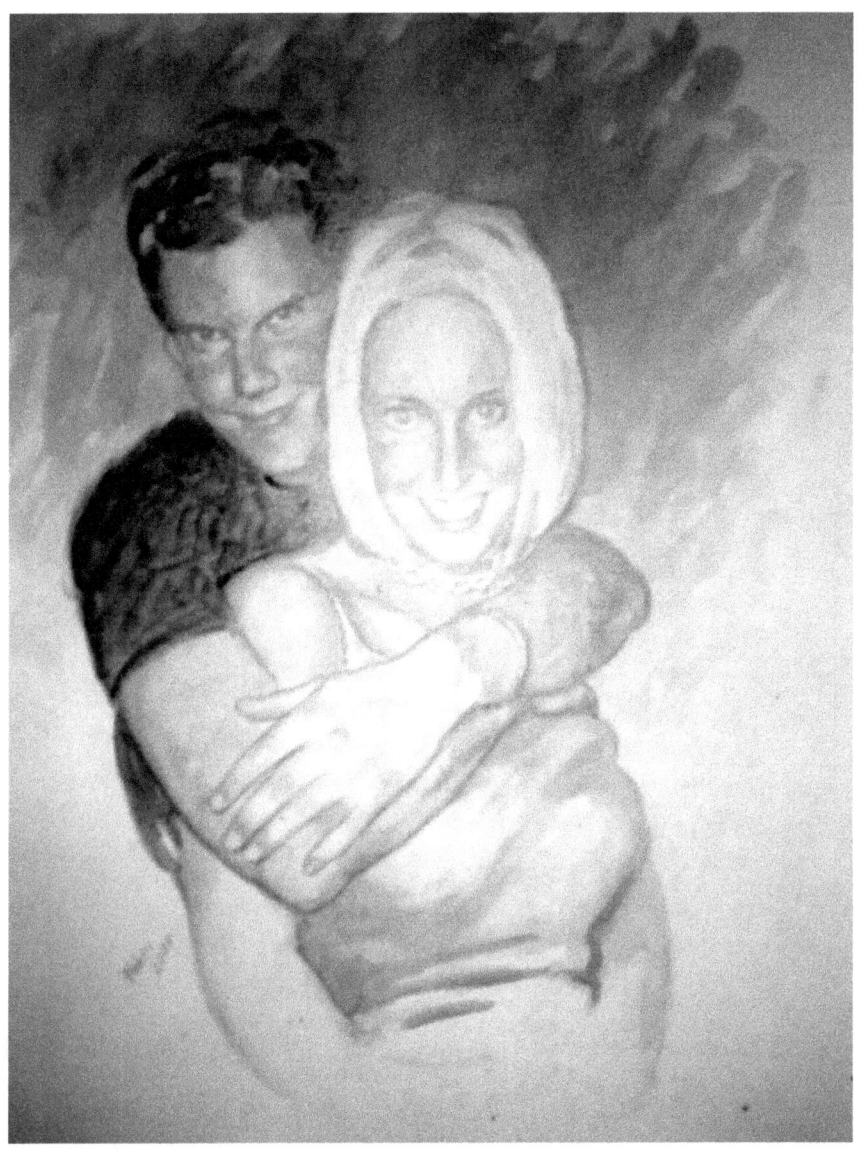

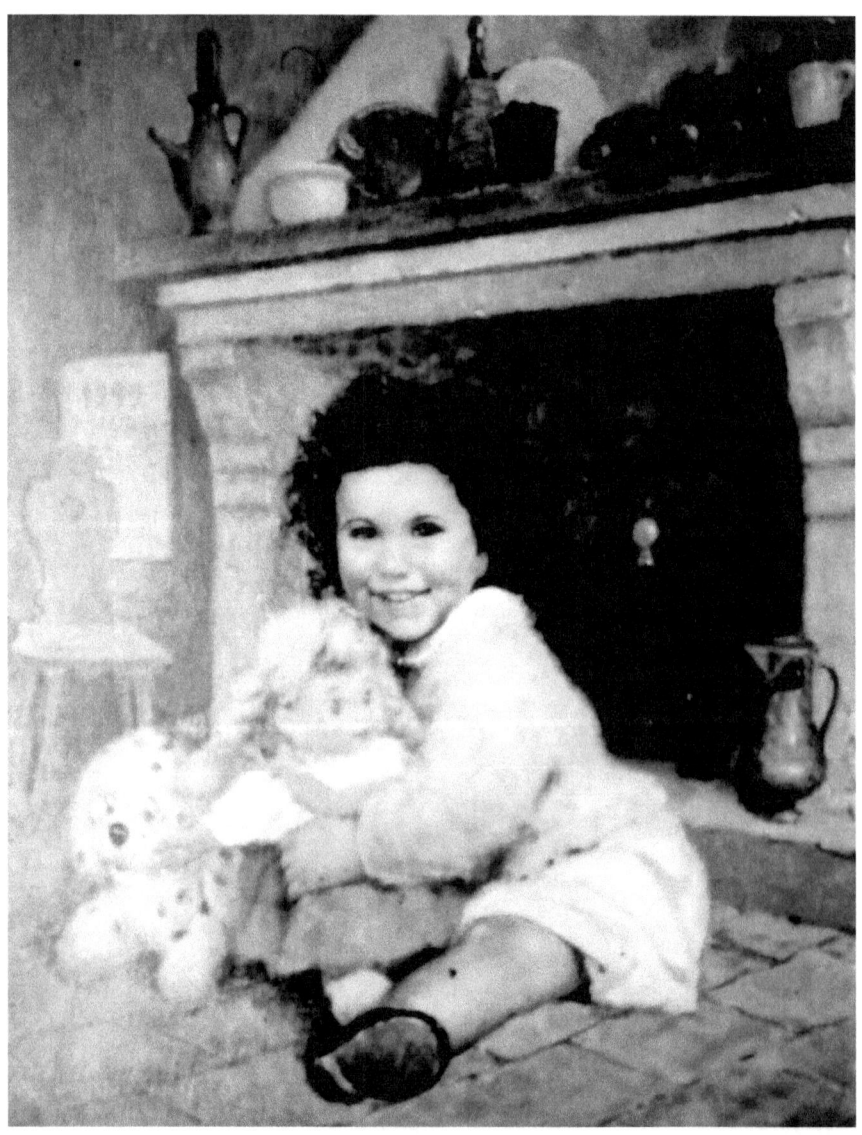

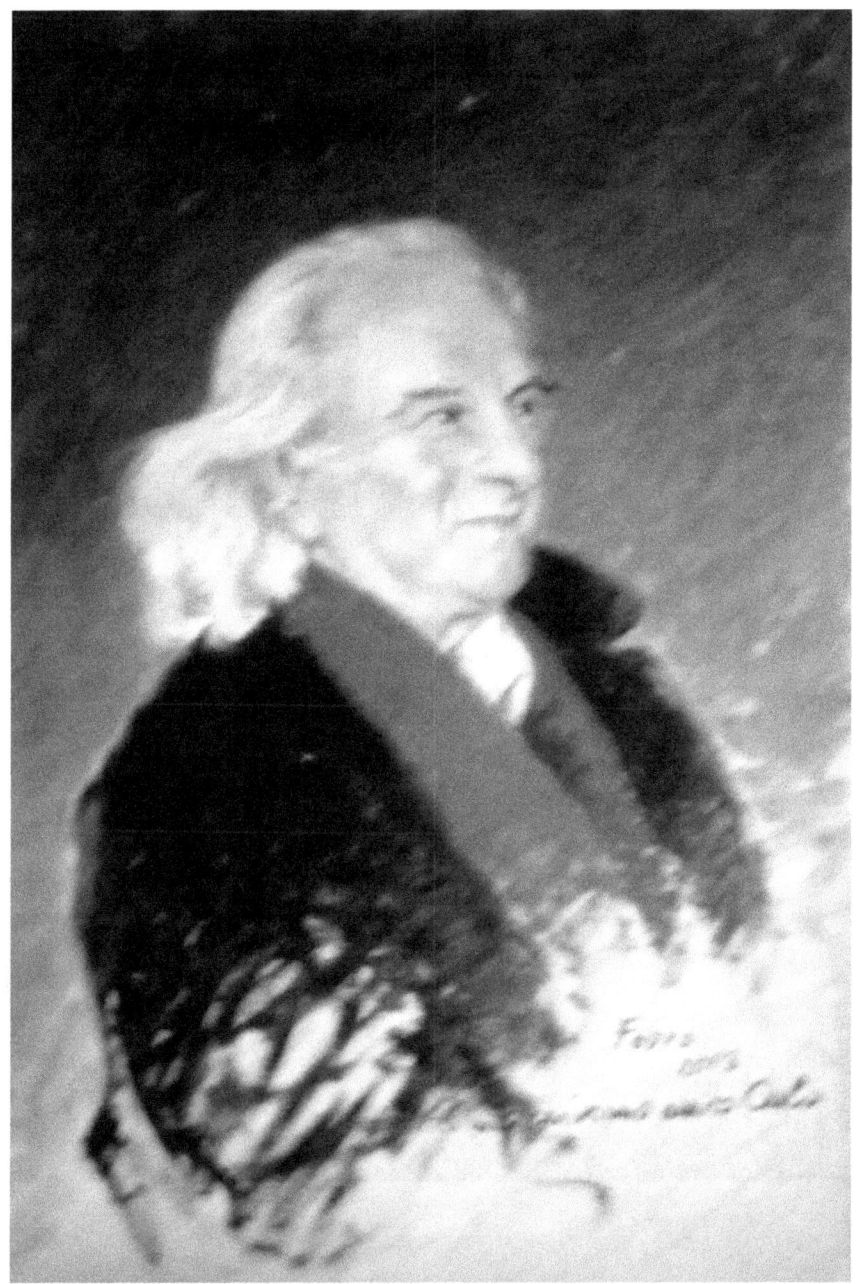

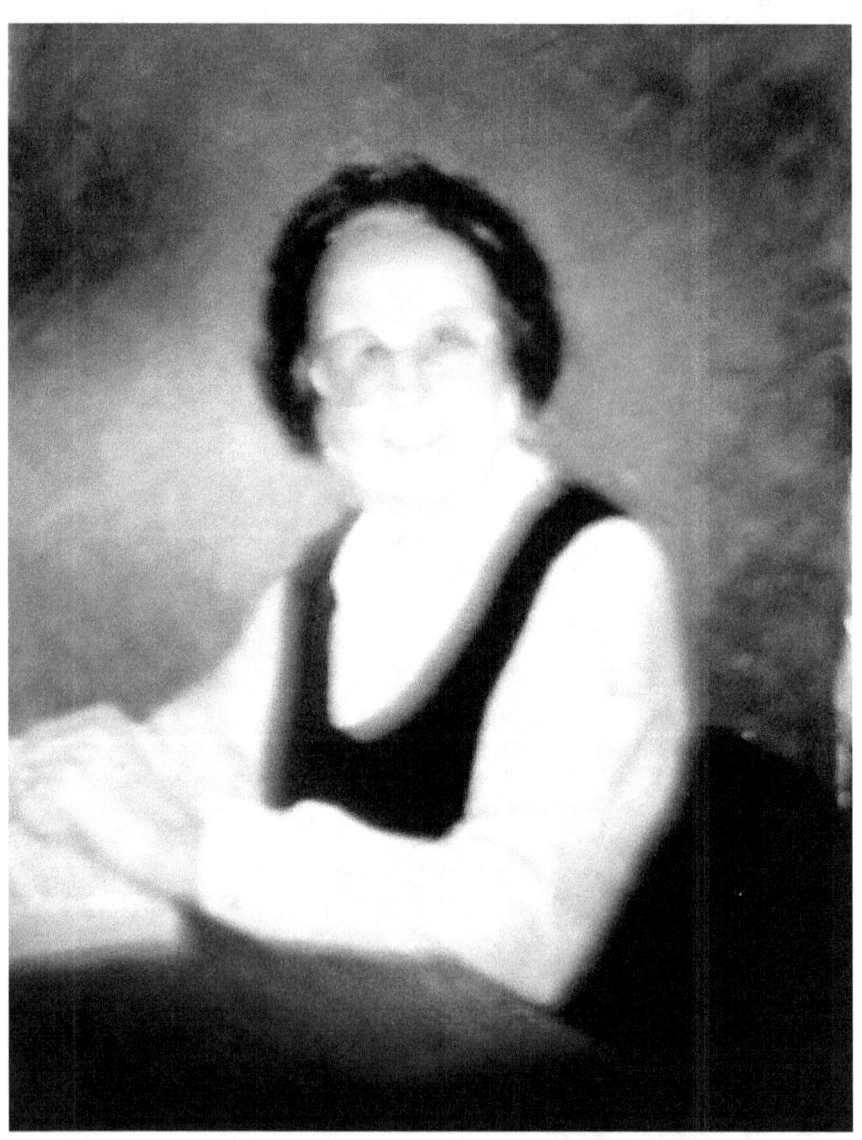

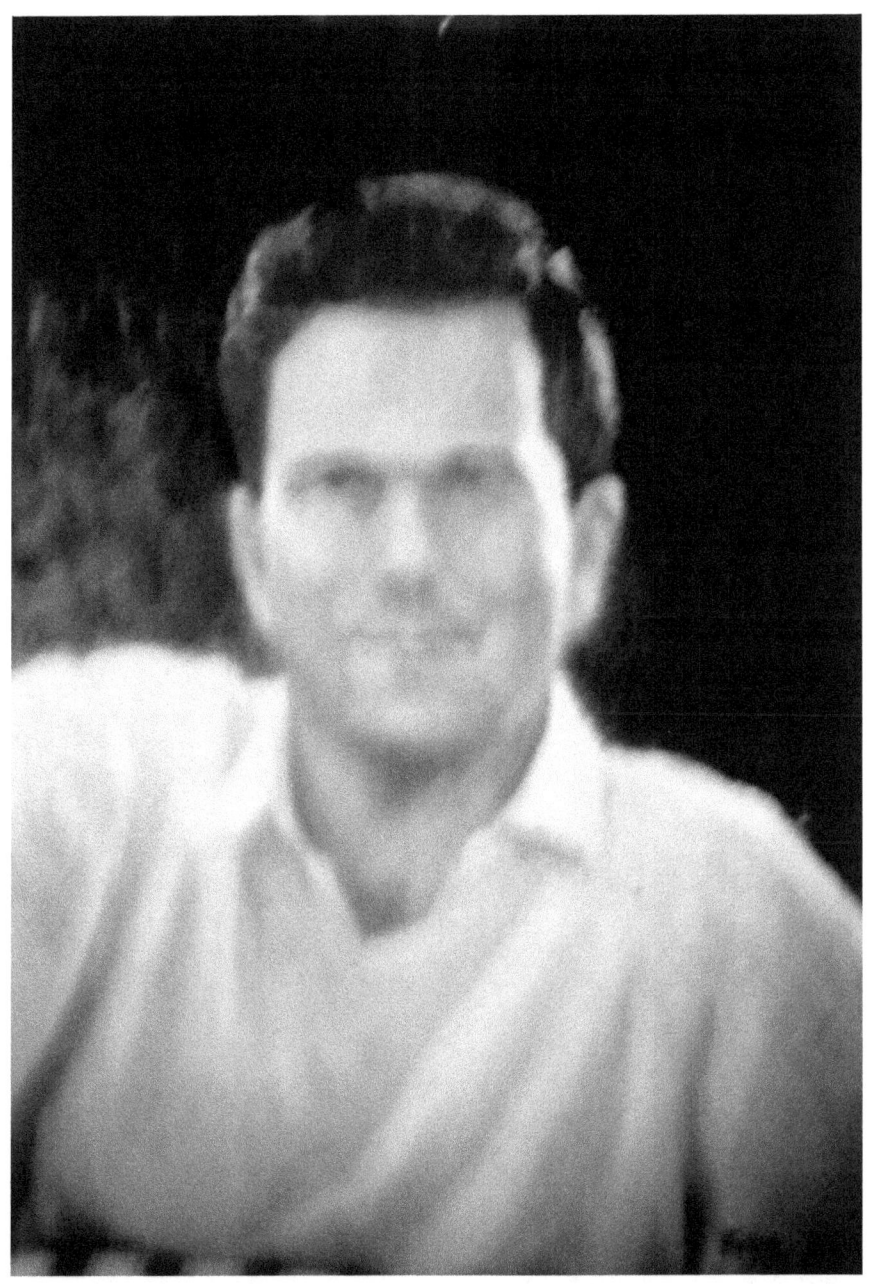

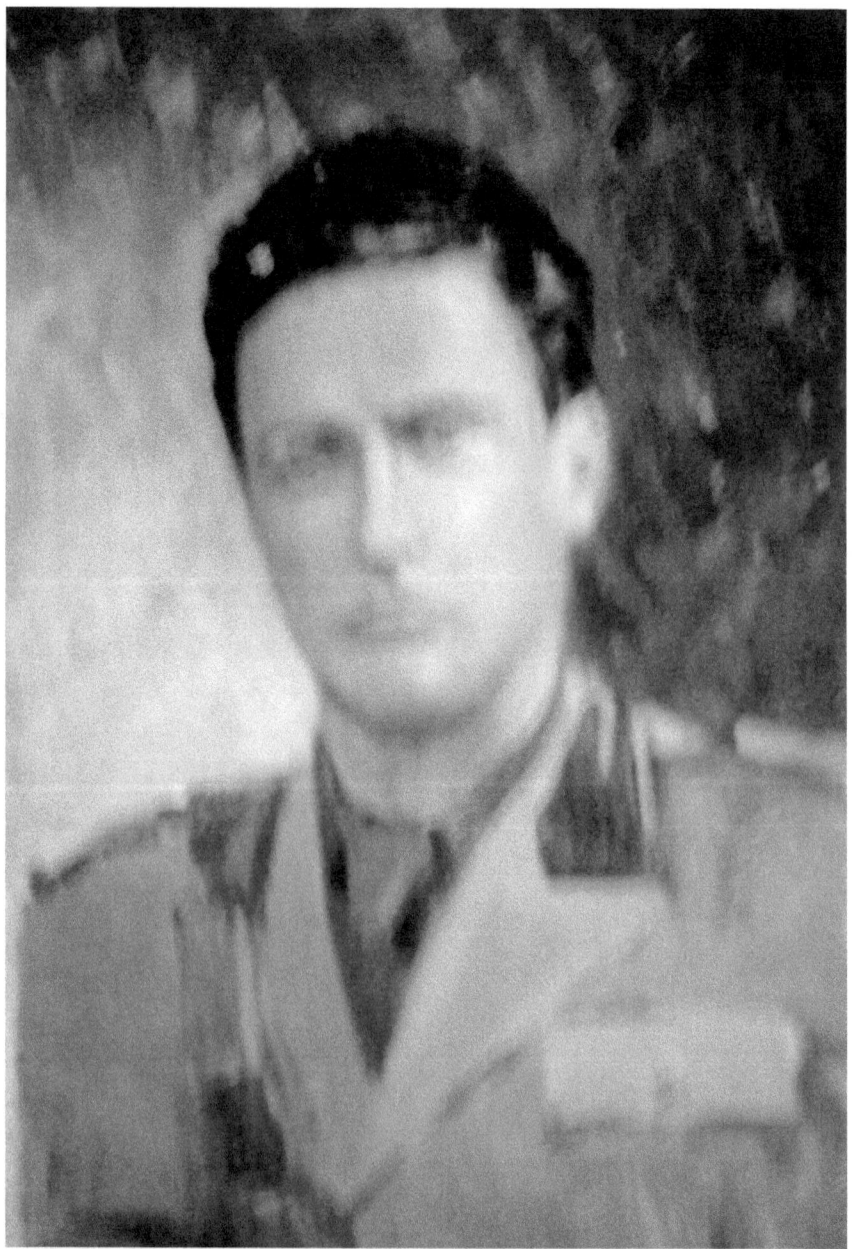

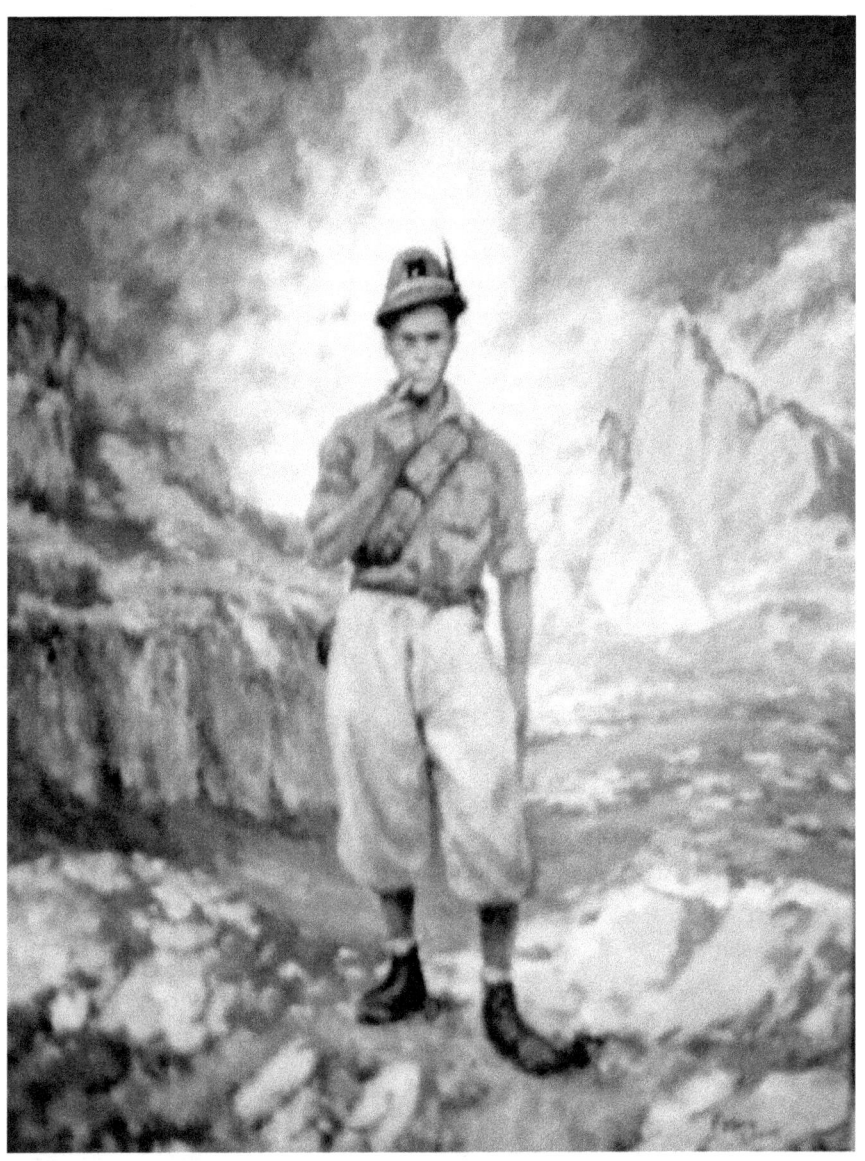

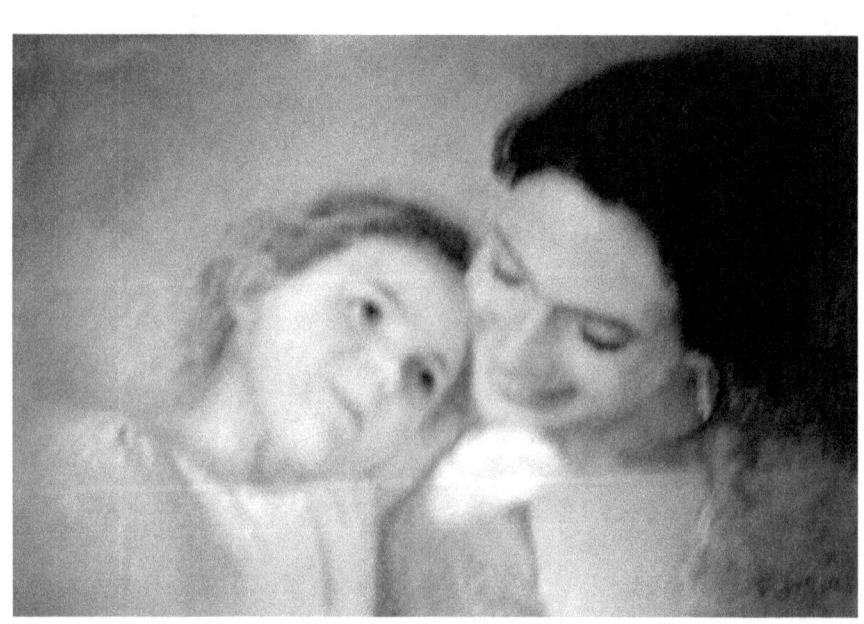

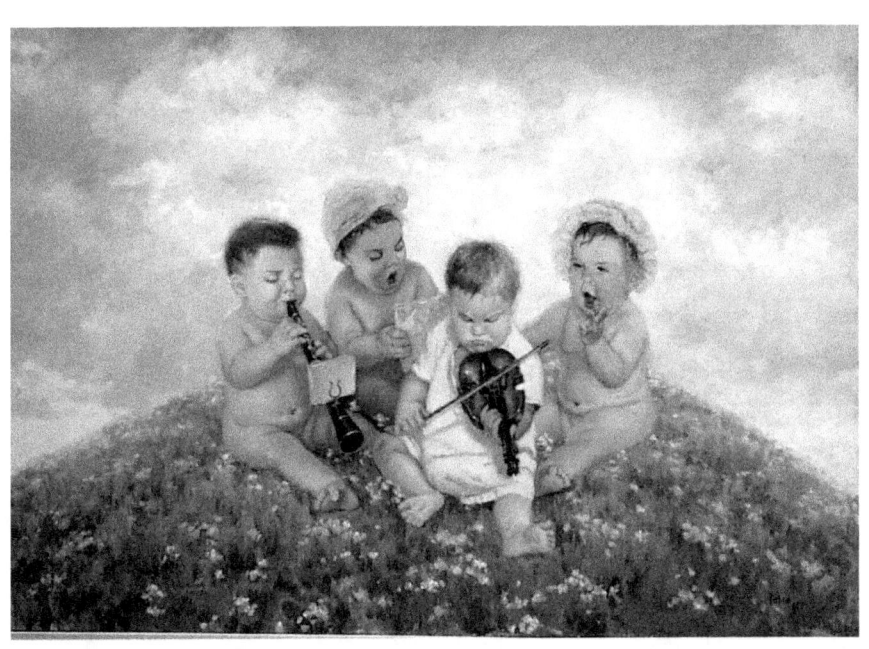

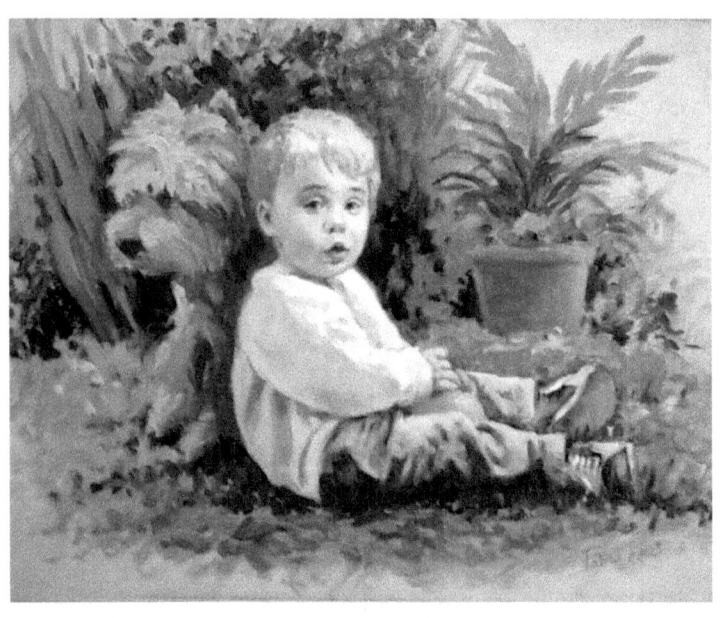

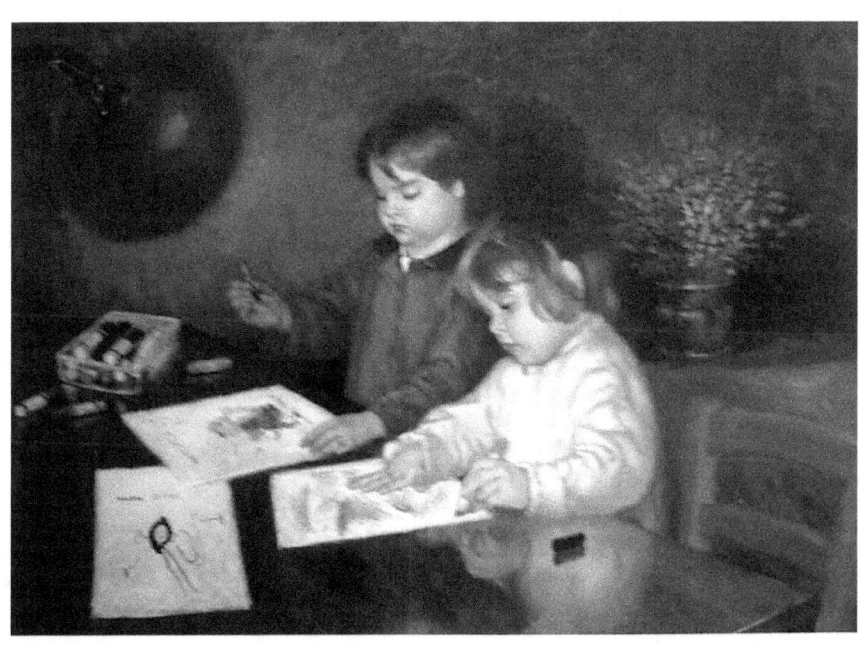

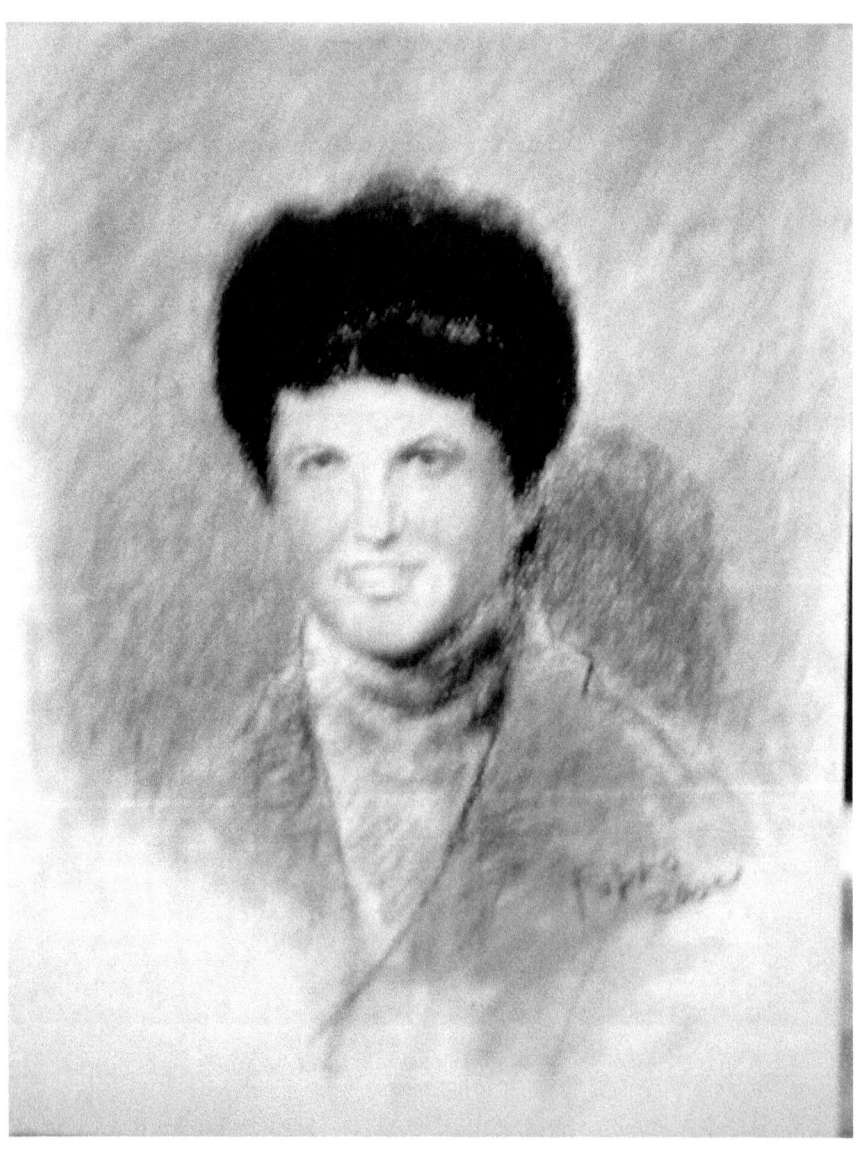

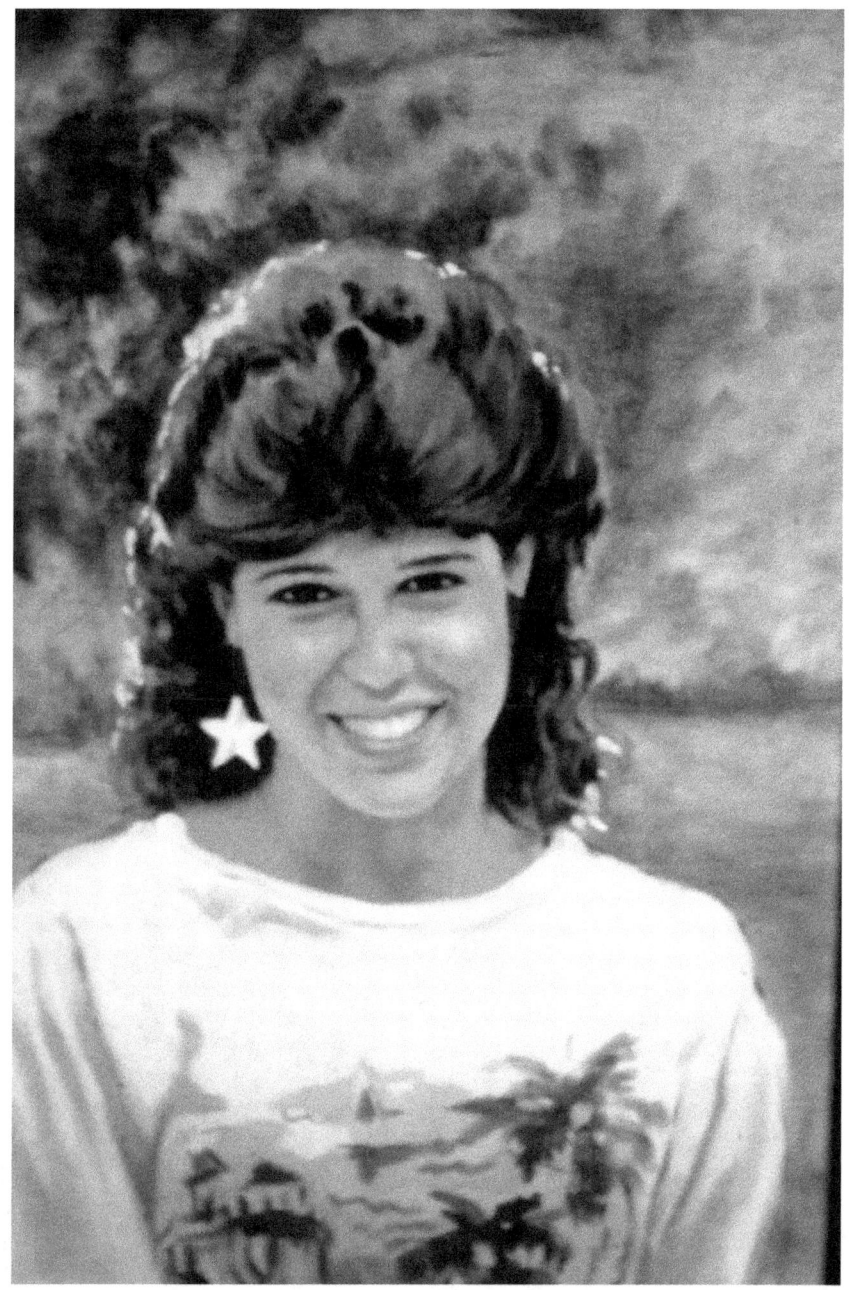

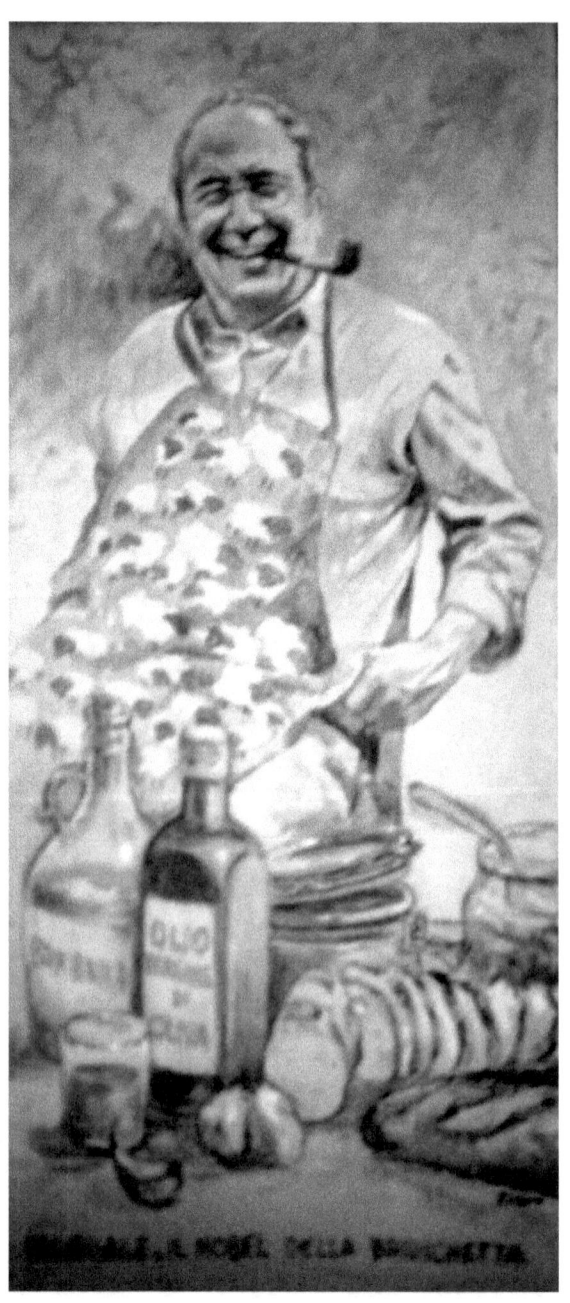

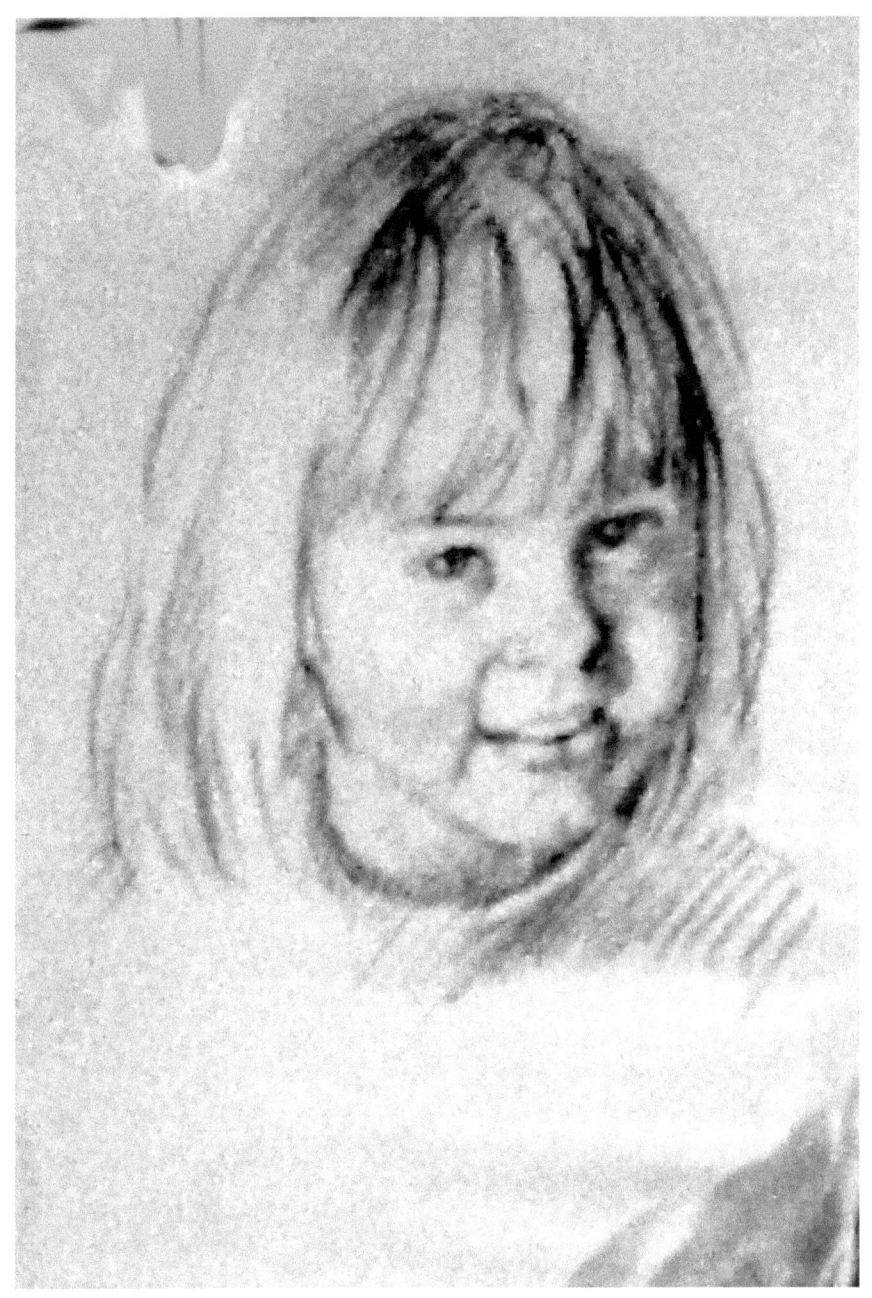

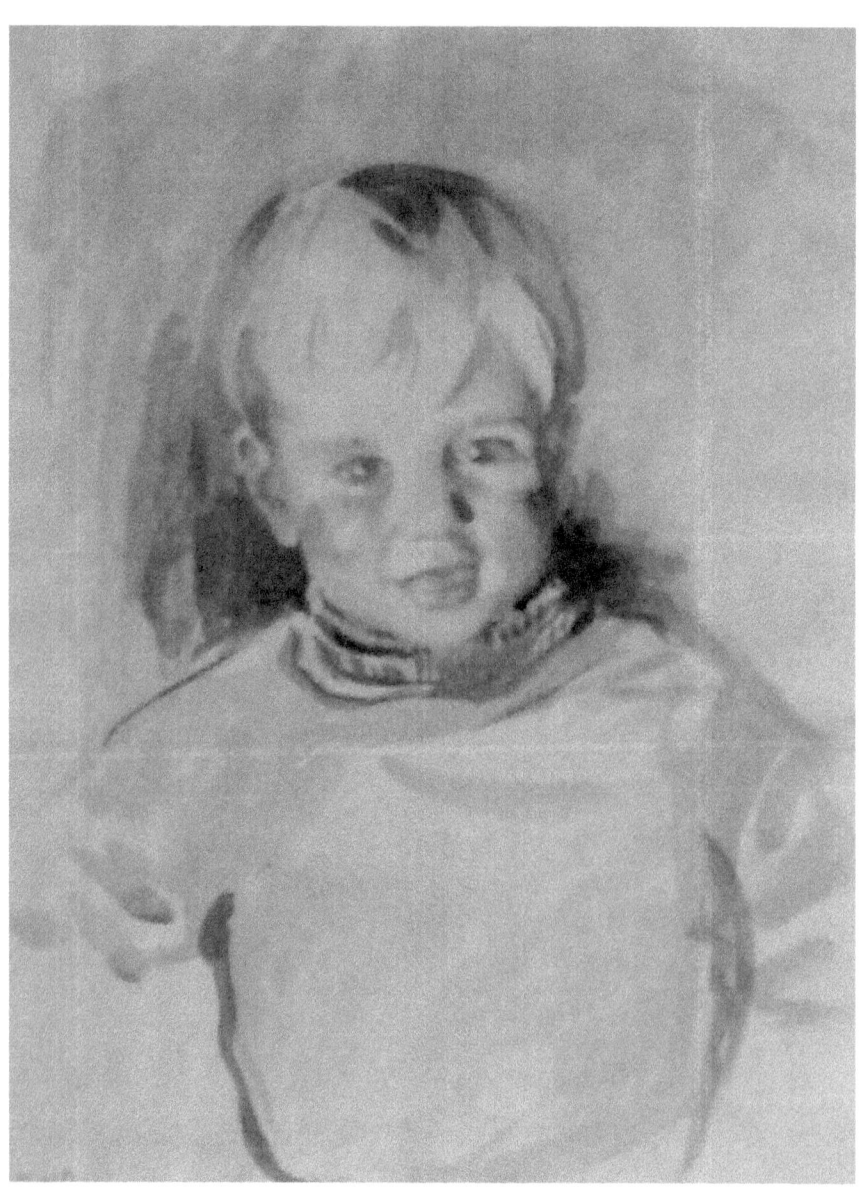

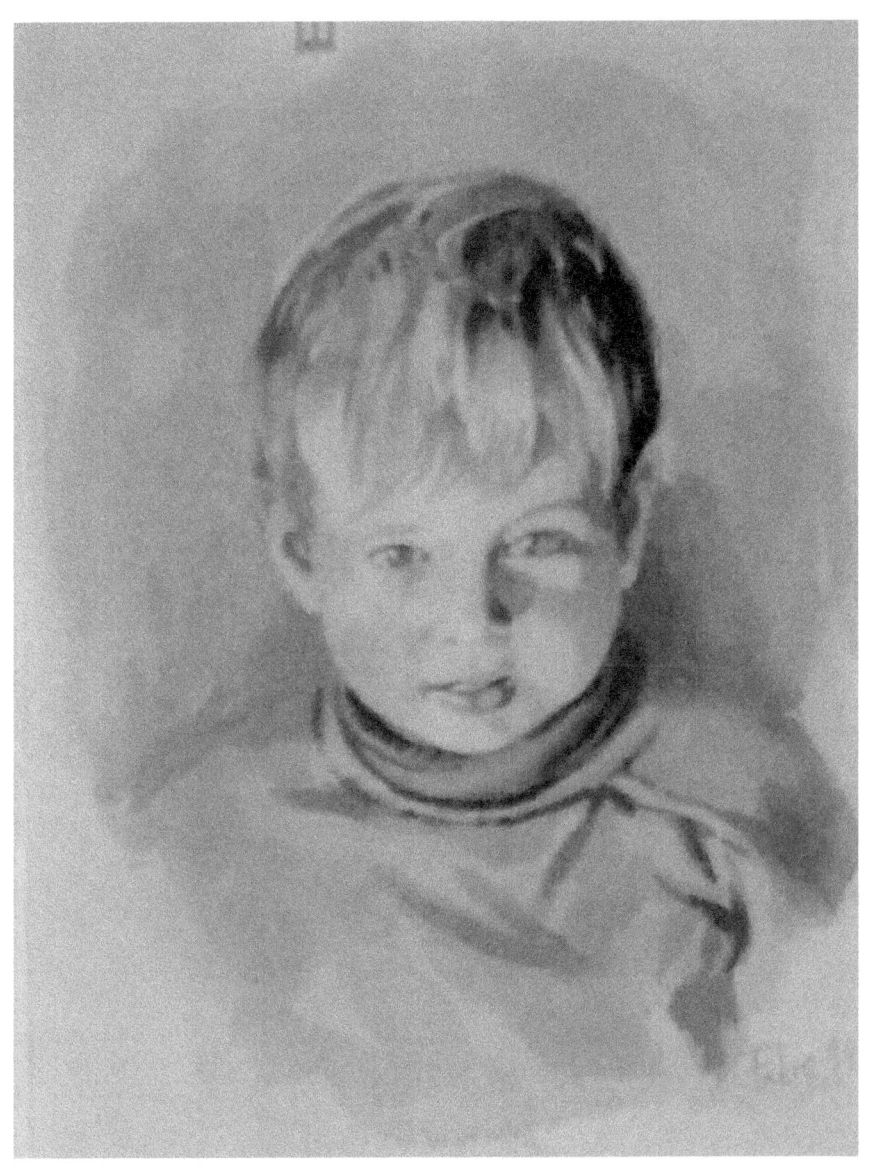

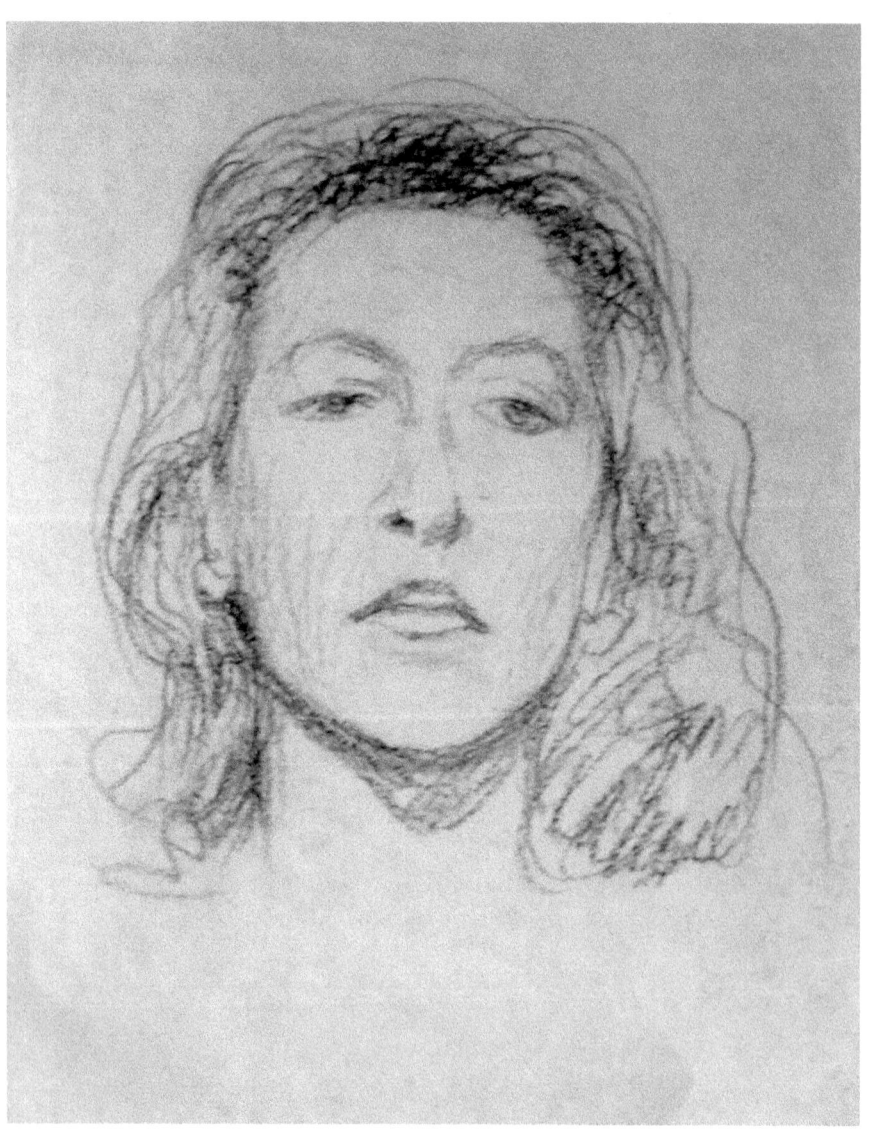

214

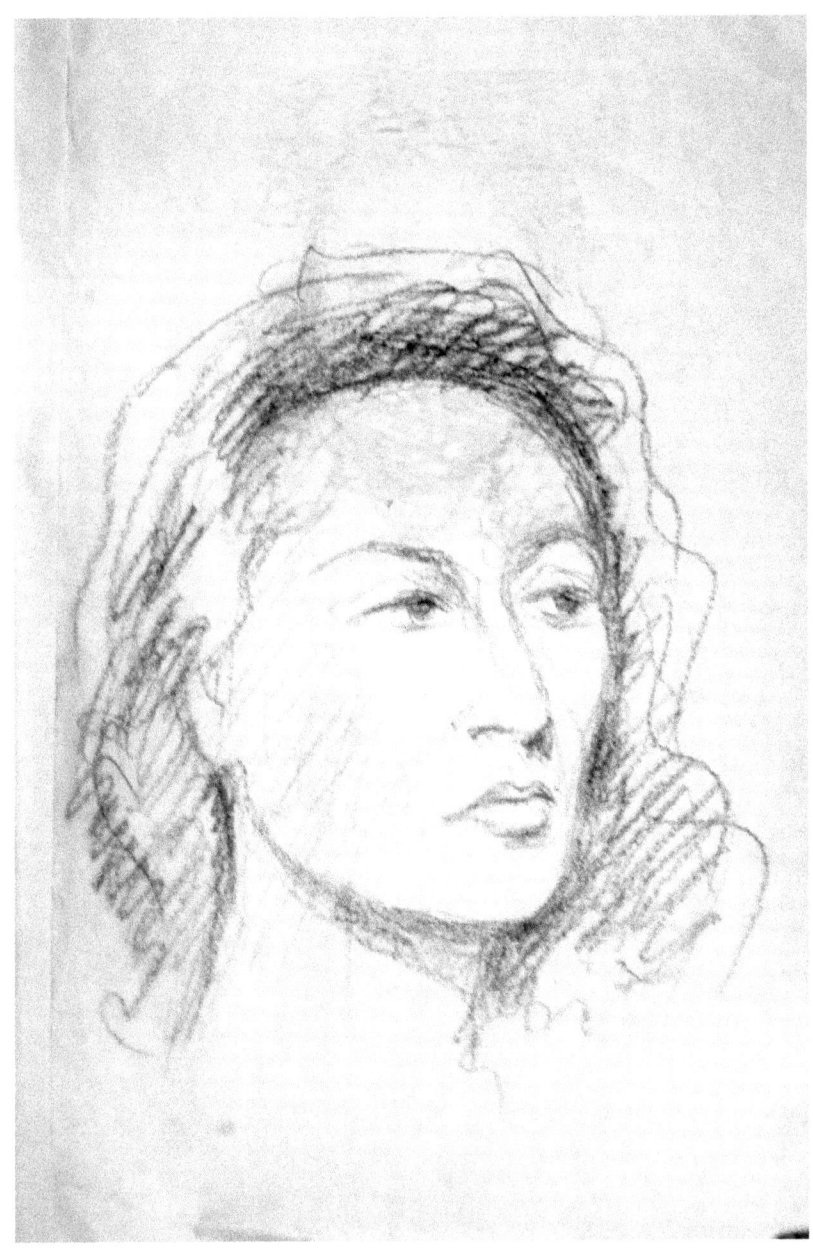

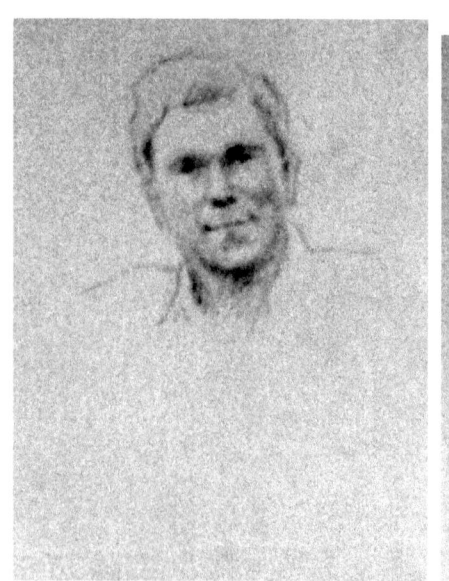
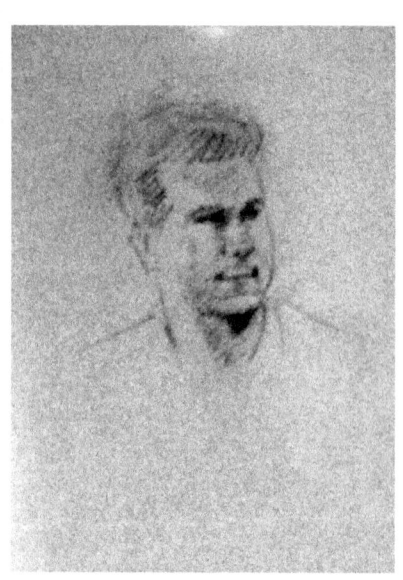
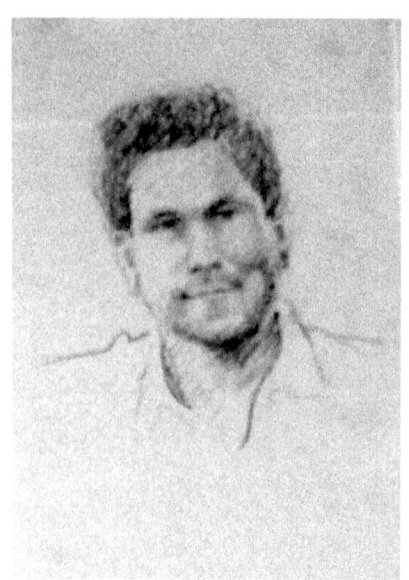
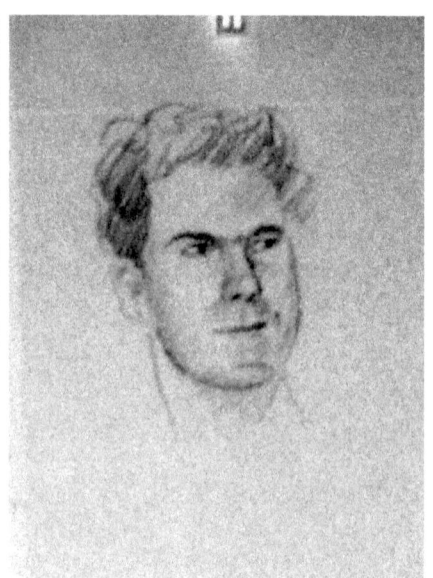

216

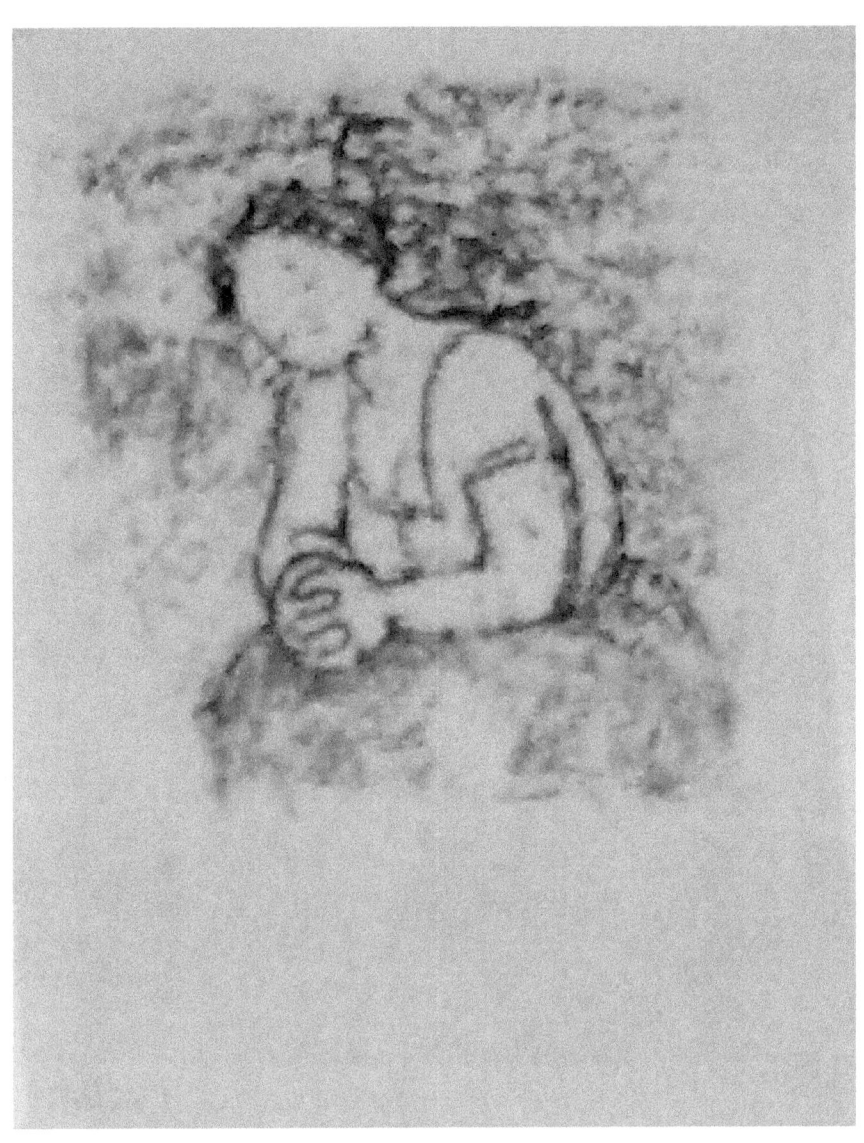

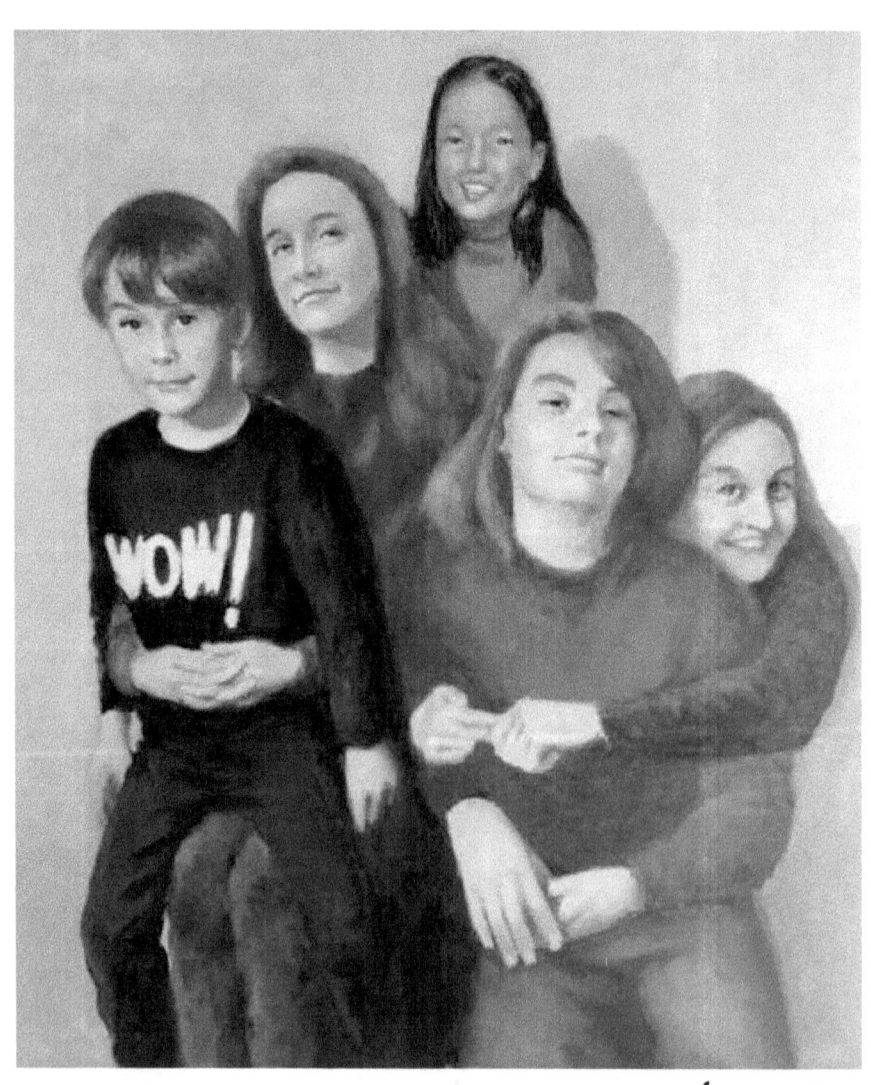

I nipoti

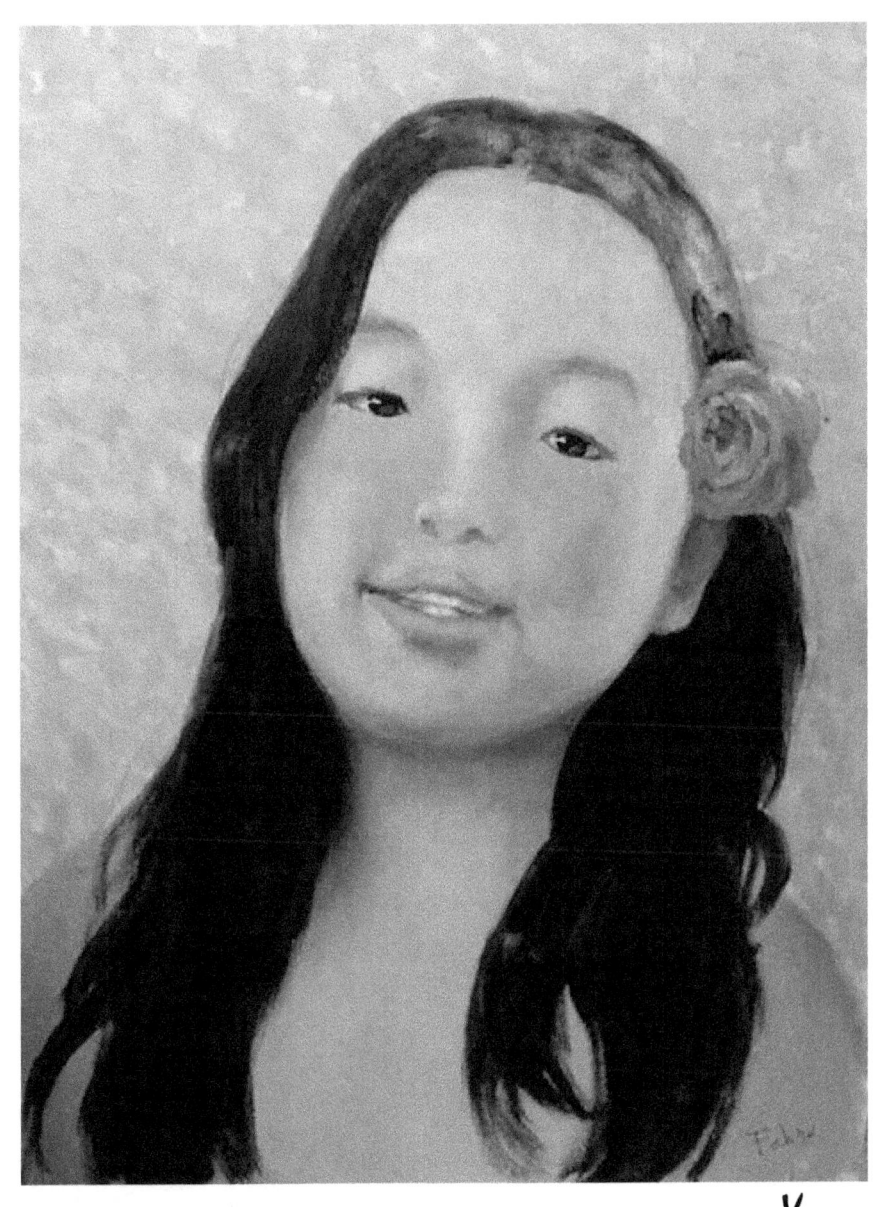

Yue

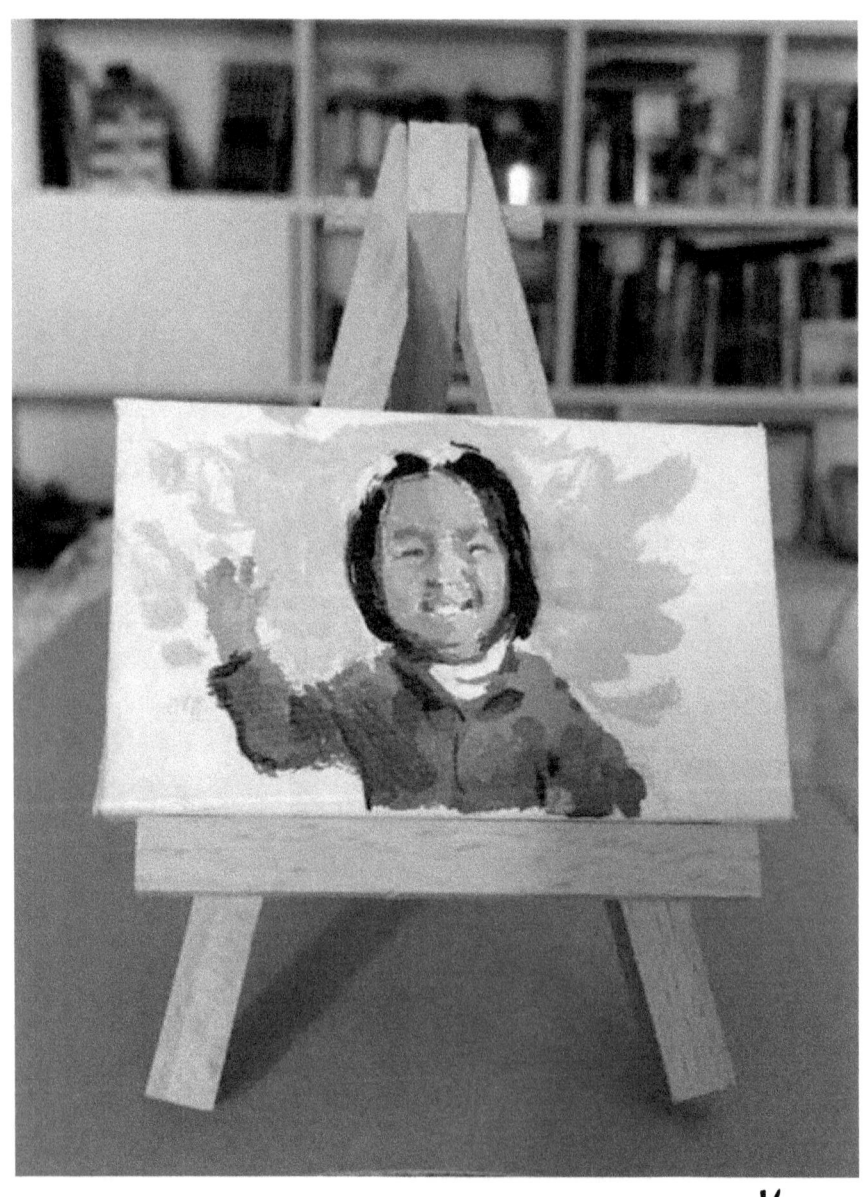

Yue

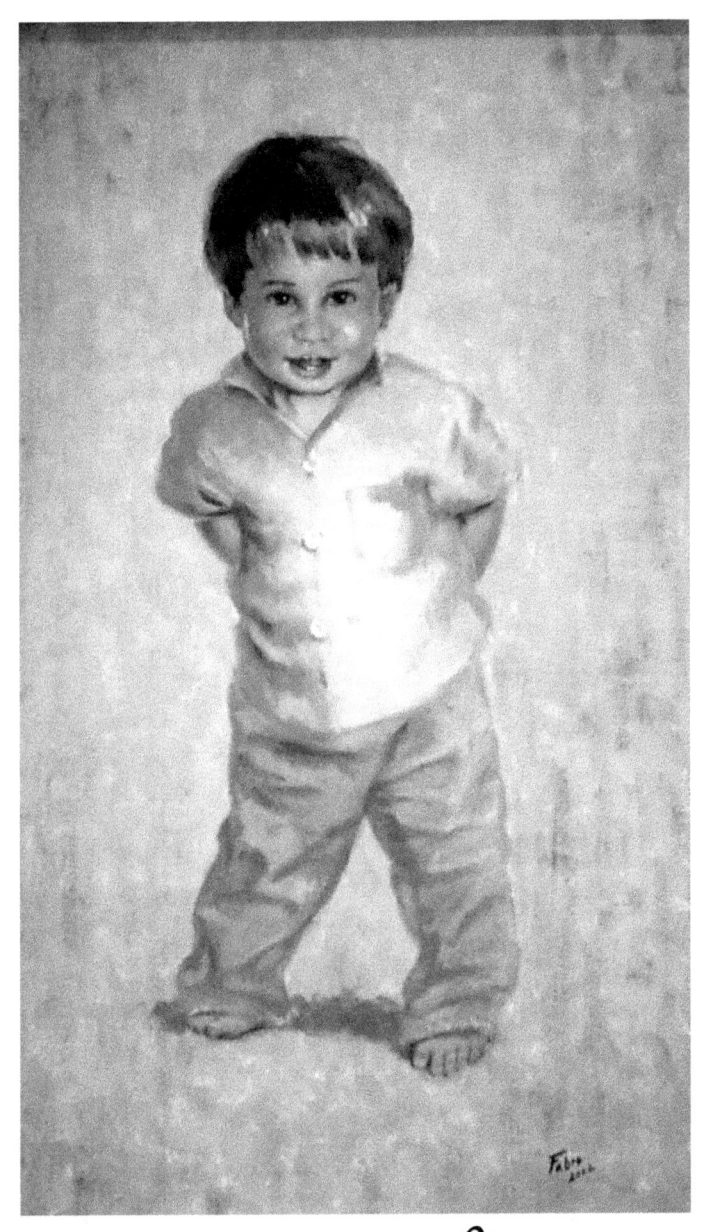

Giacomo

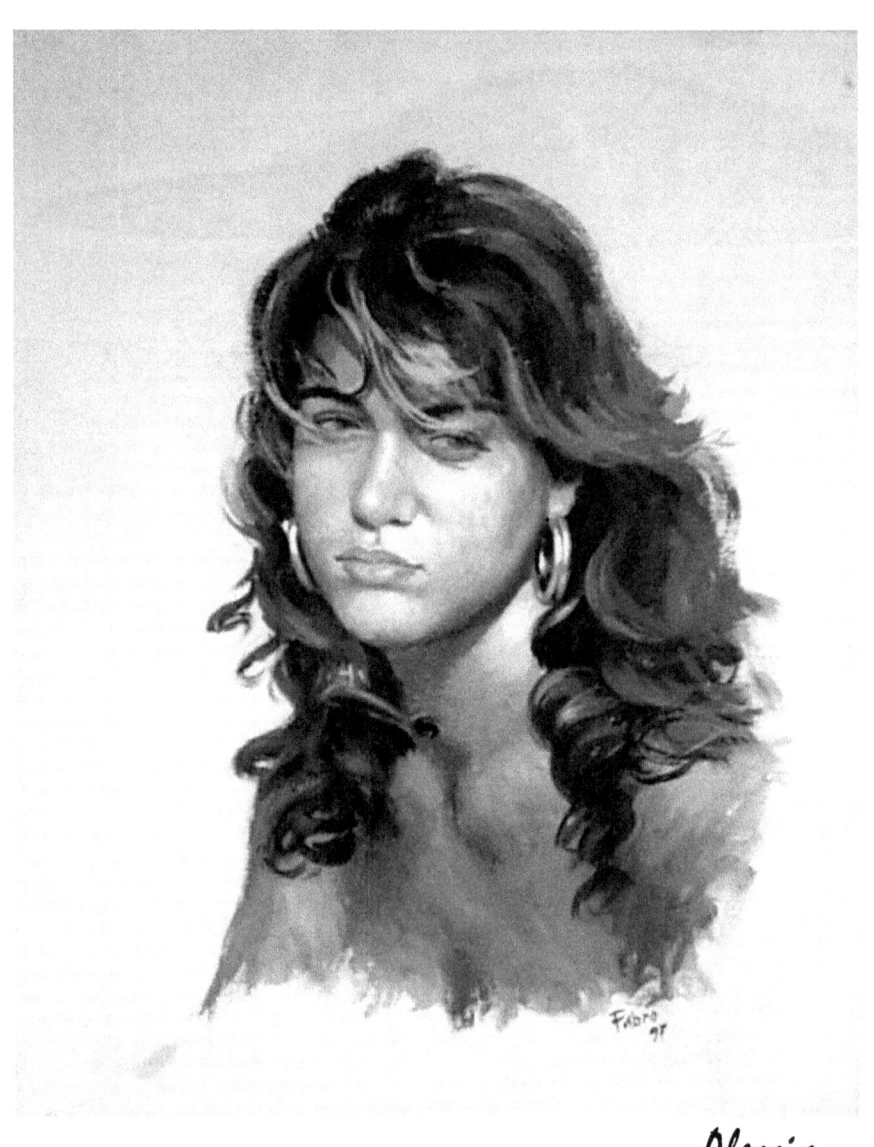

Alessia

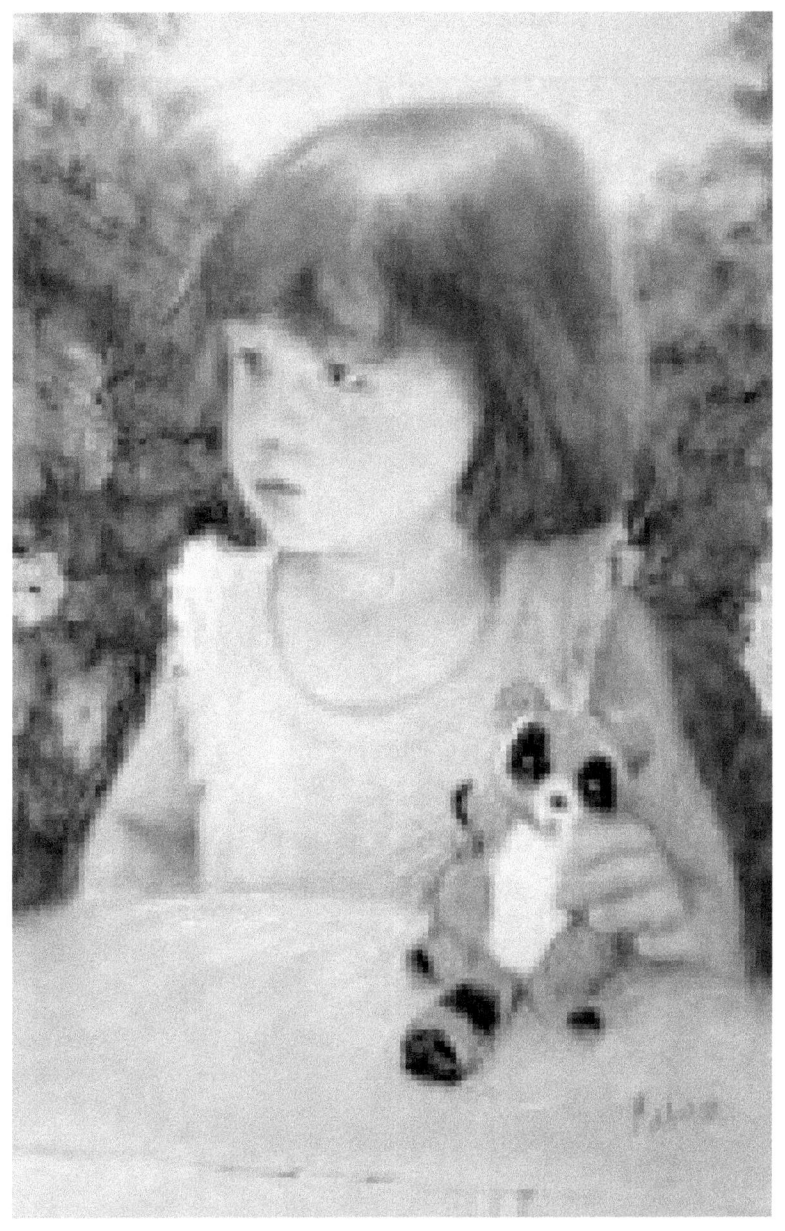

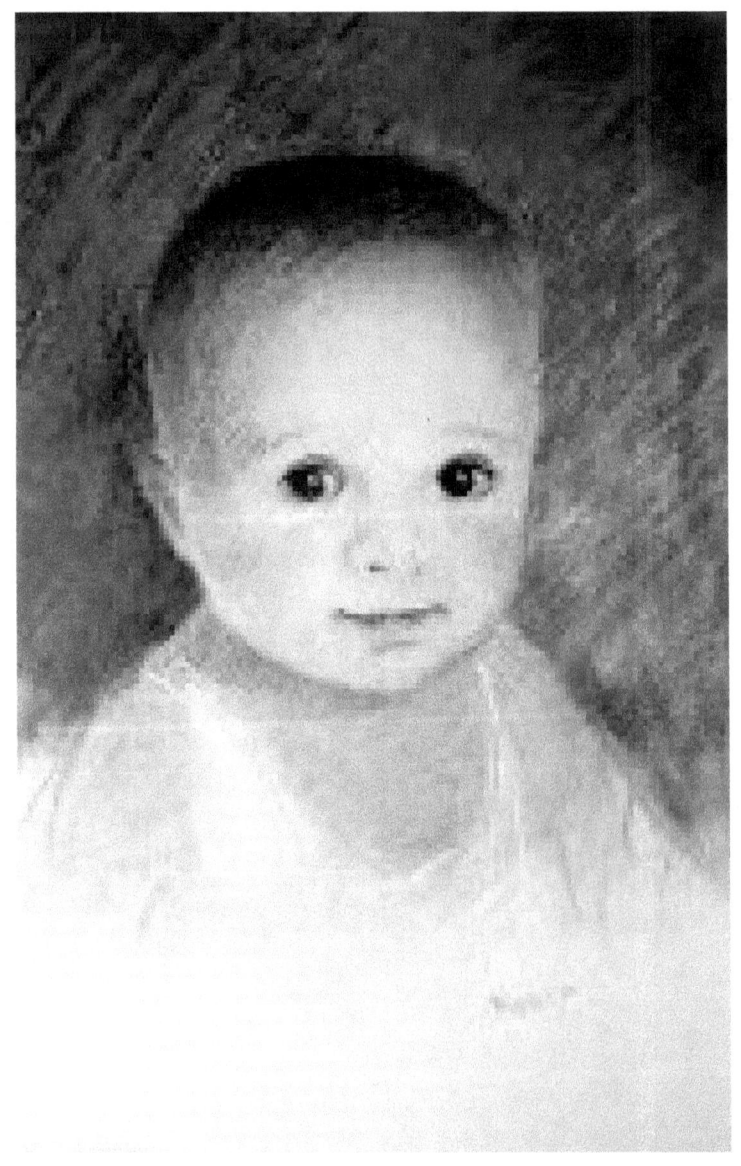

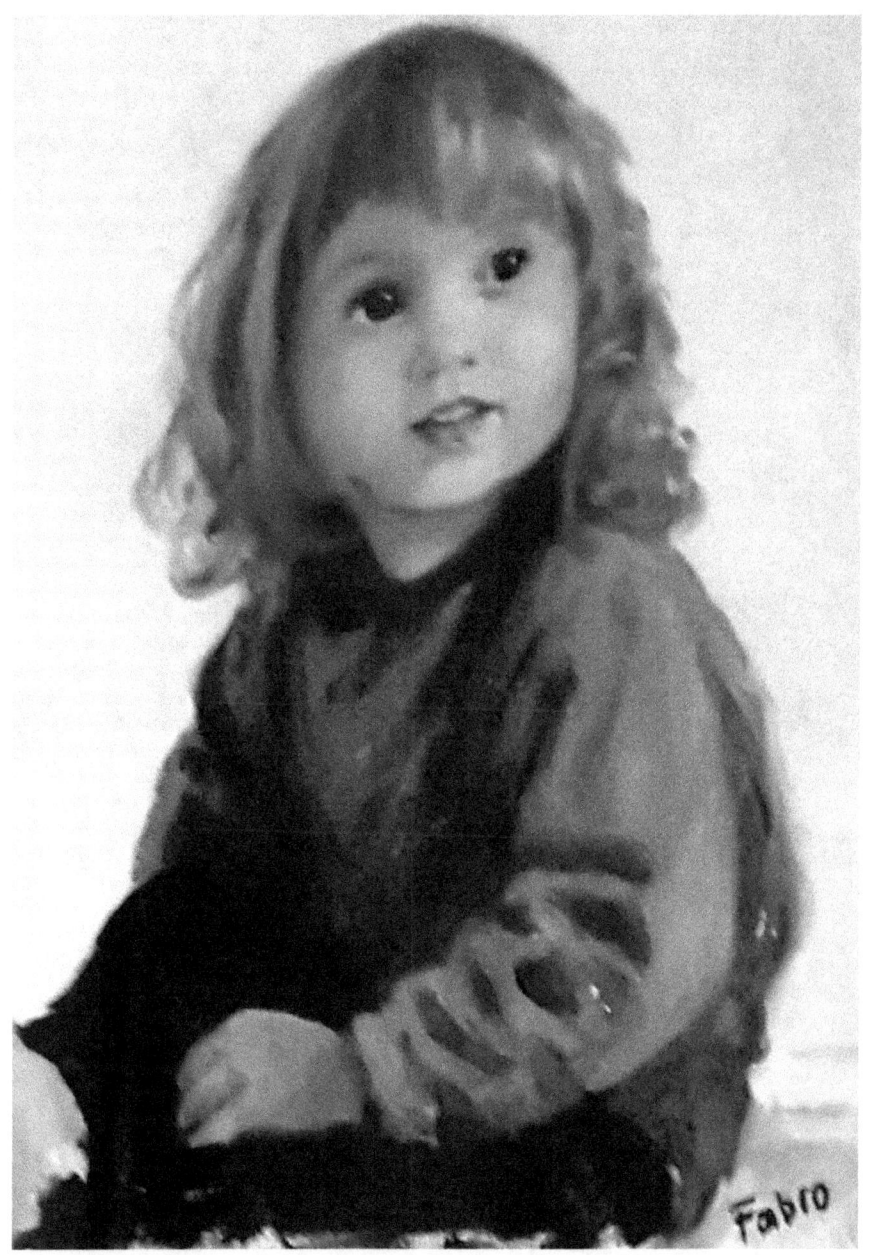

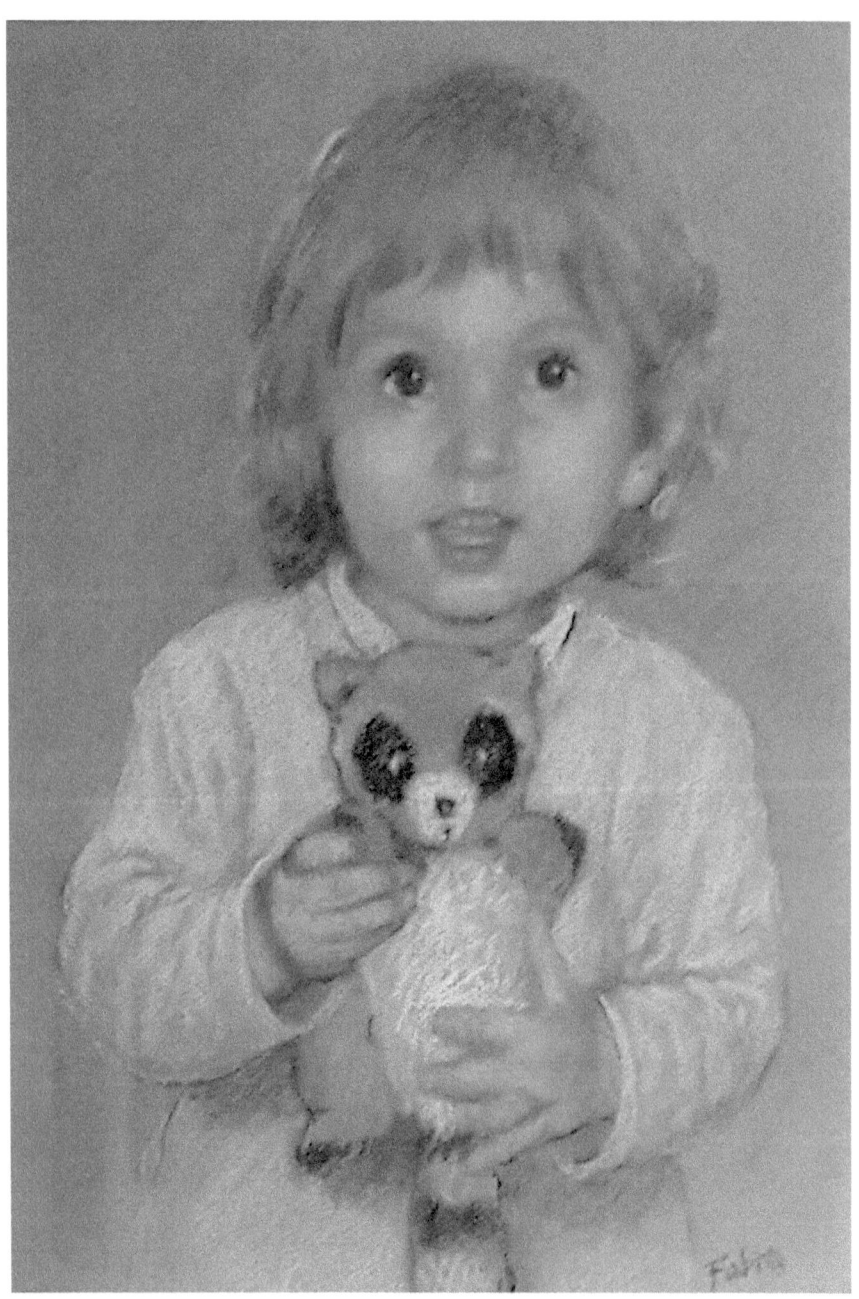

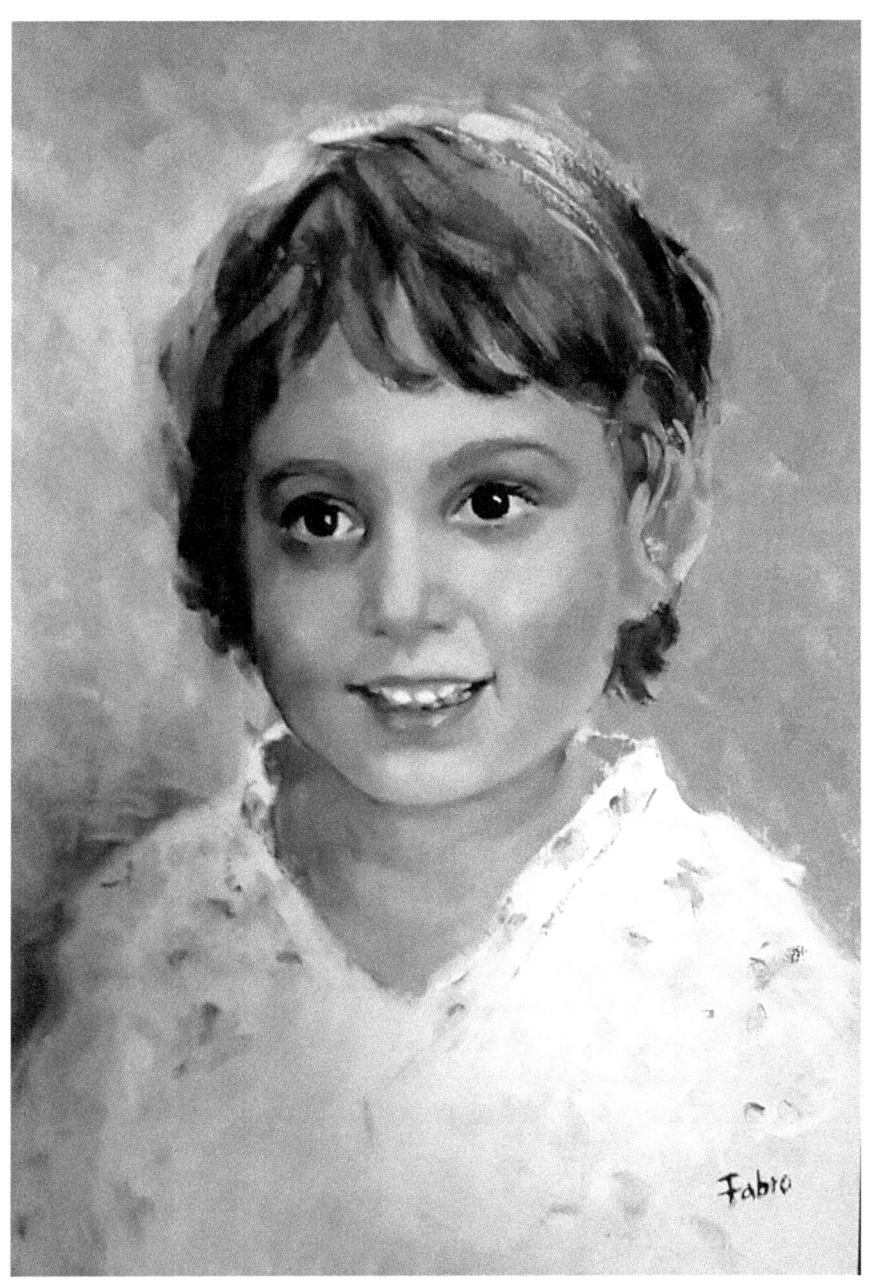

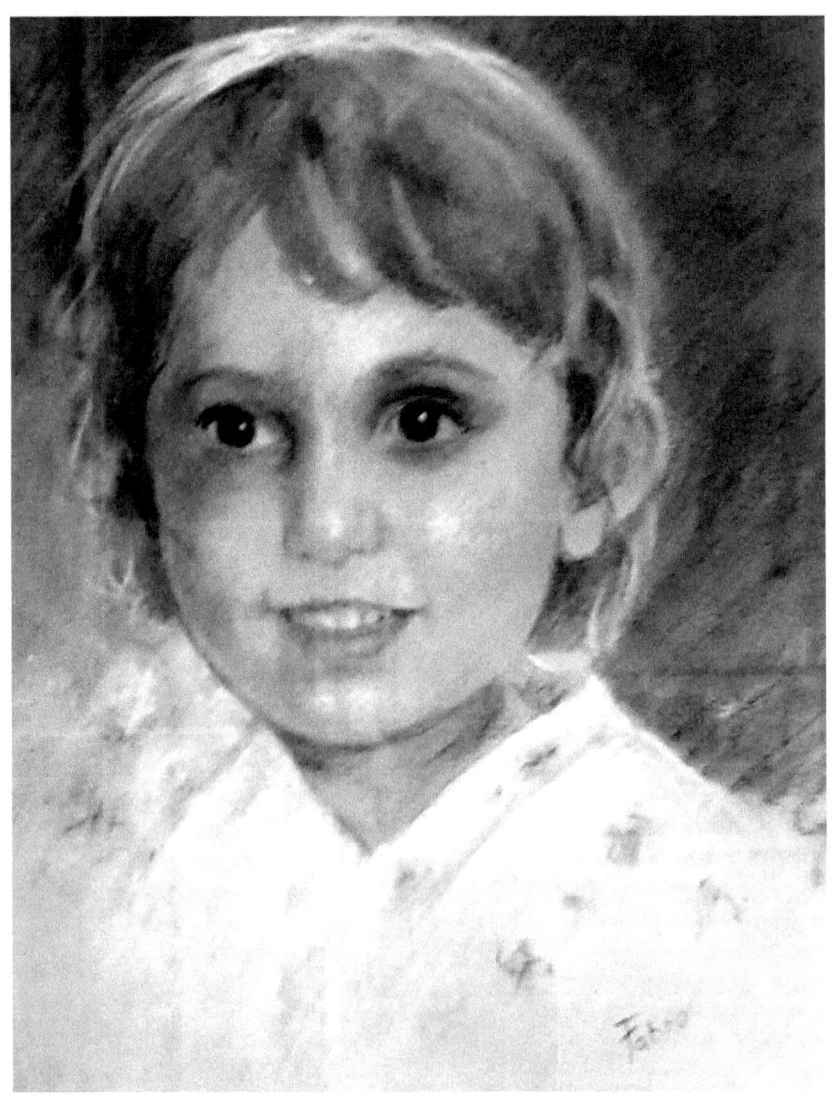

ANIMALI

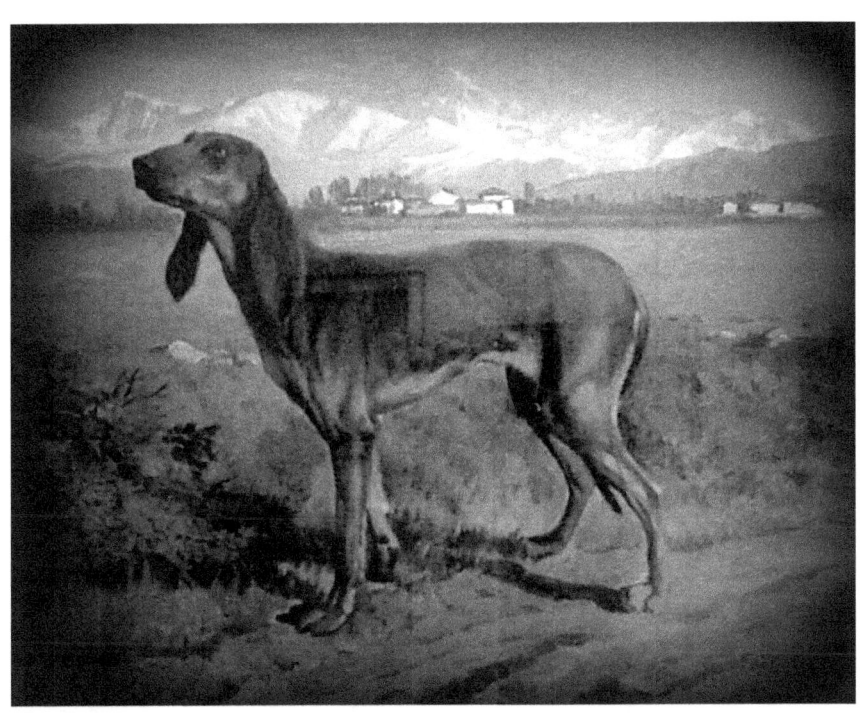

NATURA MORTA

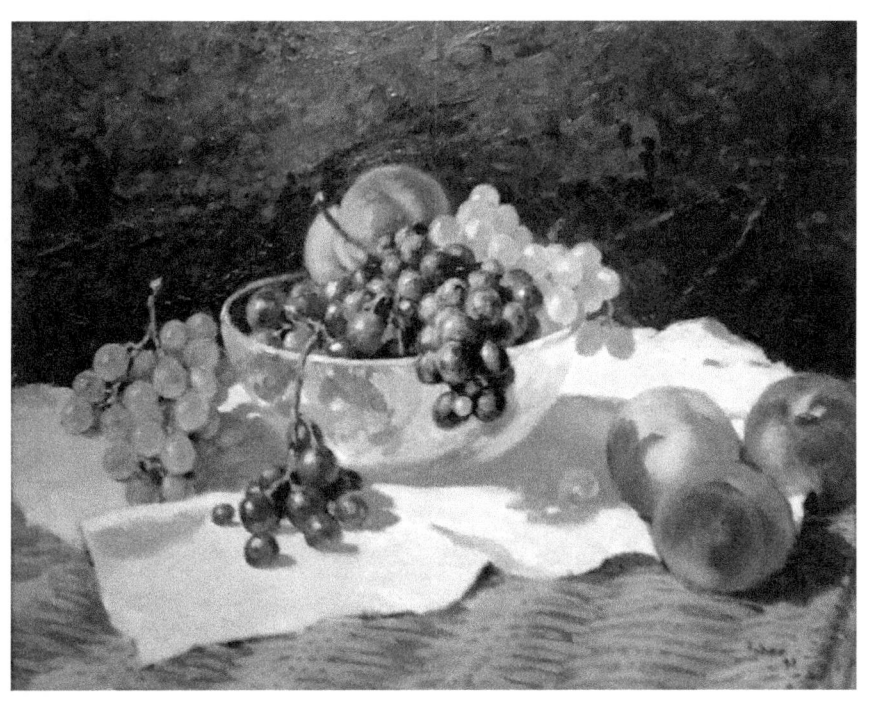

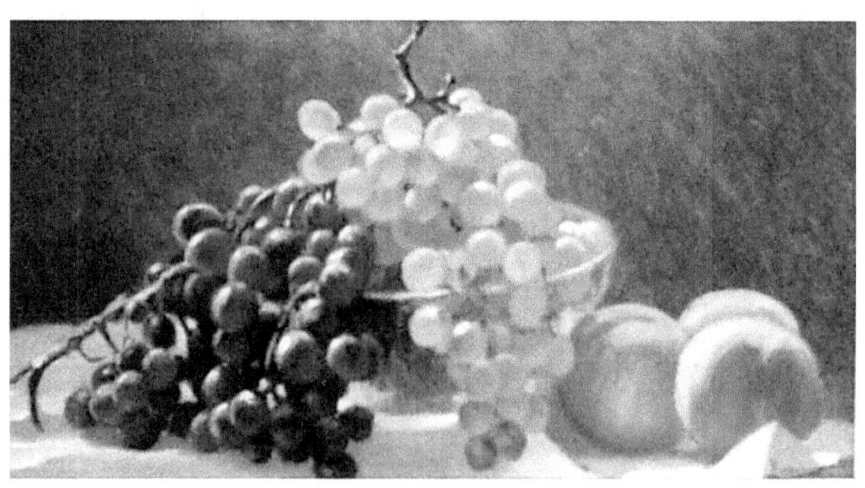

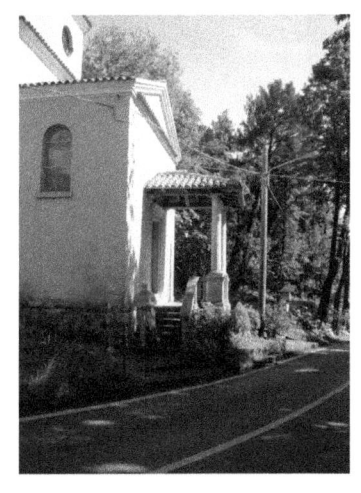

DIPINTI NELLE CHIESE

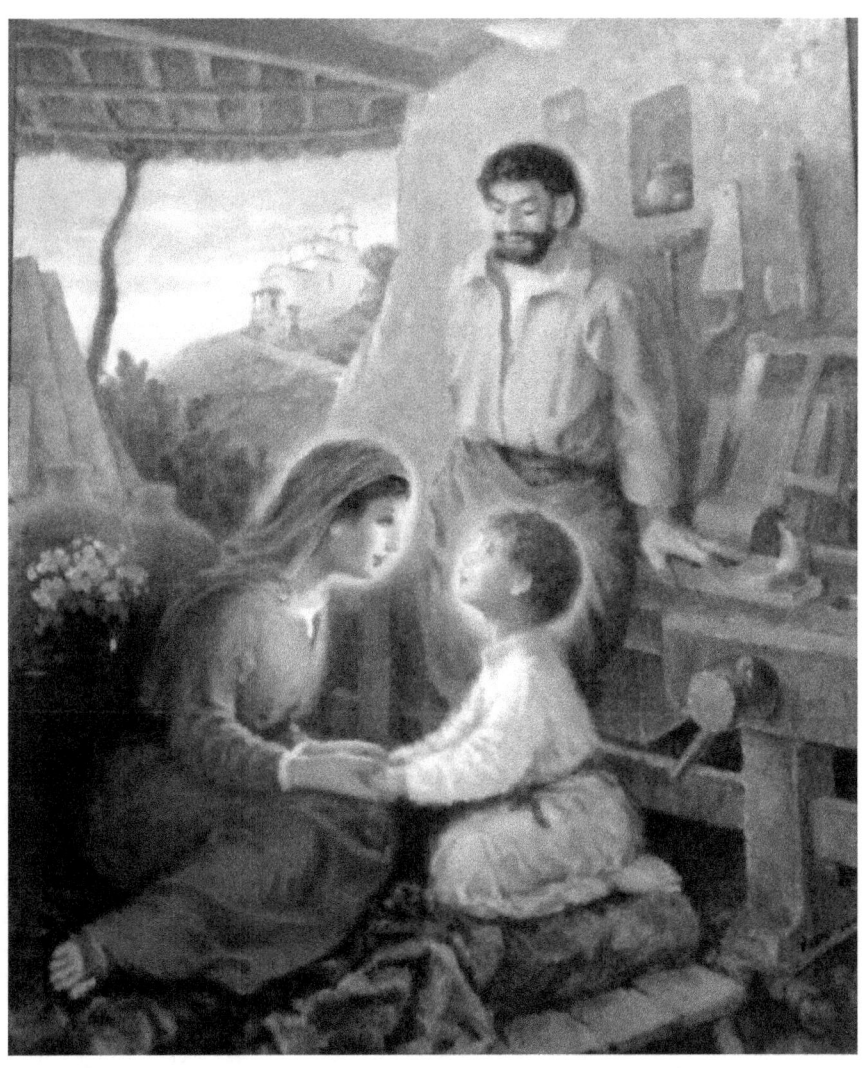

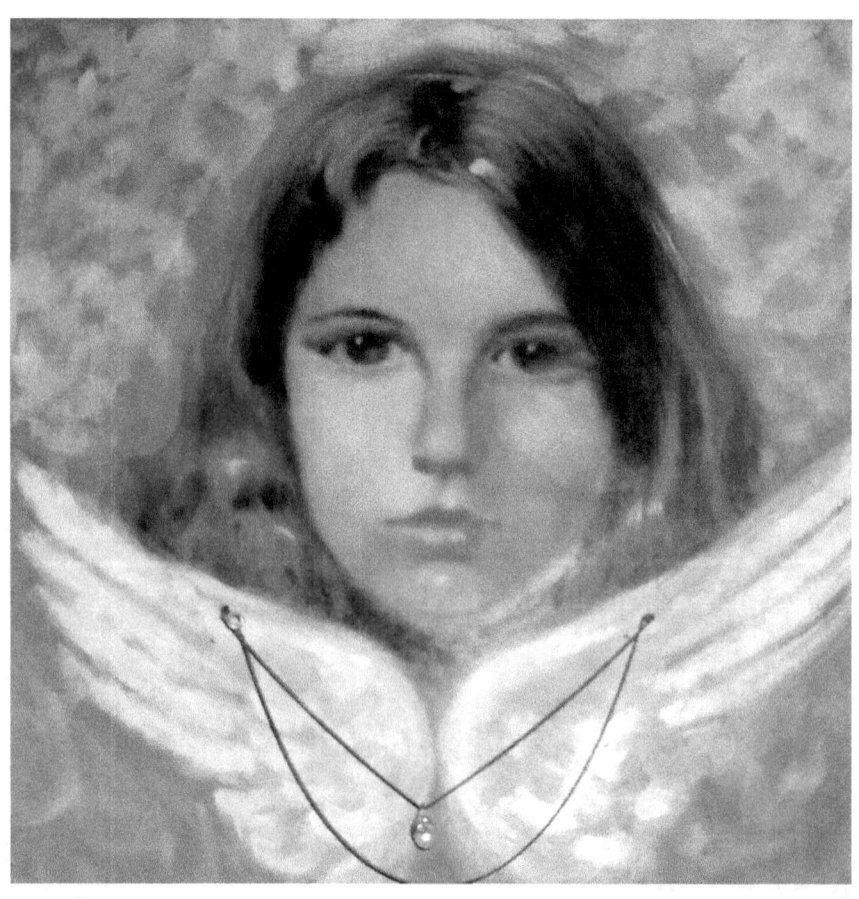

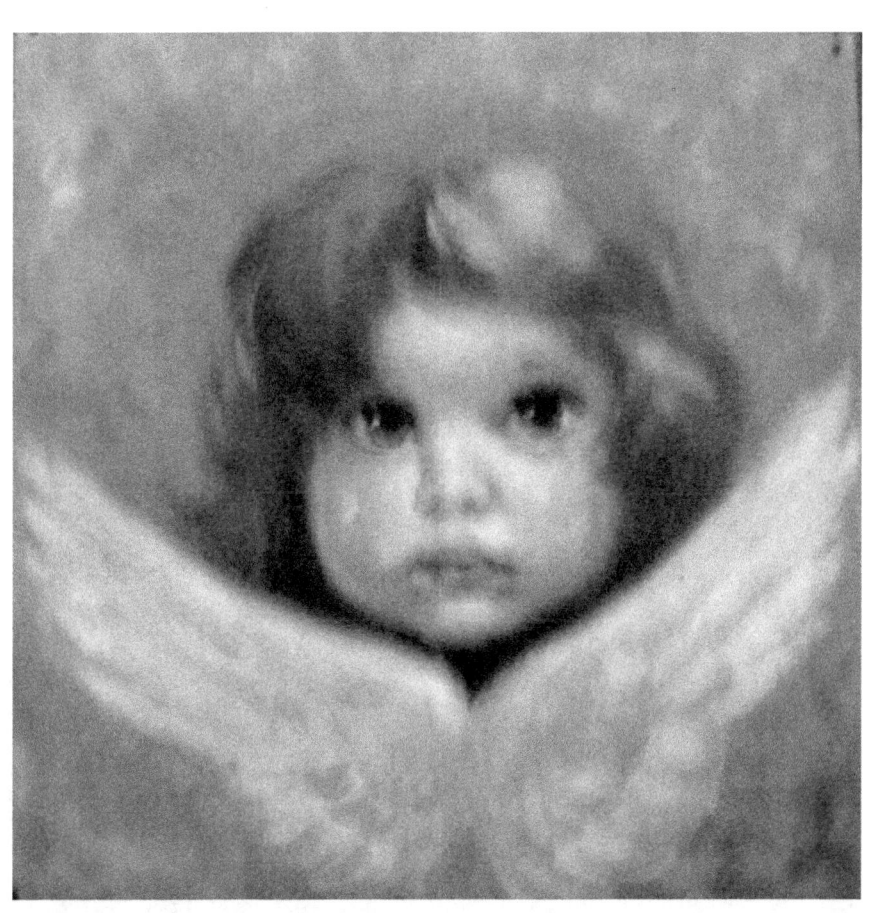

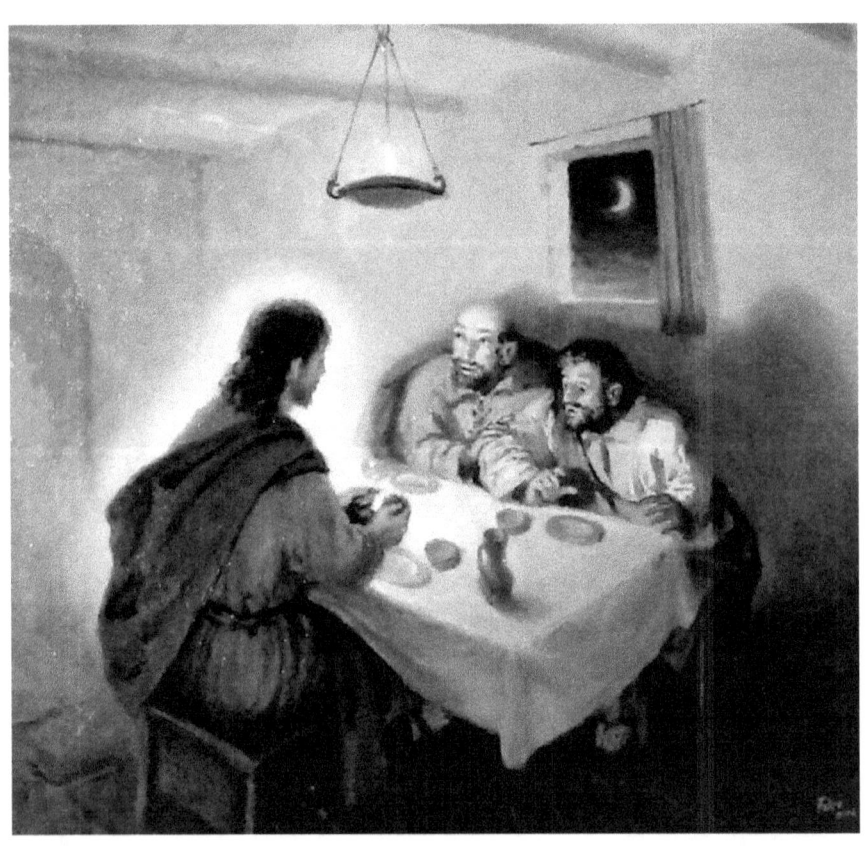

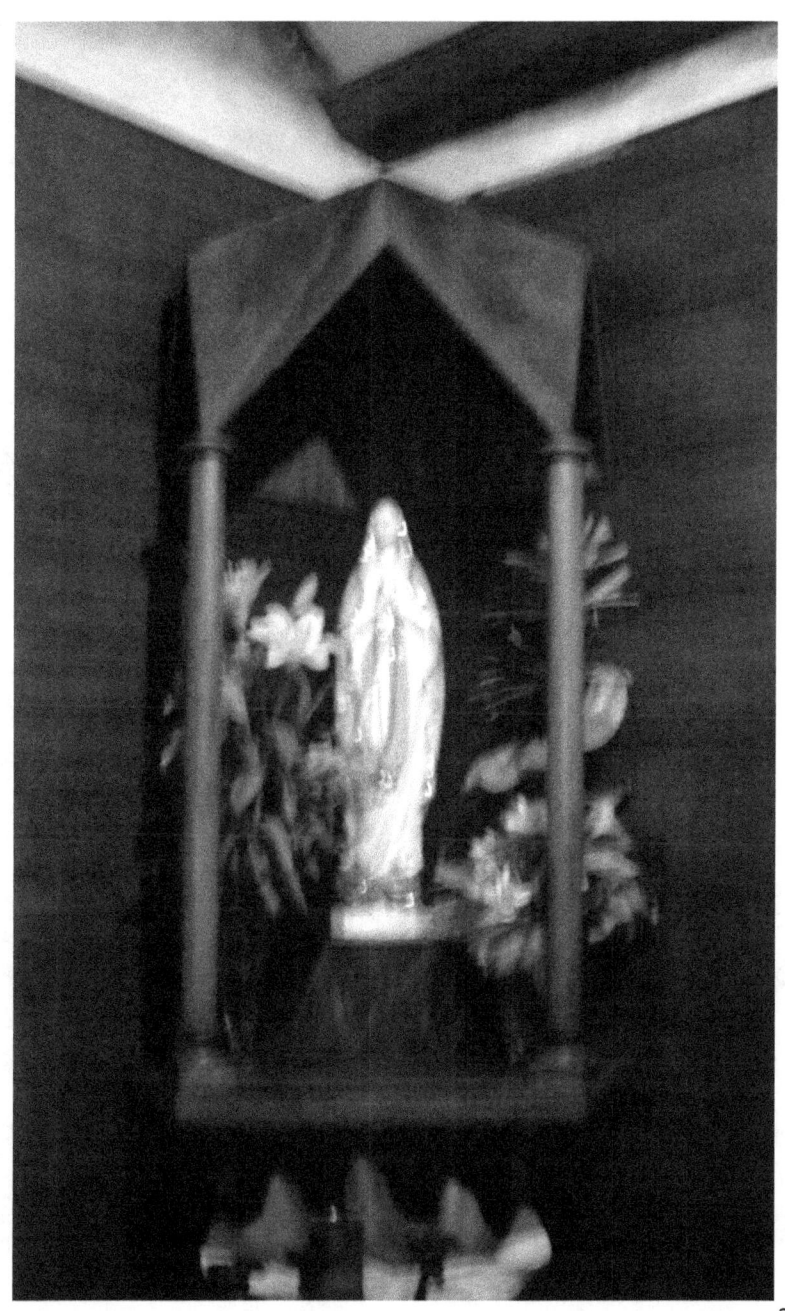

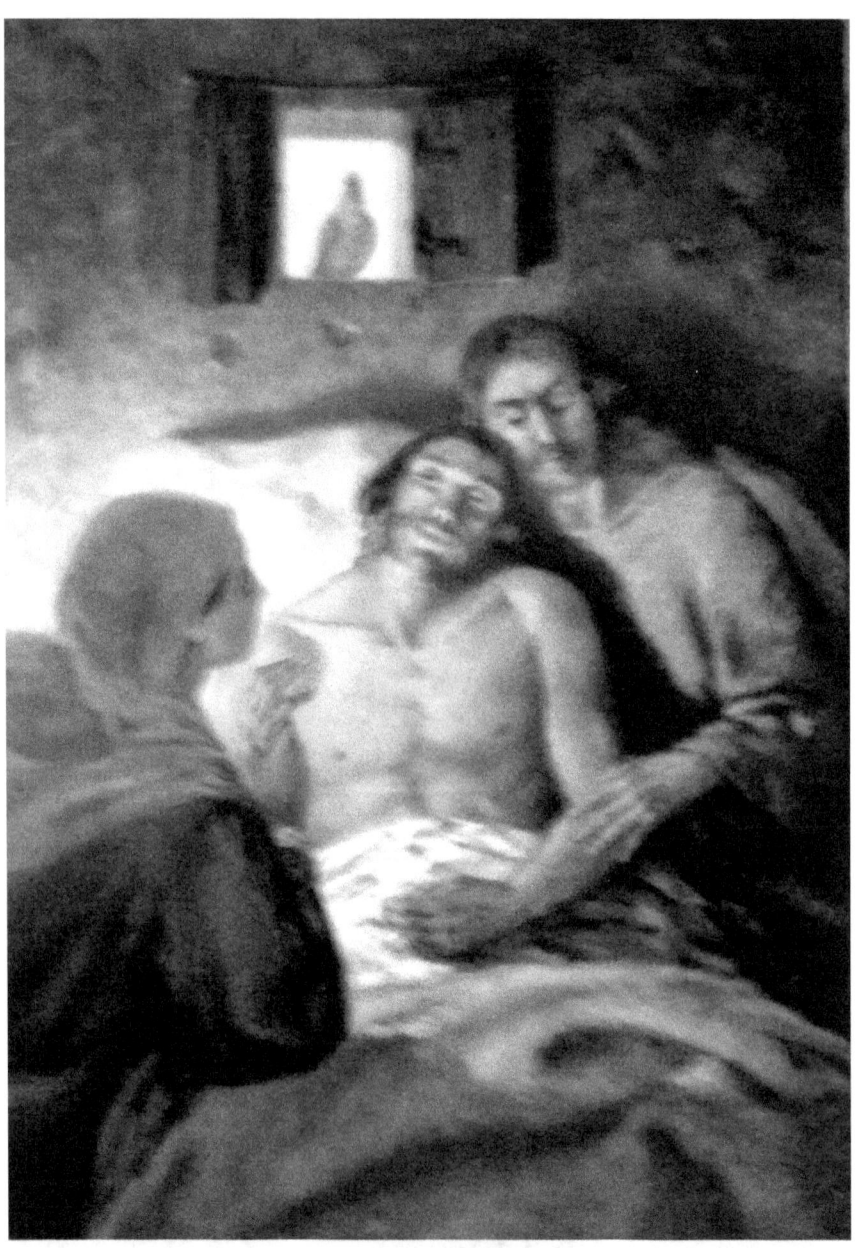

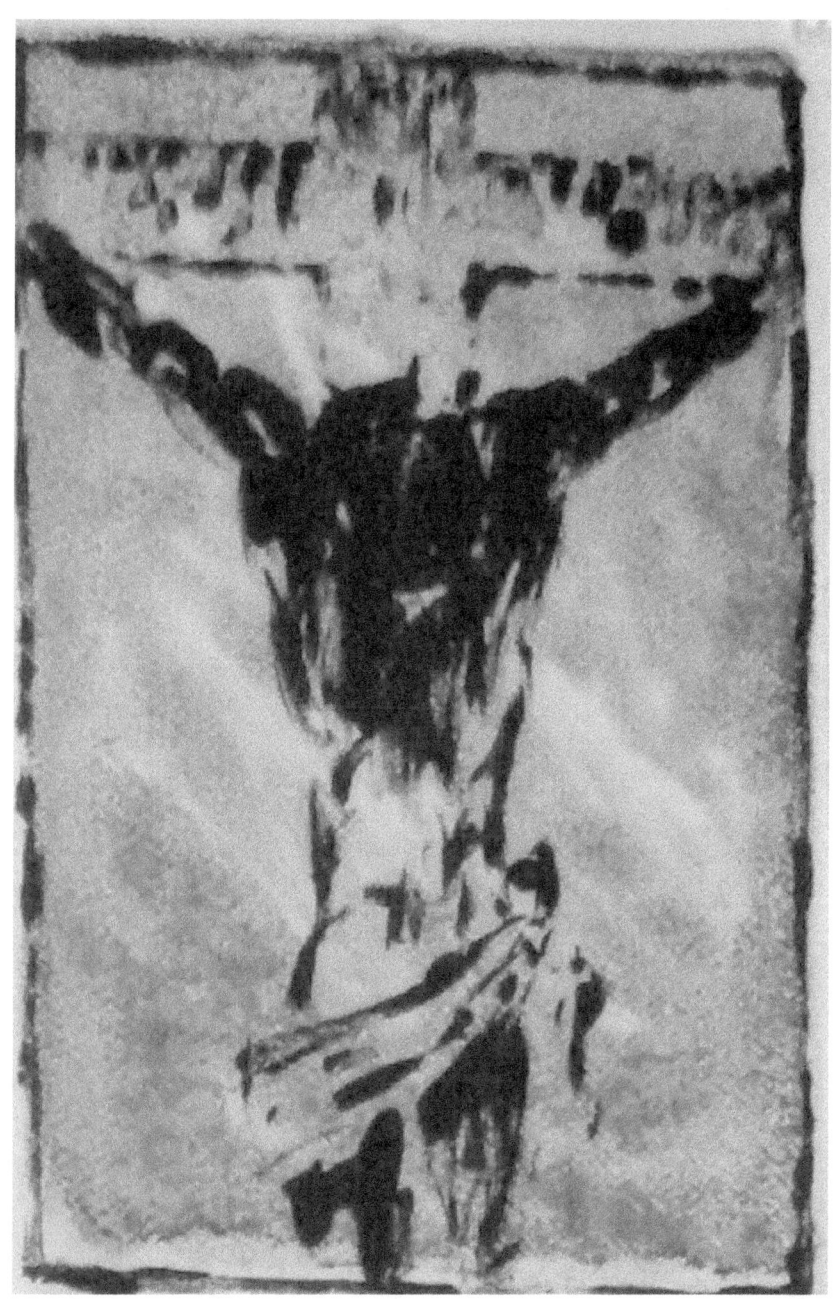

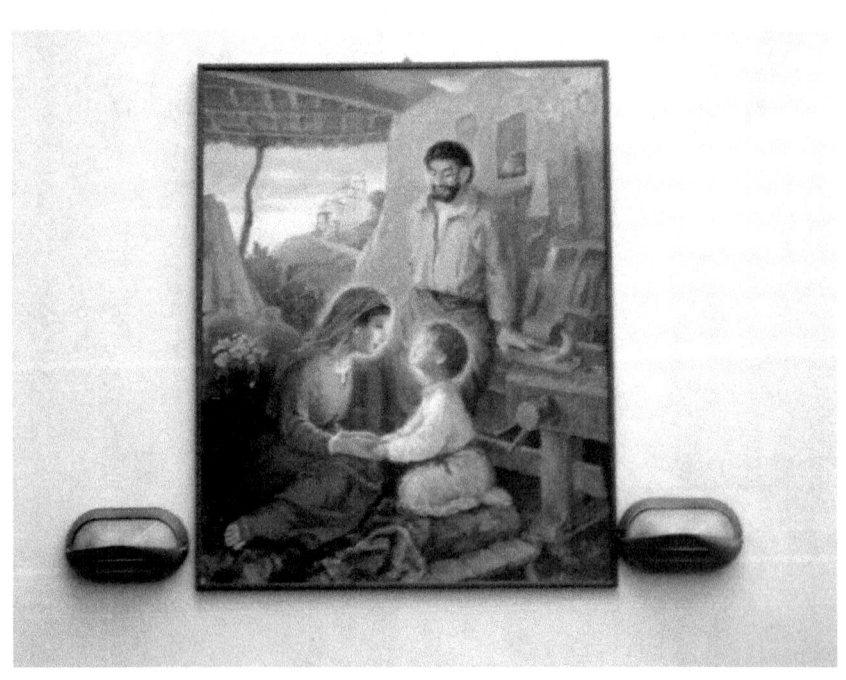

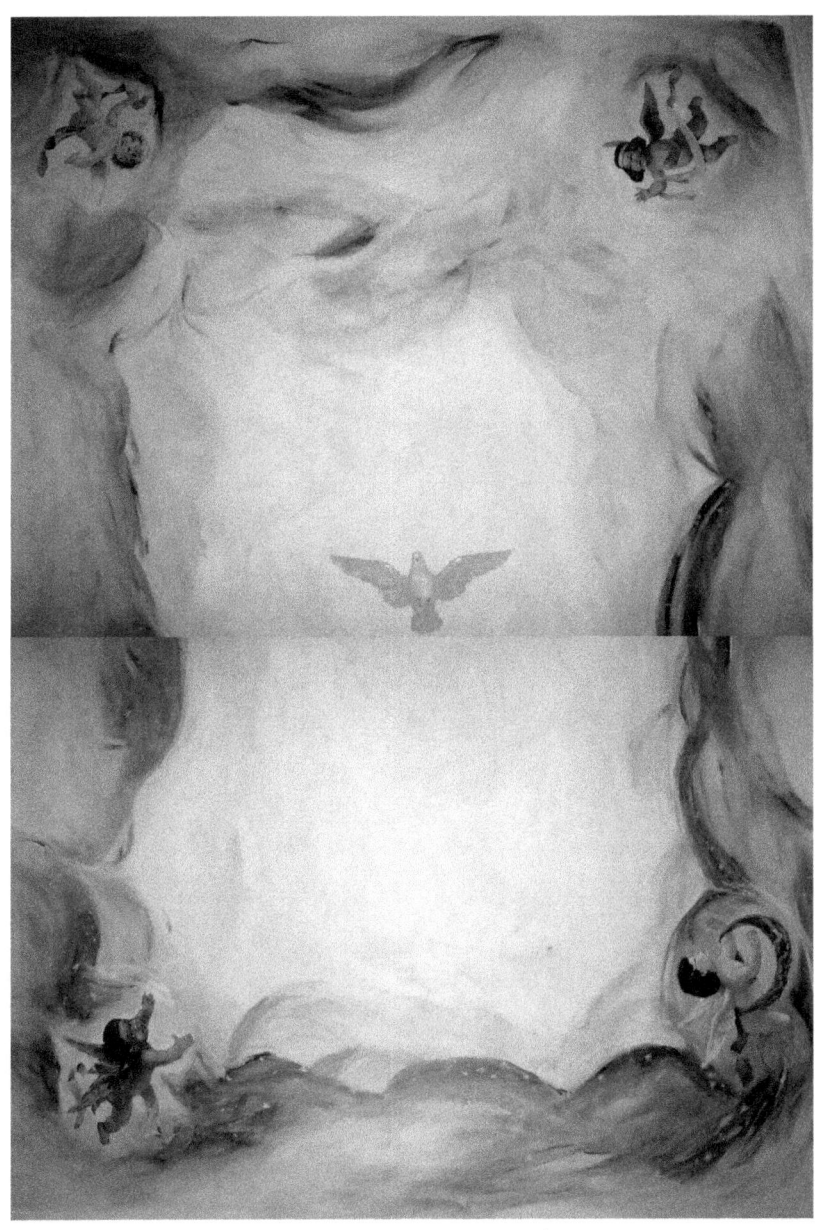

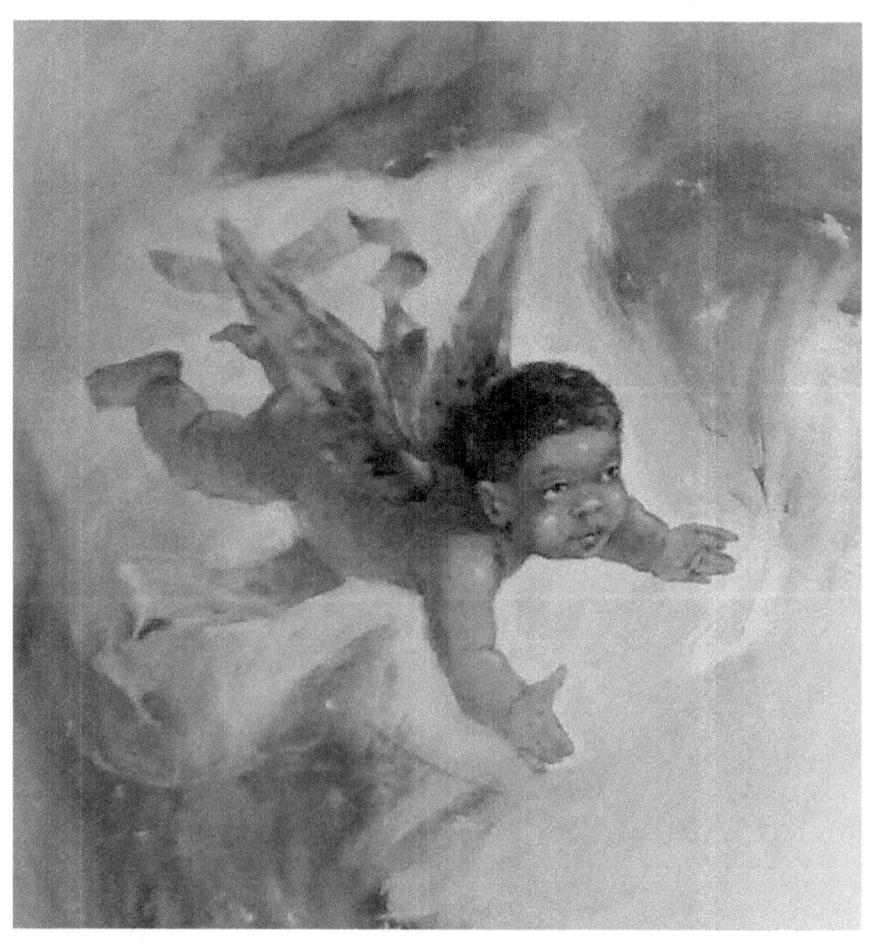

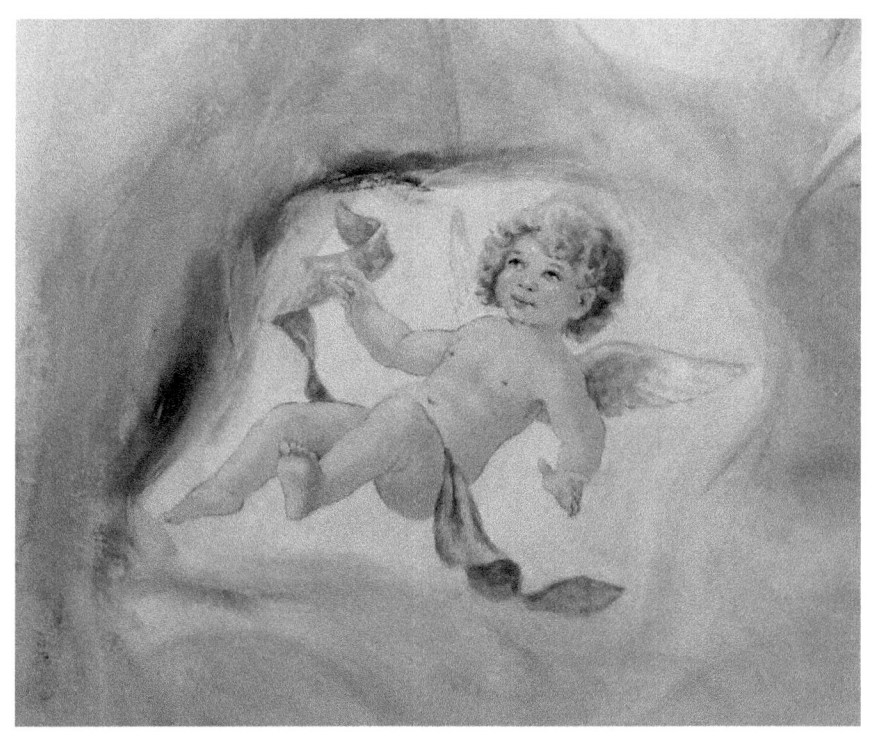

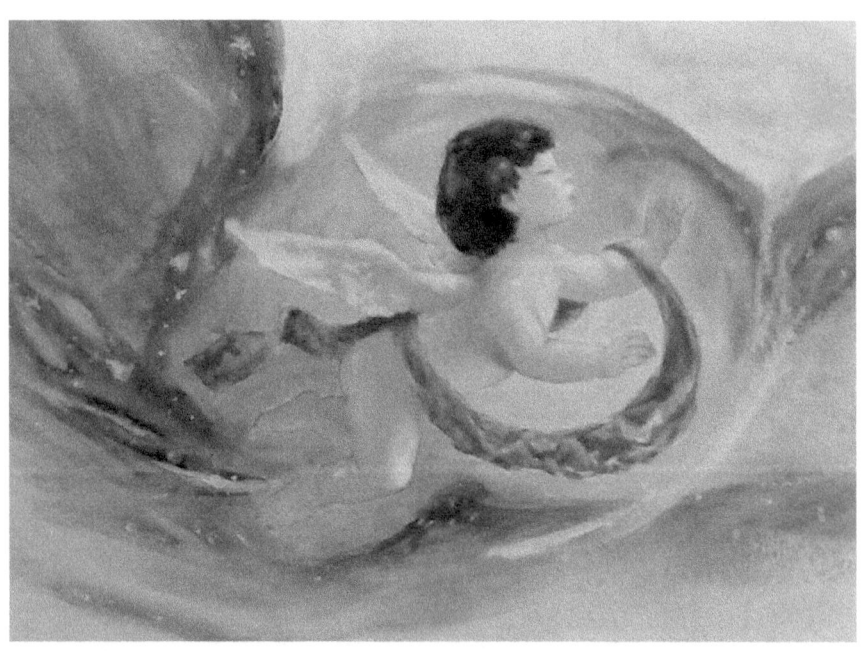

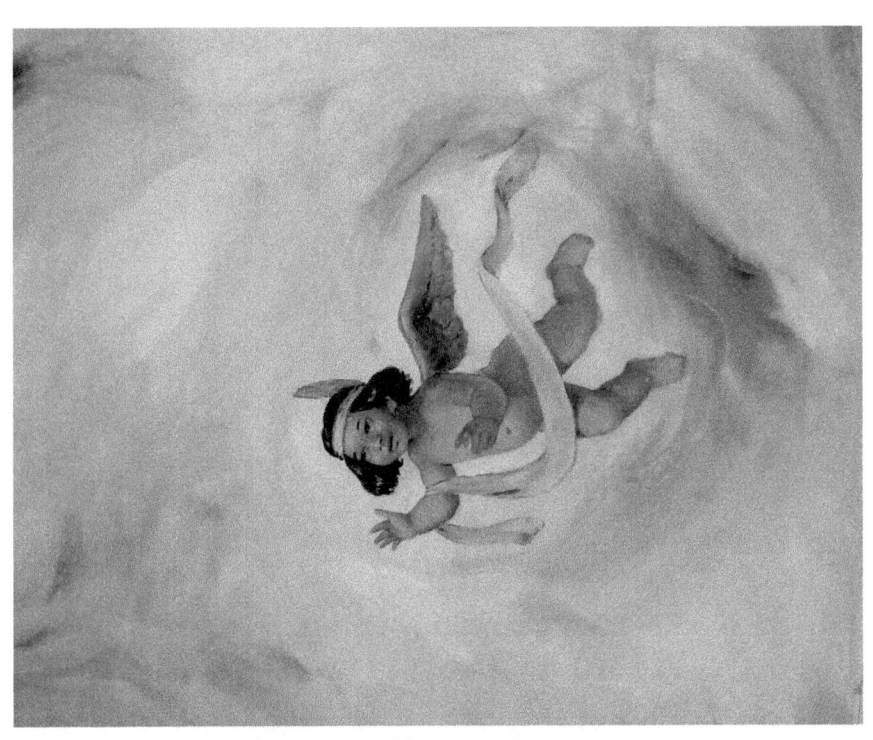

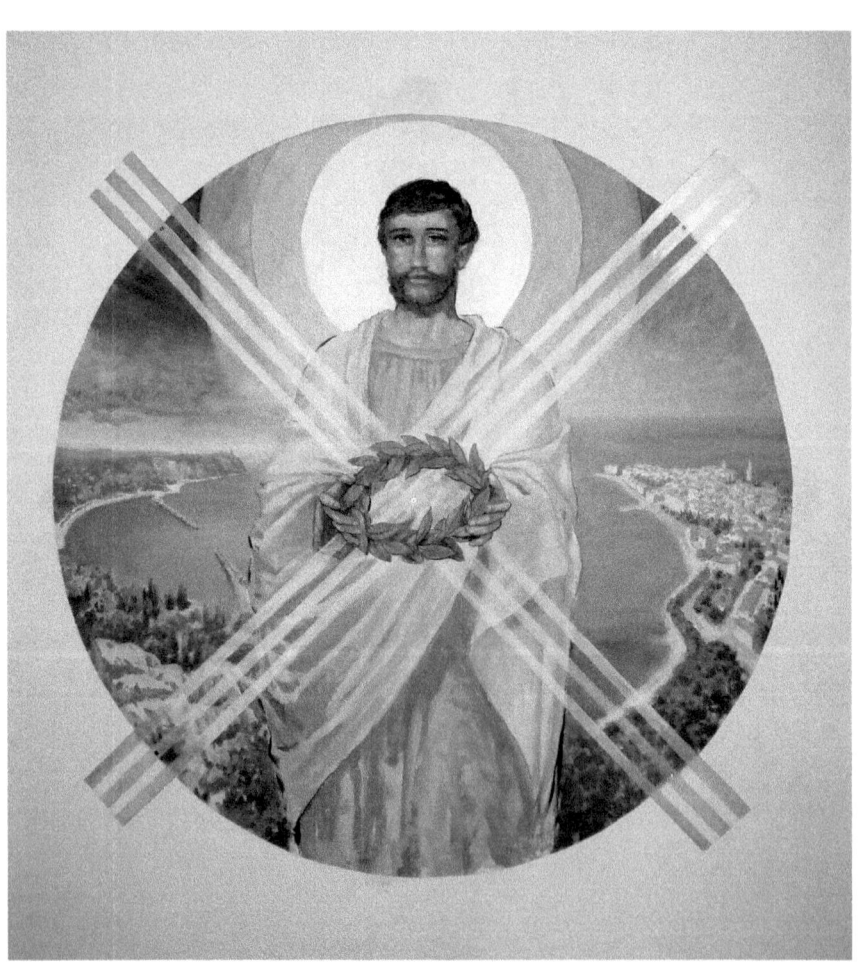

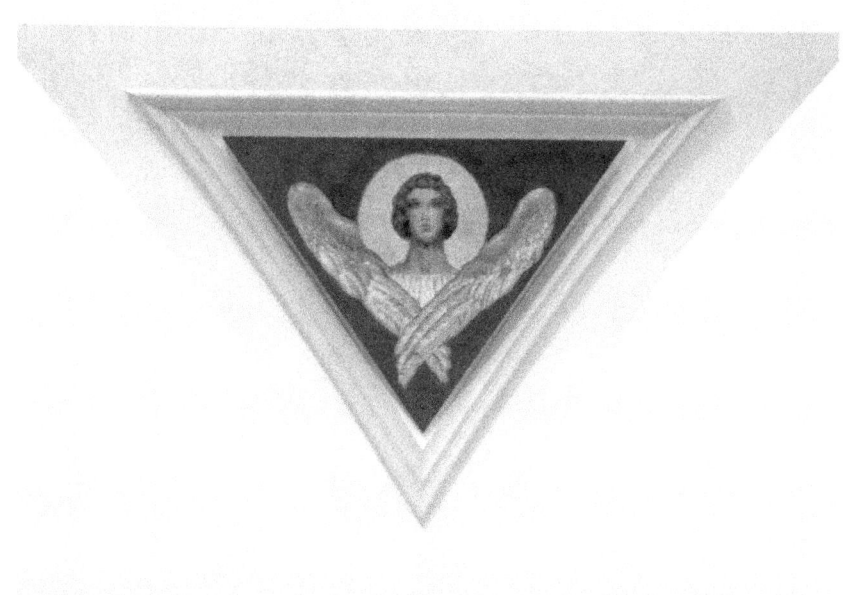

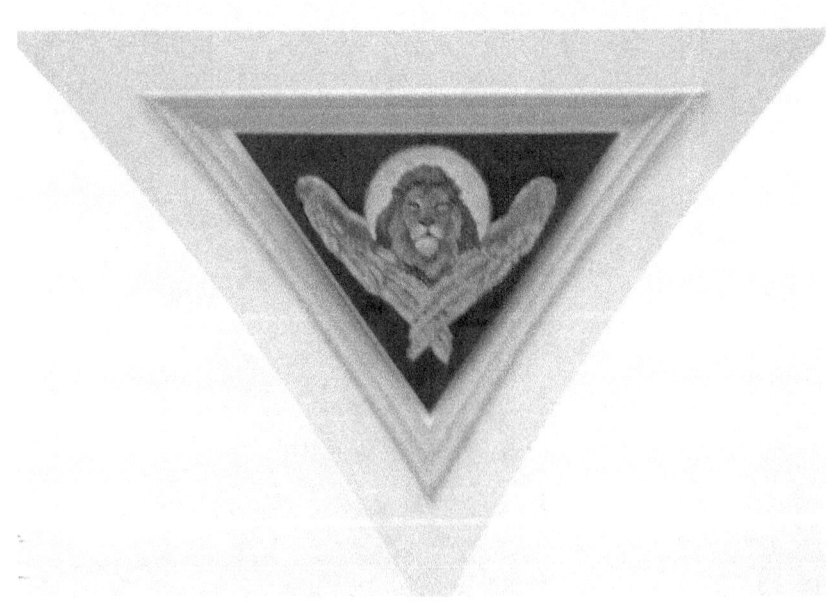

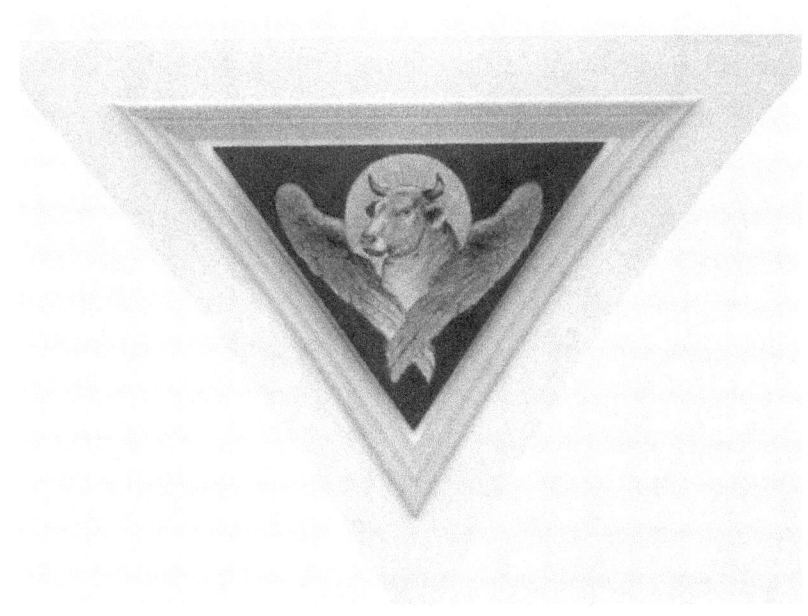

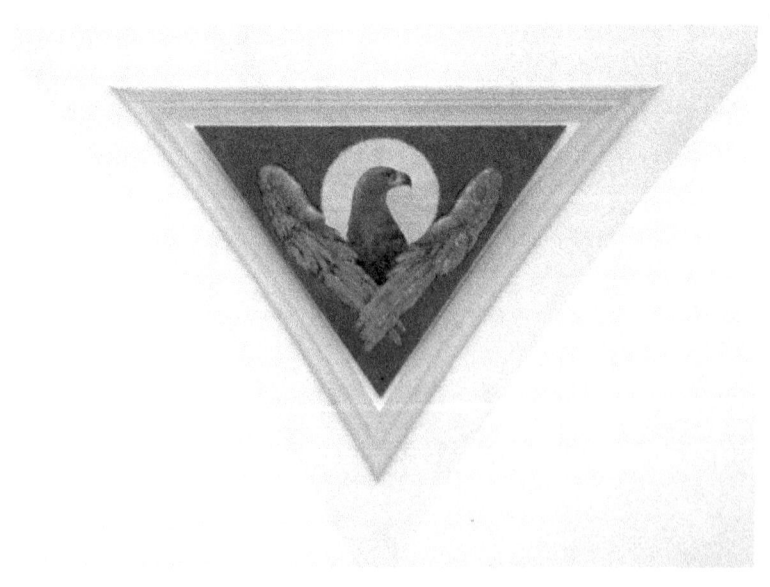

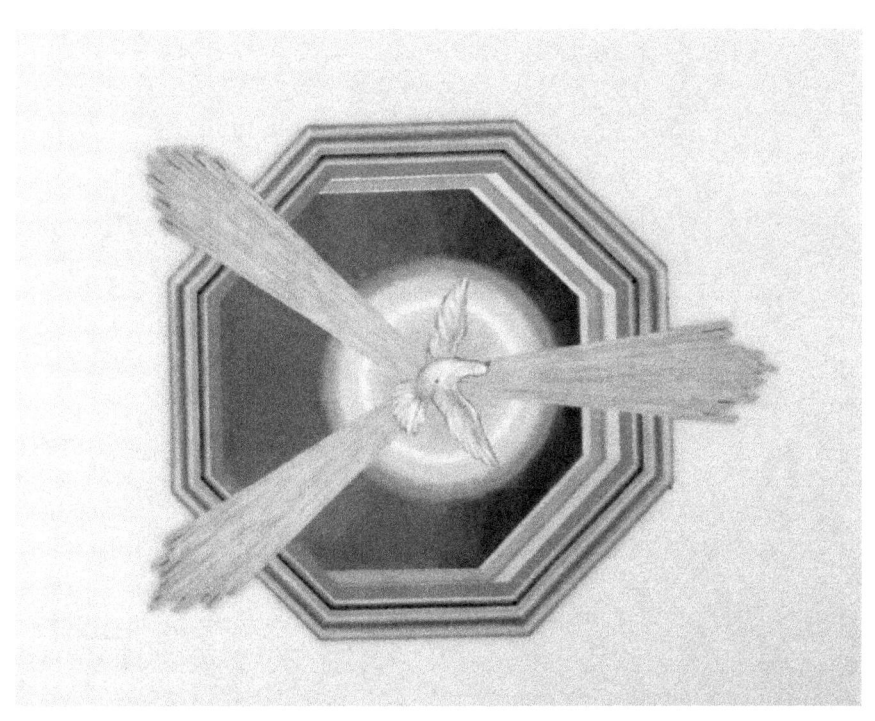

VETRATE

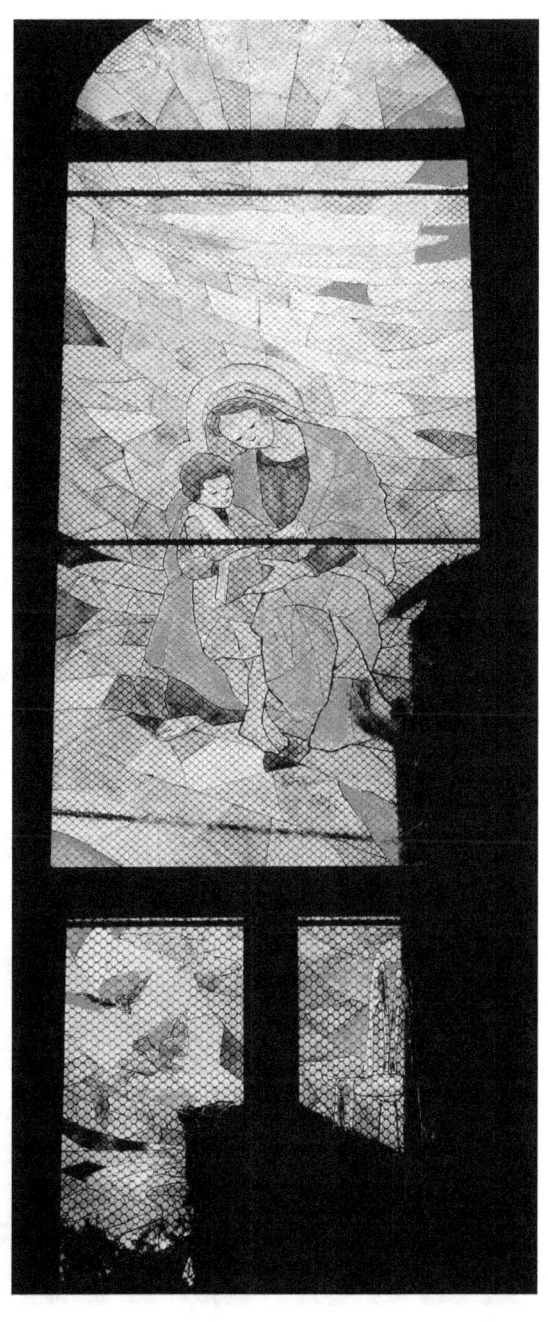

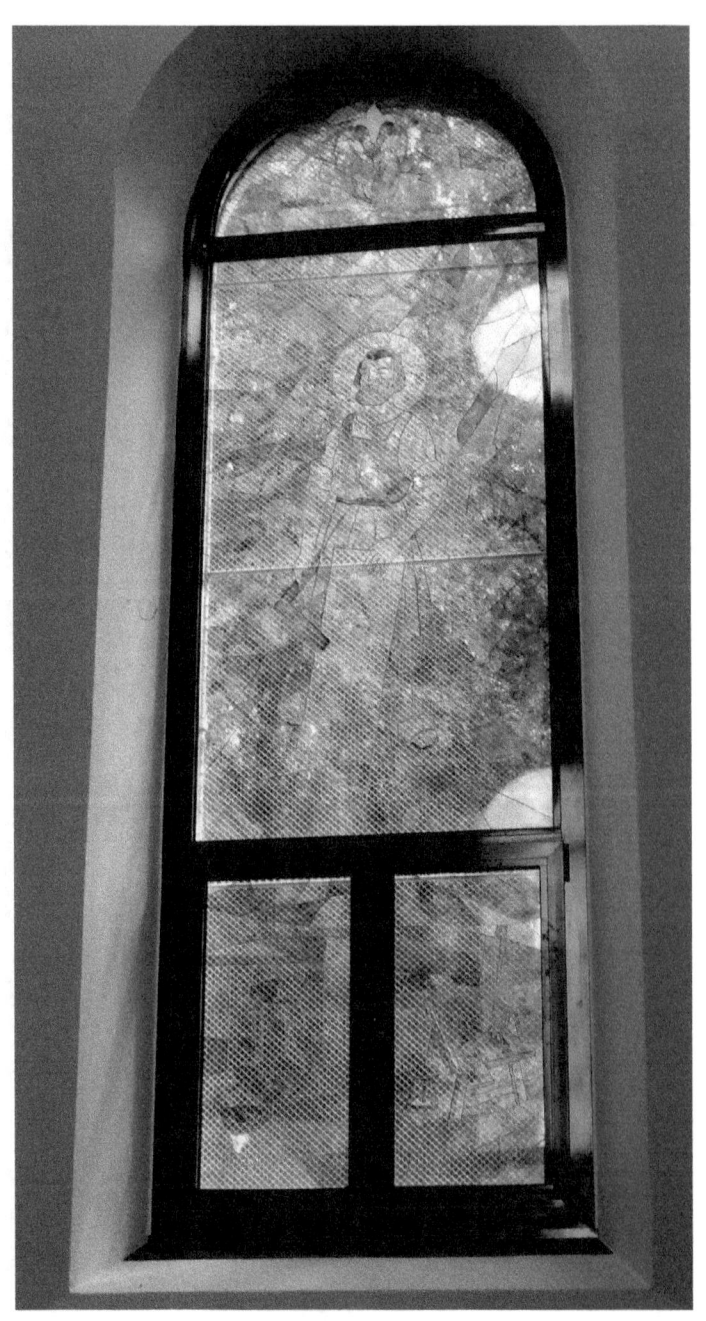

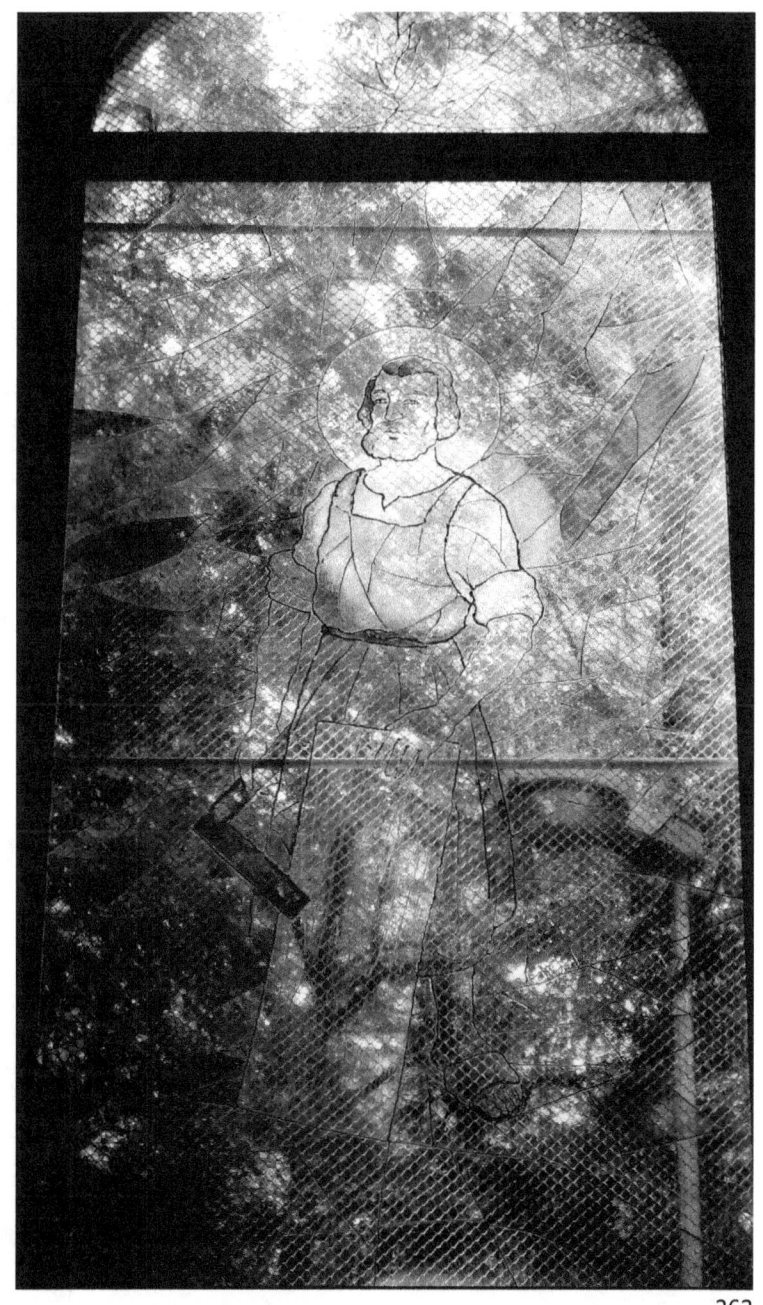

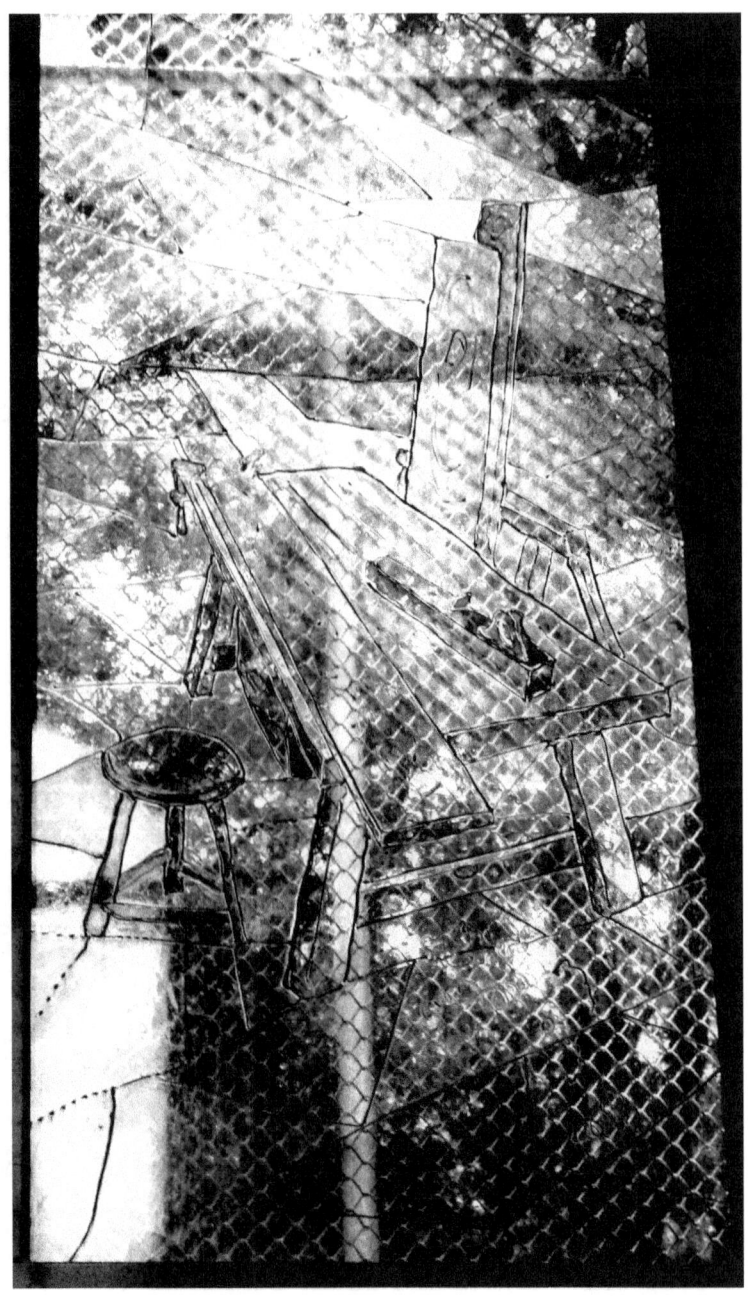

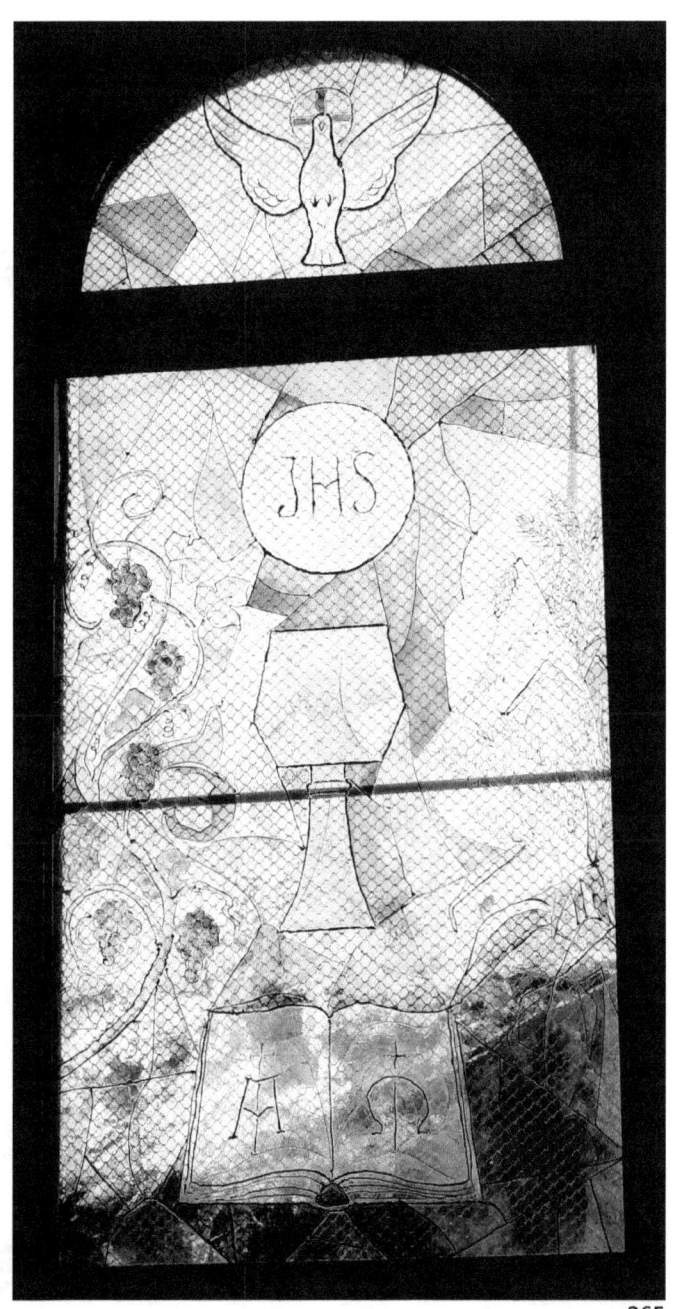

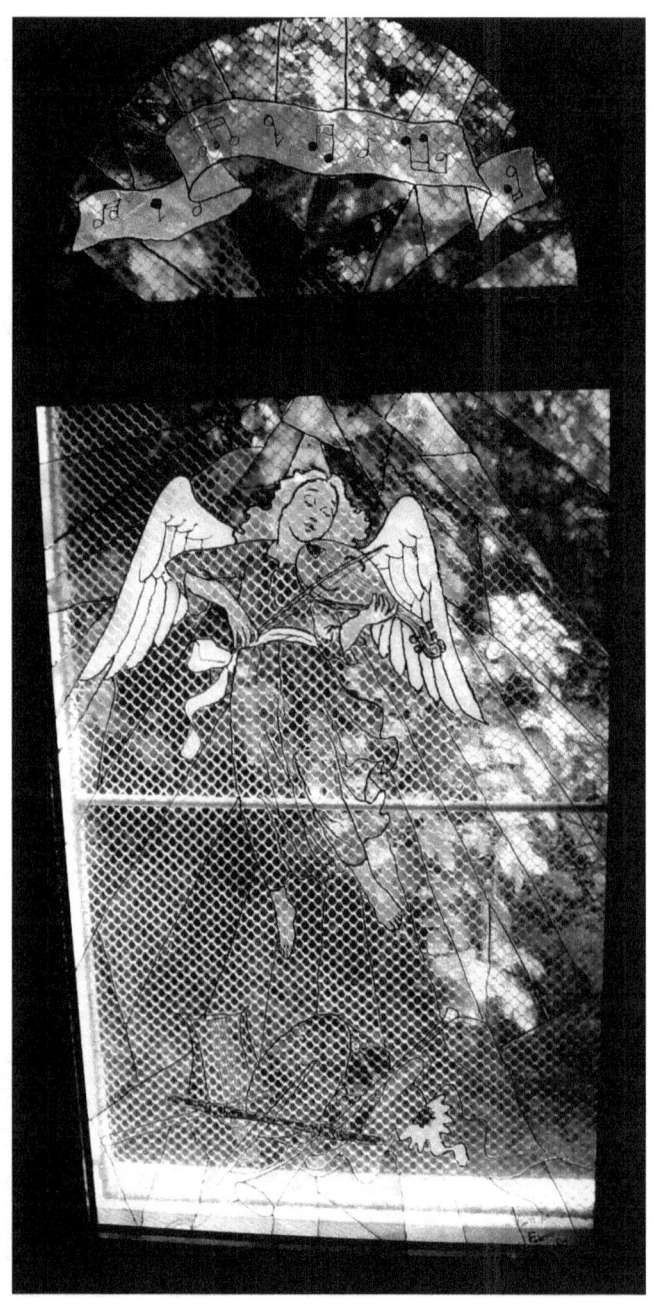

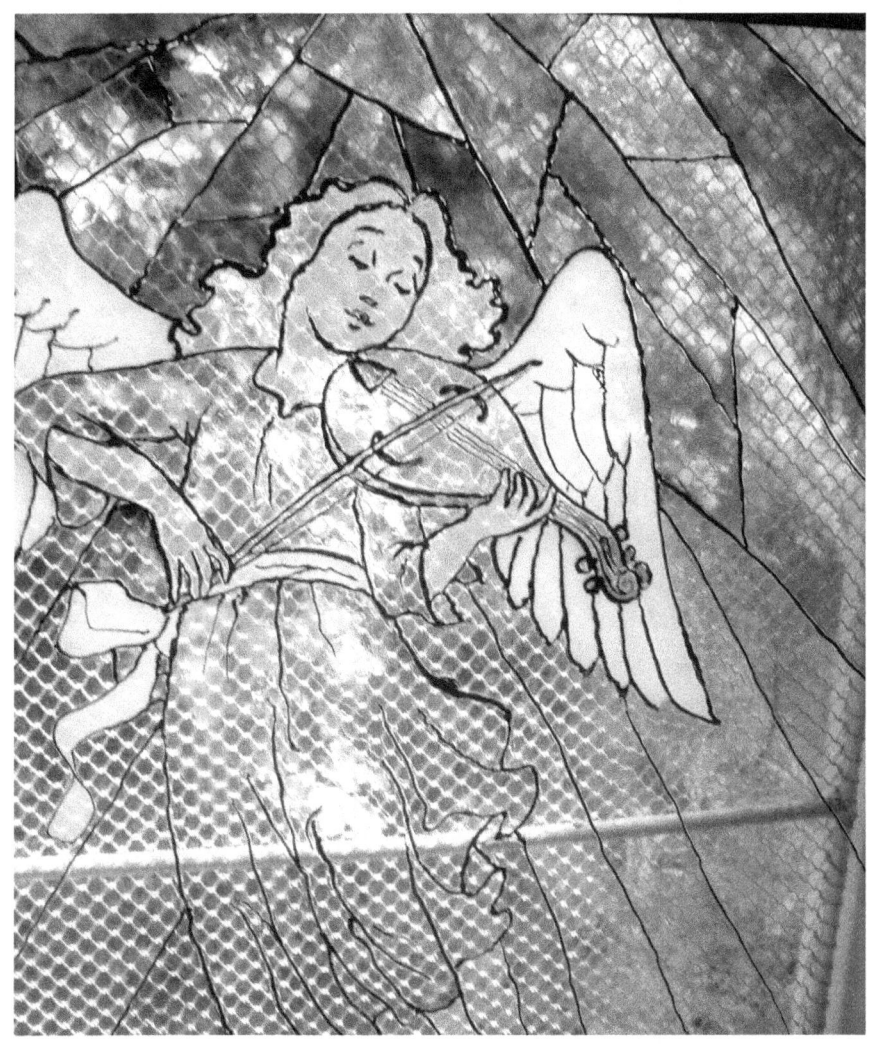

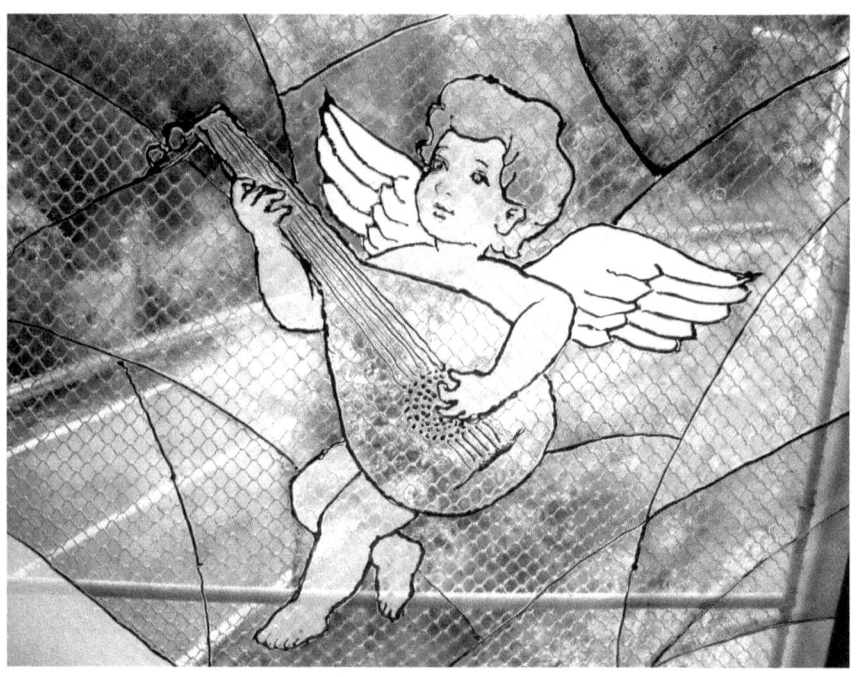

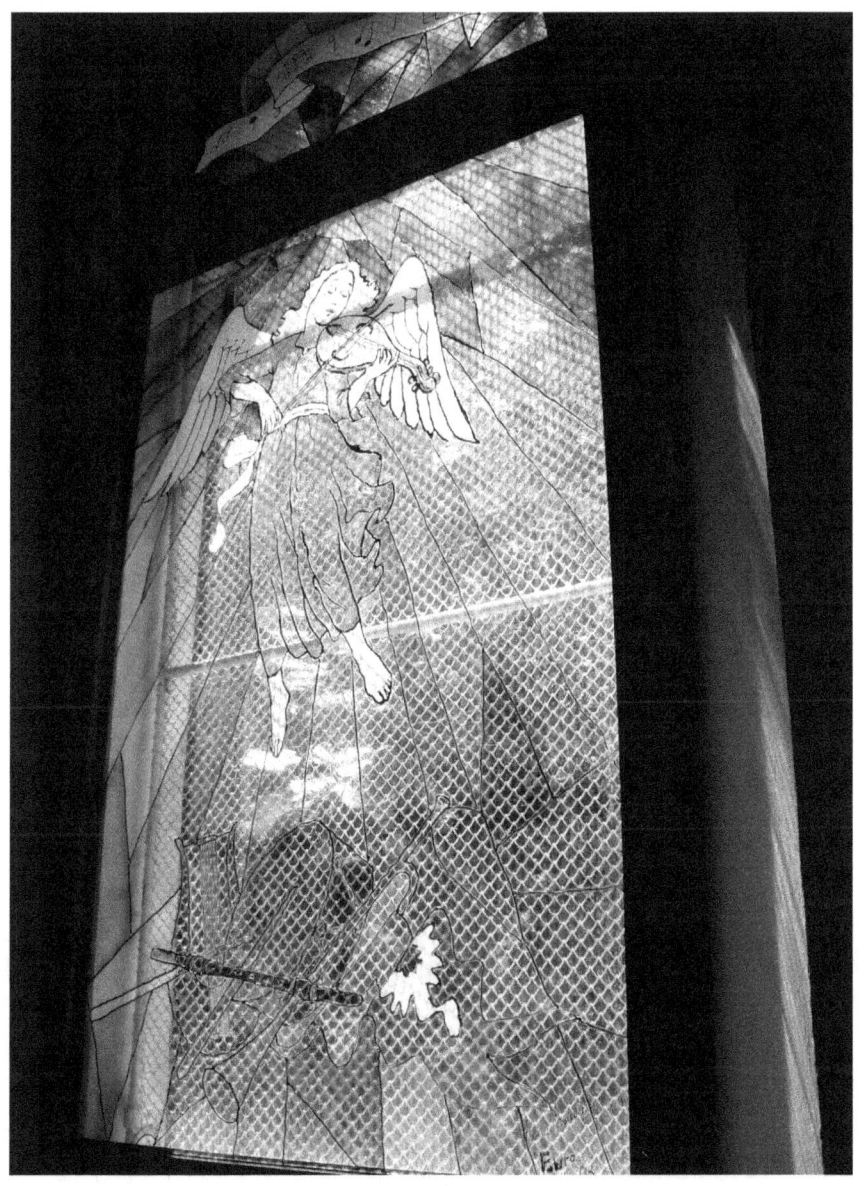

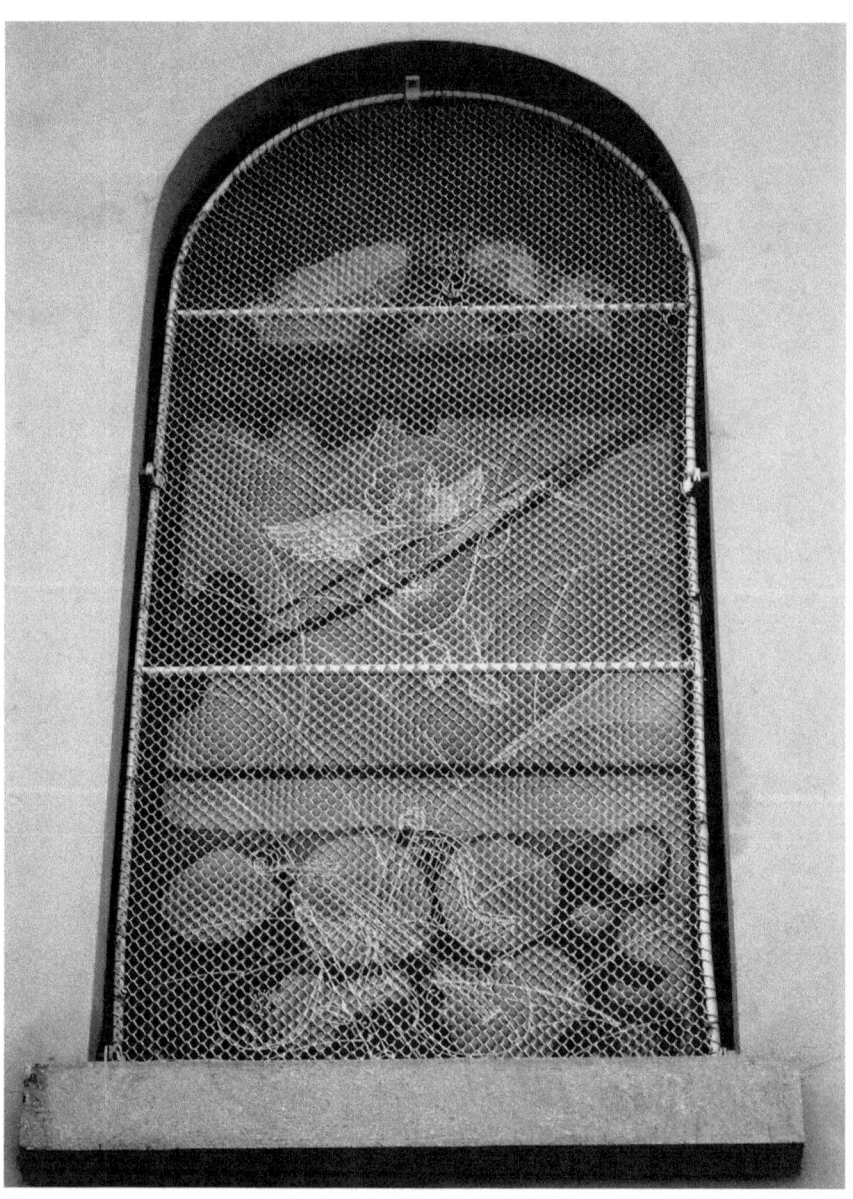

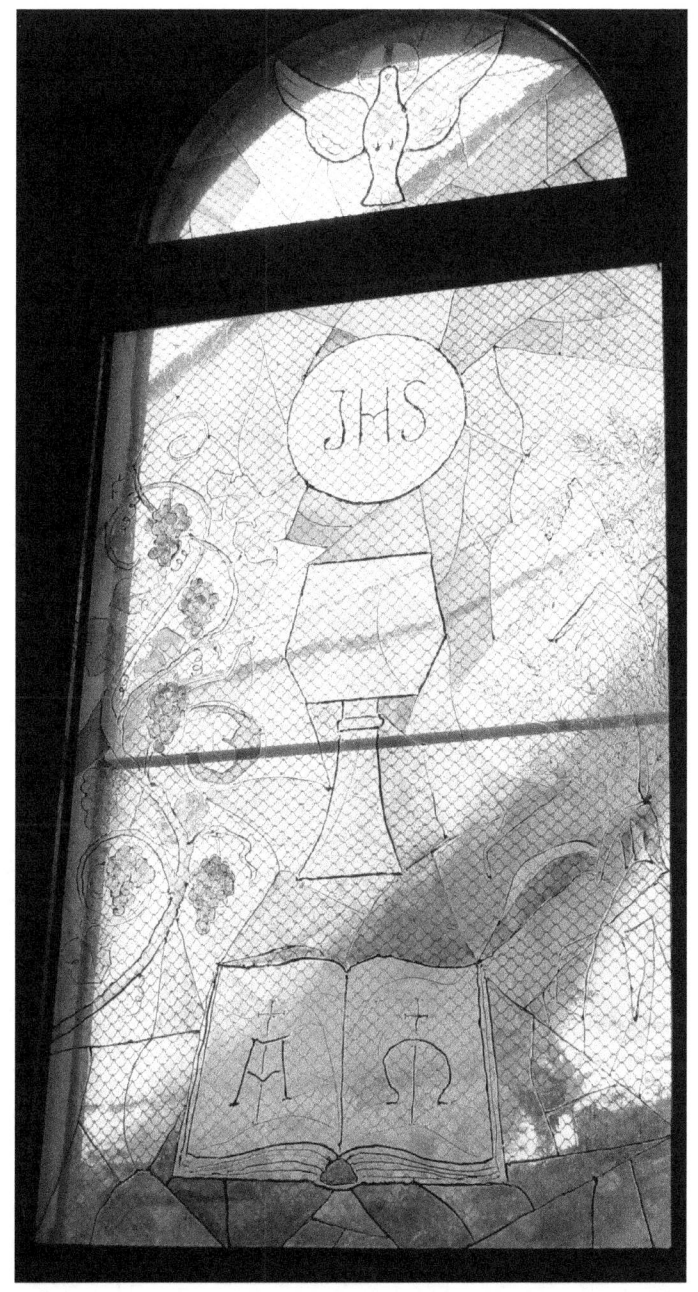

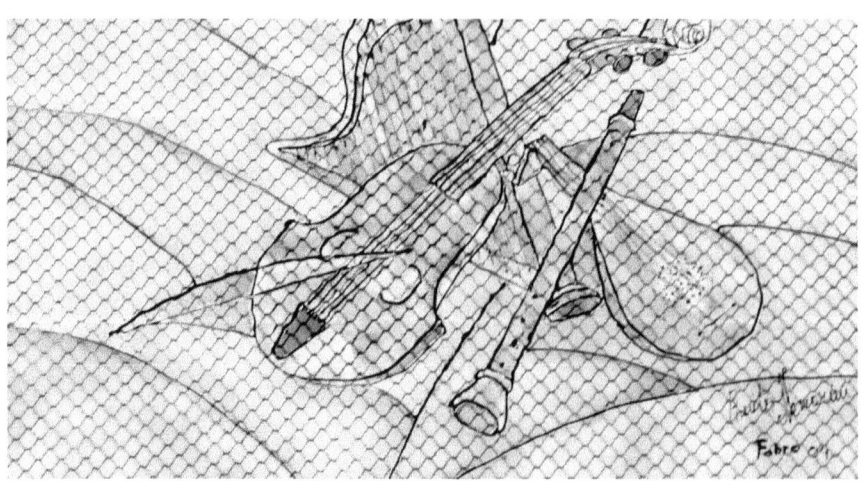

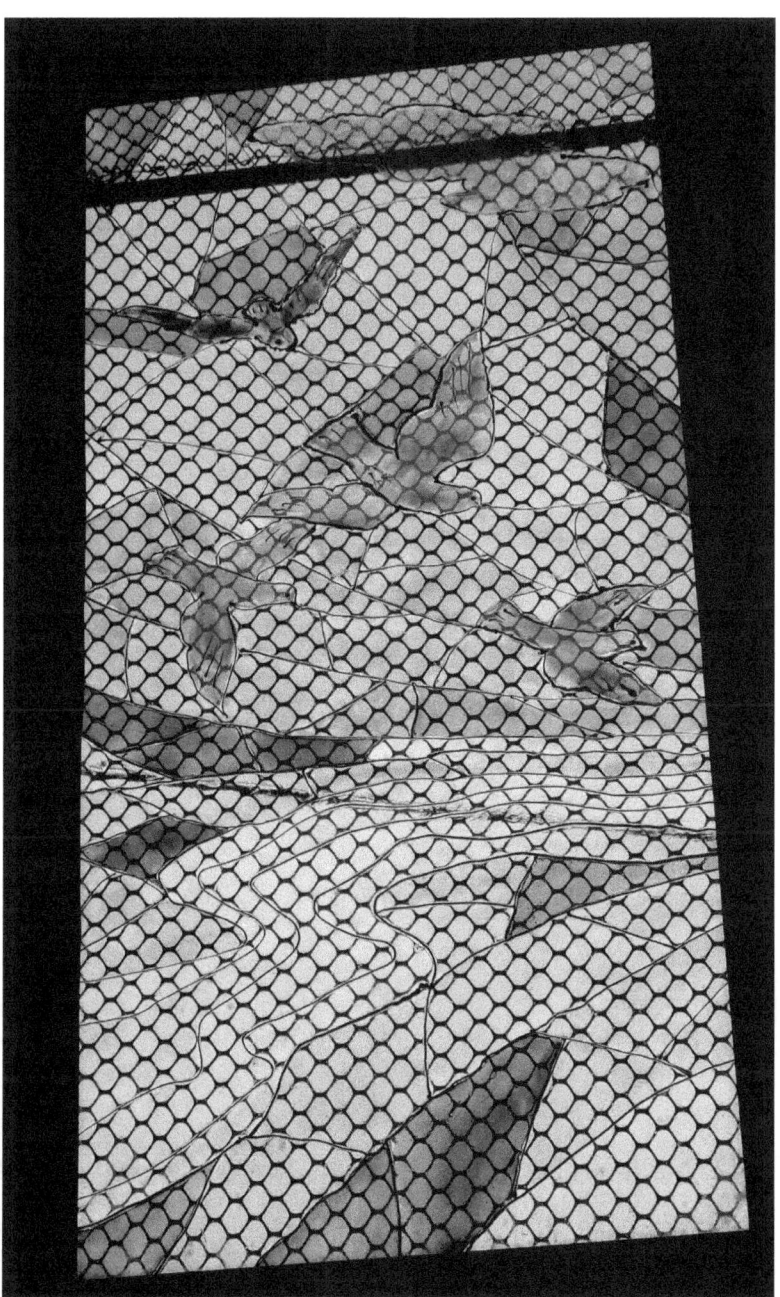

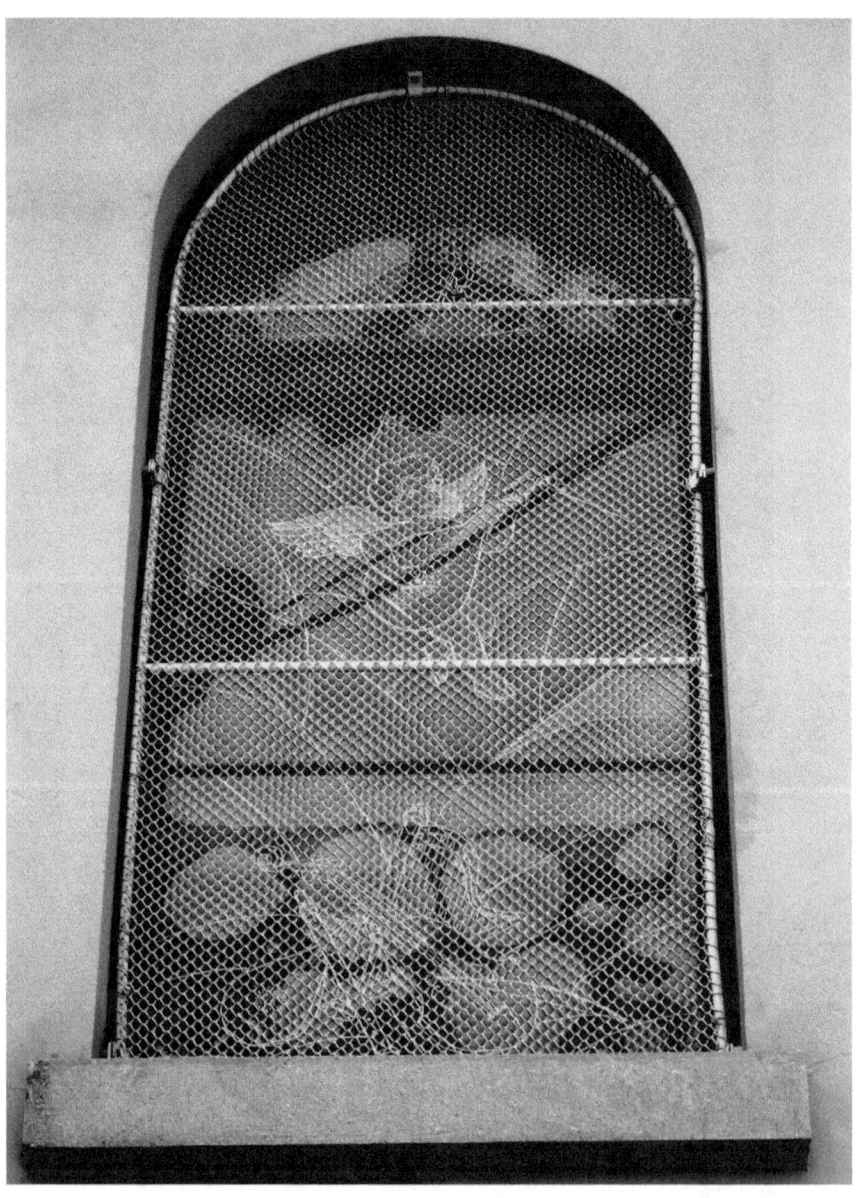